JN411928

Ai, 창의력에 날개를 달다

Ai, 창의력에 날개를 달다

창의적 AI 활용의 시작

김지욱 · 박수희 · 추형석 지음

(학)신구학원 신구문화사

추천의 글

AI는 오늘의 우리가 매일 마주하는 학습 도구이자 사고의 파트너가 되었습니다. 과제를 준비하고, 자료를 탐색하며, 아이디어를 구체화하는 과정 곳곳에서 AI는 이미 자연스럽게 활용되고 있습니다. 그러나 강의를 통해 학생들을 만나보면, 많은 학생들이 AI를 사용하고 있지만 이를 제대로 배우고 있다고 말하기는 어렵다는 생각이 듭니다. 학생들에게 AI는 막연히 어렵게 느껴지거나, 혹은 결과만 빠르게 만들어주는 도구로 인식되기 쉽습니다. 어떻게 질문해야 하는지, 어떤 상황에서 활용하는 것이 바람직한지, 또 어디까지가 책임 있는 사용인지에 대해서는 체계적으로 배울 기회가 많지 않은 것이 현실입니다. 이러한 상황에서 이 교재가 매우 적절한 역할을 담당하리라 기대해 봅니다.

이 책의 가장 큰 강점은 AI를 단순히 설명하는 데 그치지 않고, 학생들이 직접 다뤄보며 배울 수 있도록 구성되어 있다는 점입니다. 학생들은 실제로 AI를 활용해 보고, 결과를 비교하며, 그 과정에서 스스로 질문하고 생각해 볼 수 있습니다. 각 실습은 수업 현장에서 바로 활용할 수 있도록 설계되어 있어, 이론과 활동이 자연스럽게 이어집니다. 또한 전공과 관계없이 누구나 이해할 수 있는 언어와 사례를 사용하면서도, AI 활용에 필요한 핵심적인 사고력과 태도를 놓치지 않고 있습니다. 정답을 빠르게 찾는 것보다, 어떤 질문이 더 나은 결과를 만드는지를 경험을 통해 배우도록 돕는다는 점에서 교양 수업에 특히 적합한 교재라고 할 수 있습니다. 무엇보다 인상적인 점은, 이 책이 학생들을 단순한 AI 사용자에 머무르게 하지 않는다는 것입니다. 반복적인 실습과 활동을 통해 학생들은 AI를 하나의 도구로 삼아 자신의 생각을 확장하고 자신을 표현하는 경험을 하게 됩니다.

AI 시대의 교육은 더 이상 "알고 있는가"를 묻는 데서 끝나서는 안 됩니다. "활용할 수 있는가", 그리고 "책임 있게 활용하고 있는가"를 함께 고민해야 합니다. 그런 점에서 이 교재는 AI 활용 교양 수업을 준비하는 교수자에게는 든든한 수업 파트너가 되어주고, 대학에 첫발을 내딛는 학생들에게는 가장 현실적이고 친절한 출발점이 되어줄 것이라고 생각합니다.

이 책을 통해 많은 학생들이 AI를 두려움의 대상이 아닌, 함께 사고하고 성장할 수 있는 도구로 만나게 되기를 기대합니다.

신구대학교 교수학습개발원장 백 재 은

지은이의 글

이 교재는 'ChatGPT를 잘 쓰는 법'을 안내하기보다, 우리 학생들이 AI를 통해 답을 얻는 데 그치지 않고 AI와 함께 생각하고 표현하는 경험을 하도록 돕기 위해 출발한 교재입니다.

이러한 문제의식 속에서 살펴보면, 최근 대학 강의실에서 생성형 AI는 더 이상 낯선 도구가 아닙니다. 그러나 많은 학생들은 여전히 AI를 '답을 대신 만들어 주는 존재'로 오해하거나, 반대로 '너무 어렵고 복잡한 기술'로 인식하며 거리를 두고 있습니다. 이 교재는 그 사이에서 생성형 AI를 하나의 학습 파트너이자 사고를 확장하는 도구로 바라보는 관점을 제시하고자 합니다.

이 책은 기능 설명에 머무르지 않고, 직접 질문하고 비교하며 수정하는 실습 과정에 초점을 두어 구성하였습니다. PCTF 프레임워크를 중심으로 질문을 구조화하는 연습을 진행하고, 텍스트·이미지·문서·영상 생성까지 단계적으로 경험하도록 설계하였습니다. 정답을 빠르게 얻는 것이 목표가 아니라, 어떤 질문이 더 나은 결과를 만들어 내는지를 스스로 인식하는 과정을 중요한 학습 요소로 다룹니다.

이러한 학습 구조를 바탕으로, 이 교재는 생성형 AI를 둘러싼 사회와 기술의 변화를 실습의 출발점으로 삼습니다. 변화는 아직 시작 단계에 있으며, 모든 활용 방식이 정답처럼 정해져 있지는 않습니다. 따라서 학생들이 이러한 변화 앞에서 주저하기보다, 자신이 관심을 두고 있는 전공과 분야에 생성형 AI를 직접 접목해 보며 적극적으로 실험해 보는 경험을 중요하게 다룹니다. 아이디어를 기획하고 설계한 뒤, 실제 결과물로 구현해 보는 과정 자체를 핵심 학습 목표로 설정하였습니다.

이 교재를 통해 학생들은 교양 수업에서 막연하게 떠올리기만 했던 생각을 생성형 AI 도구들과 함께 구체적인 콘텐츠로 만들어 볼 수 있습니다. 글, 이미지, 문서, 영상 등 결과물의 형태는 중요하지 않습니다. 중요한 것은 스스로 설정한 방향에 따라 하나의 결과물을 끝까지 만들어 보는 경험입니다. 생성형 AI는 그 과정을 돕는 도구이며, 무엇을 만들고 어떤 의미를 부여할지는 전적으로 학생의 판단에 달려 있습니다. 이 책이 학생들에게 생각에 머물던 아이디어를 실제로 만들어 보는 첫 출발점이 되기를 바랍니다.

신구대학교 김지욱, 박수희, 추형석

이 책은

이 책은 단순히 인공지능(AI)의 기능을 익히는 매뉴얼이 아니다. 기술을 도구 삼아 자신을 이해하고 표현하며, 나아가 미래를 주체적으로 기획하도록 돕는 '미래 역량 교육 안내서'이다. AI를 처음 접하는 학생들이 기술에 대한 막연한 두려움을 걷어내고, 일상과 학습이 연결되는 실용적인 경험을 쌓을 수 있도록 구성하였다. 새로운 기술을 대하는 태도와 활용법, 그리고 그 과정에서 발견하는 '나'라는 브랜드 가치. 이것이 바로 이 책이 안내하고자 하는 중심 주제다.

먼저 '창의적 AI: 시작'은 AI 기술에 대한 핵심 개념과 작동 원리를 소개한다. 우리가 사용하는 AI는 기술적 발전과 학문적 융합이 이뤄낸 결실이다. 특히 생성형 AI가 등장한다는 사실은 이미 기술적 흐름으로 예견된 것이었지만, 어떻게 가능하게 되었는지는 알아볼 가치가 있다. 이것은 다소 어려운 용어로 기술되어 있지만 AI의 기술적 흐름을 조망할 수 있는 기회를 제공한다.

'창의적 AI: 실전'은 기능 중심의 활용 경험을 통해 학생들이 능동적으로 AI를 익히고 활용할 수 있도록 구성된다. 앞서 학습한 이론을 바탕으로 텍스트 생성, 요약, 분석, 이미지 생성, 기획안 작성, 콘텐츠 구상 등 일상과 학습의 영역에서 직접 사용할 수 있는 다양한 기능들을 실습해 보게 된다. 특히 이 파트는 교육 현장에서 바로 적용할 수 있는 프로젝트형 과제를 중심으로 구성되어 있어, 학생들이 협업하거나 개인의 관심사에 따라 결과물을 다양화할 수 있도록 설계되었다.

마지막 '창의적 AI: 확장'은 개인의 미래 설계로 연결하는 단계이다. 학습자는 앞서 배운 도구들을 활용해 자신만의 브랜드를 구축하며 이는 브랜딩 키워드 도출과 개인 포트폴리오 채널 제작 등으로 구체화된다. 이 단계의 핵심은 학생들이 단순히 기술을 소비하는 '사용자'에 머무르지 않고 기술을 바탕으로 자신을 기획하는 주체적인 '창작자'로 거듭나는 데 있다. 또한, 개인의 관심 분야, 진로, 강점 등을 반영하여 각자의 이야기를 효과적으로 구성하는 훈련을 통해 '기술을 통한 자기화(self-branding)'를 실천하고 AI와 인간 역량의 창의적 결합을 완성한다.

이 책은 단순한 AI 도구 설명서가 아니다. 급변하는 기술 환경 속에서 학생들이 주체적으로 사고하고, 미래를 설계할 수 있도록 돕는 실천적 안내서이다. 이 책이 전하고자 하는 메시지는 분명하다. "AI를 배운다"는 것은 기능의 습득을 넘어, 나를 이해하고 나의 가능성을 확장하는 과정이라는 것이다. 그리고 그 가능성은 오직, 스스로 탐색하고 실천하는 이들에게만 열려 있다.

목 차

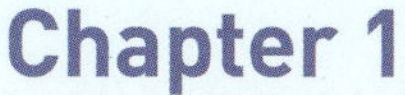

창의적 AI: 시작

입문과 기초 개념

1. AI 개념

1-1. 개요

수업 형태	이론 강의
수업 내용	강의 소개 및 AI 개념
학습 목표	o 주차별 과제 및 중간/기말시험 등 평가 방법과 기준 이해 o 생성형 AI 이전의 AI에 대한 기본적인 개념 이해(2012~2017)
주요 학습 내용	o 수업 개요 및 평가 기준 안내 o 초기(2012~2017) 딥러닝의 부상과 개념 o 키워드 기반의 내용 숙지
교수 방법	강의
과제물	–

우리는 ChatGPT와 같이 무료로 활용할 수 있는 고성능 인공지능(Artificial Intelligence, 이하 AI) 덕분에 AI와 함께 살아가야 하는 시대에 진입했다. AI라는 물결은 과거 스마트폰과 같이 피할 수 있는 물결이 아니며, 오히려 AI를 잘 활용하는 것이 미래를 대비하는 경쟁력이 될 것이다.

이번 강의에서는 AI의 핵심 개념에 대해서 알아본다. 키워드로 살펴보면 이번 강의의 주제는 '딥러닝(Deep Learning)'이다. 시기적으로 본다면 2012년부터 2017년까지의 주요 연구 성과에 대한 내용이며, 이 성과를 설명하기 위한 기초적인 개념을 다룬다. 총 3회에 걸친 이론 강의는 AI의 기술적 발전의 흐름이 결국 ChatGPT까지 이어진다는 것을 개념적으로 이해하고, 어려운 AI 용어에 대한 쉬운 이해를 목적으로 한다.

1-2. 퍼셉트론

AI는 인간의 지능적 행동을 기계 장치로 구현하는 학문이다. AI는 1960년대부터 지금까지 부침의 역사를 겪으며 인간의 지능을 구현하기 위한 다양한 방법론이 제시되었다. 이 강의의 주제인 딥러닝은 인공신경망이라는 방법론을 기반으로 하고, 이 인공신경망은 다시 퍼셉트론이라는 기본 개념에서 출발한다. 따라서 퍼셉트론에 대해서 이해하는 것이 거대한 AI의 흐름을 이해하는 시작점이 될 것이다.

퍼셉트론은 1957년 프랑크 로젠블라트가 개발한 AI 방법론으로 유기체의 신경 세포의 작동 방식을 구현한 것이다. 신경 세포는 뉴런과 시냅스로 구성되는데, 신경 세포의 작동 방식은 뉴런으로 들어오는 자극(입력)이 역치(특정 수준)를 넘어서면 정보를 전파(출력)한다는 것이다. 퍼셉트론은 신경 세포의 작동 방식을 컴퓨터에서 구현하기 위해 모사한 방법론이다.

구체적으로 퍼셉트론은 다양한 입력을 받을 수 있다. 여기서 하나의 입력은 하나의 가중치와 곱하게 된다. 가중치는 입력이 출력에 얼마만큼의 기여를 할 것인가를 결정하는 것으로, 주어진 데이터를 바탕으로 변화하는 값이다. 데이터를 통해 가중치의 값이 변화하는 과정을 학습(train)이라고 말하며, 딥러닝을 넘어 ChatGPT까지 이 학습 과정을 거친다고 이해할 수 있다. 퍼셉트론은 각각의 입력과 그에 대응되는 각각의 가중치를 서로 곱한 값을 모두 더한 것을 자극의 모든 합으로 볼 수 있다. 이 자극의 합이 일정 수치를 넘어서는 경우에는 정보를 전파하고, 그러지 않을 경우에는 정보를 전파하지 않는 것이 출력이 된다.

예를 들어 생각해 보자. 어떤 퍼셉트론이 강아지와 고양이로 구성된 사진을 바탕으로 강아지와 고양이를 구분한다고 가정하자. 출력이 1(정보가 전파됨)이라면 강아지고 0(정보가 전파되지 않음)이면 고양이라고 설정하자. 그렇다면 입력은 사진에서 눈의 모양, 귀의 모양, 입의 모양 등으로 예시를 들 수 있고 각각의 가중치는 충분한 양의 강아지와 고양이 사진으로 학습될 수 있다는 것이다. 물론 각각의 모양은 수치로 나타낼 수 있어야 제대로 학습이 가능할 것이다.

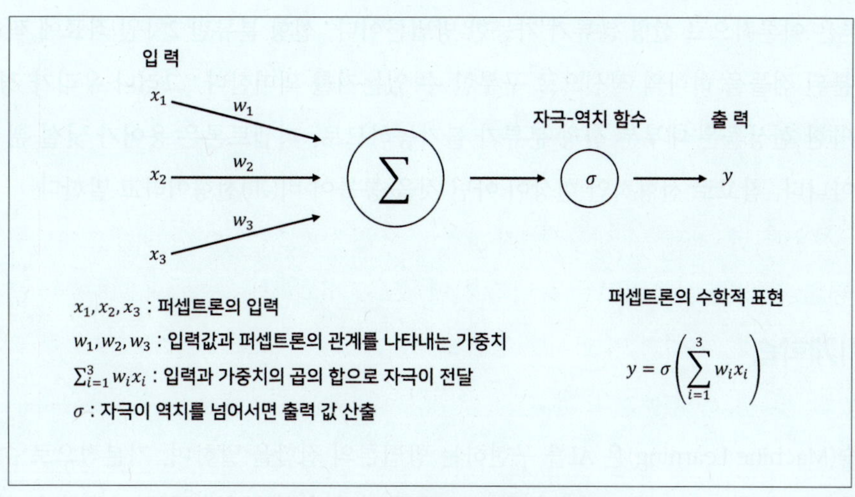

[그림 1-1] 퍼셉트론의 수학적 모형

이 그림은 퍼셉트론을 도식화하고 수학적으로 표현한 것이다. 자극-역치 함수는 매우 간단한 계단 함수로 이해할 수 있으며, 입력된 정보의 합이 일정 수준을 넘어서면 1이고 아니면 0인 것이다.

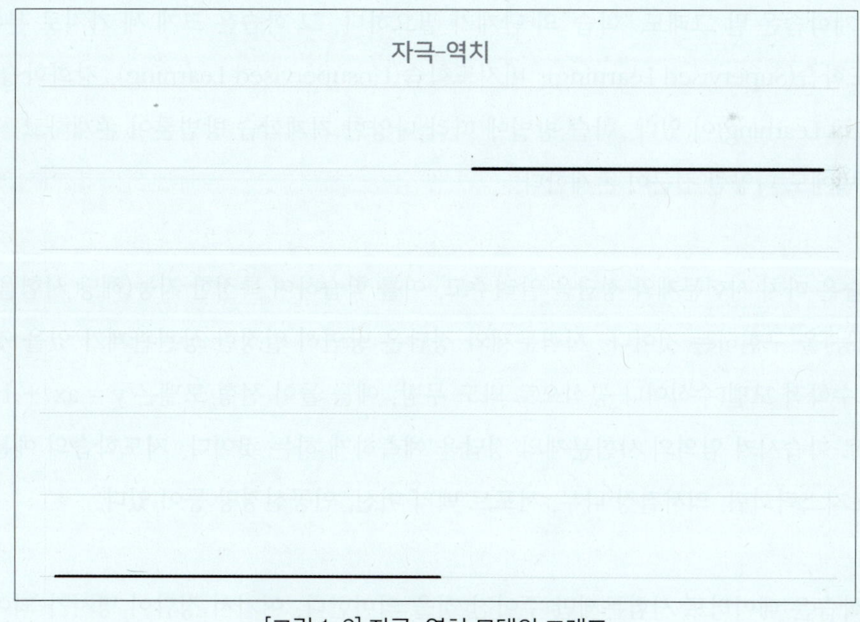

[그림 1-2] 자극-역치 모델의 그래프

퍼셉트론은 이론적으로 선형 분류가 가능한 방법론이다. 선형 분류란 2차원 좌표에 찍혀 있는 서로 구분된 점들을 하나의 직선으로 구분할 수 있는지를 의미한다. 그러나 우리가 경험하고 있는 다양한 현상들은 대부분 선형 분류가 불가능하므로, 퍼셉트론은 용어가 낯설 뿐 대단한 기술은 아니다. 참고로 선형적인 현상이 아닌 것을 통틀어 비(非)선형이라고 말한다.

1-3. 기계학습

기계학습(Machine Learning)은 AI를 구현하는 방법론의 집합을 말하며, 기본적으로 수학적인 표현을 통해 이해할 수 있다. 20세기의 AI는 규칙 기반의 접근이 주류를 이루었다. 즉, 수많은 규칙을 체계적으로 표현한다면 컴퓨터와 같은 기계가 사람과 같이 행동할 수 있다는 것이었다. 이것은 AI의 역사에서 전문가 시스템(Expert System)으로 불렸고, 2010년대의 대표적인 AI인 IBM 왓슨까지 이어져왔다.

반면 기계학습은 데이터를 통해 지능을 구현하는 방법이다. 규칙 대신 데이터를 사용하기 때문에 기계학습은 말 그래도 "학습"의 단계가 필요하다. 그 학습은 크게 세 가지로 분류되는데, 지도학습(Supervised Learning), 비지도학습(Unsupervised Learning), 강화학습(Reinforcement Learning)이 있다. 학습 방법에 따라 다양한 기계학습 방법론이 존재하고, 각각의 학습 방법에도 다양한 접근이 존재한다.

지도학습은 마치 시험문제와 정답을 알려주고, 이를 학습하여 특정한 지능(해당 시험을 잘 치르는 지능)을 구현하는 것이다. 시험문제와 정답은 당연히 일정한 상관관계가 있을 것이고, 특정한 수학적 모델(수식이나 공식으로 봐도 무방, 예를 들어 선형 모델은 y = ax + b)을 반복적으로 학습시켜 임의의 시험문제의 정답을 예측하게 하는 것이다. 지도학습의 예는 선형회귀, 로지스틱회귀, 의사결정 나무, 서포트 벡터 머신, 인공신경망 등이 있다.

비지도학습은 데이터로 시험문제만 주어진 것을 의미한다. 여기서 정답이 명시가 되어 있지 않으므로 시험문제만으로 정답을 맞추는 것은 사실상 불가능하다. 비지도학습으로 가능한 것은 시험문제를 예로 들어보면, 비슷한 과목이나 비슷한 유형으로 그룹화시킬 수 있을 것이다. 이것은 비지도학습에서도 군집 방법론에 속한다. 대표적인 비지도 학습 방법론의 예는 K-평균 군집, 주성분 분석, 계층적 군집화, 가우시안 혼합 모델, 제한된 볼츠만 기계 등이 있다.

마지막으로 강화학습은 시험문제를 푸는 방법을 학습하는 것이다. 조금 더 현실적인 영역에서의 강화학습은 게임으로 쉽게 설명할 수 있다. 예를 들어 가로 10칸 세로 10칸으로 구성된 칸에서 특정 칸에 장애물과 보물이 있다고 가정하자. 플레이어는 특정 칸에서 시작하여 전후좌우로 이동한 후 보물 칸을 찾아가는 것이 목적이다. 그렇다면 강화학습은 플레이어가 보물을 찾아가는 전략을 학습하는 것으로 이해할 수 있다. 강화학습은 개념적으로 상태, 행동, 보상으로 구성되며 상태는 행동에 의거하여 다음 상태로 이동하고, 행동의 결과는 보상으로써 얼마나 행동이 적절한지를 판단하는 방식이다.

1-4. 인공신경망

퍼셉트론은 유기체의 신경 세포를 매우 단순하게 모사한 것이다. 신경 세포는 정보의 전파가 양방향으로 가능하고 일종의 연결망 형태로 구성된다면, 퍼셉트론은 입력과 출력의 말단과 입력에서 출력 방향으로만 정보가 전파된다. 이렇게 단순한 퍼셉트론의 기능으로 인해 퍼셉트론으로는 선형 분류만 가능하다는 사실이 이론적으로 증명되었다.

따라서 퍼셉트론은 XOR과 같은 비선형 문제를 풀 수 없다는 한계가 있었다. 이를 보완하기 위해서 나온 개념이 다층 퍼셉트론(Multi-Layer Perceptron, 이하 MLP)이다. MLP는 퍼셉트론의 기본적인 입력과 출력 사이에 퍼셉트론을 추가하여 말 그대로 다층적 구조를 갖는 형태로 이해할 수 있다. MLP는 퍼셉트론이 해결하지 못했던 비선형 문제를 해결함에 따라 AI 학계의 지속적인 관심을 받는다. 여기서 말하는 비선형(non-linear)이란 선형적인 현상(입력에 따라 출력이 일정한 비중으로 증가하거나 감소하는 것)이 아닌 것을 의미하며, 대부분의 복잡한 자연현상은 비선형적이다.

MLP의 기본 구조는 입력층(Input layer), 은닉층(Hidden layer), 출력층(Output layer)으로 구성된다. 퍼셉트론과 비교해 보면 입력층은 동일하나 다수의 출력이 가능하다는 점과 입력과 출력 사이에 새로운 은닉층이 있다는 것이 다른 점이다. 각 층은 퍼셉트론과 같이 연결되어 있으며, 데이터를 학습함에 따라 변경되는 모수(parameter)이자 가중치(weight)로 표현하고 엣지라고 말한다.

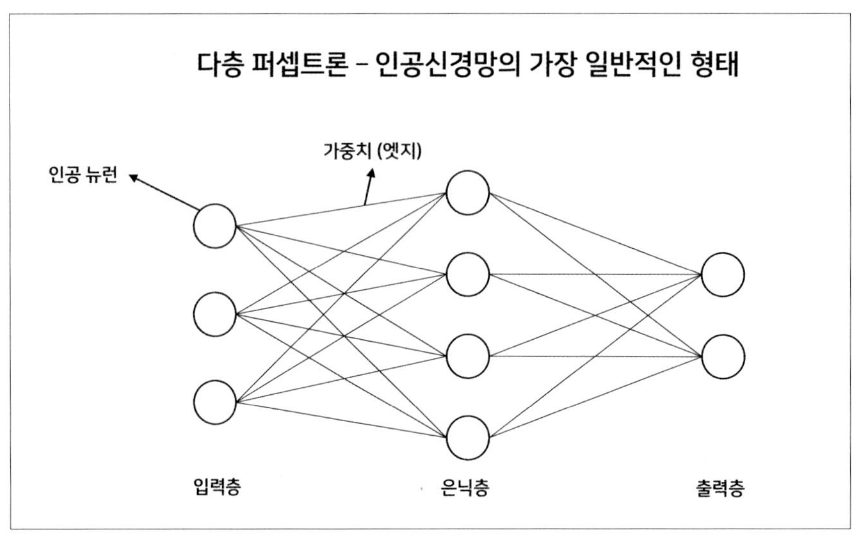

[그림 1–3] 다층 퍼셉트론의 도식화

입력층은 다양한 입력으로 구성되며, 신용 대출 심사를 예로 들어보면 자산 수준, 부채 이력, 연체 이력 등이 될 수 있다. 출력층은 대출 가능, 대출 불가, 재심사 필요 등의 다양한 분류로 나뉠 수 있다. 여기서 입력된 개인의 신용정보를 통해 대출의 여부를 심사하는 것은 해당 분야의 도메인 지식으로 도출한 것이라고 가정하자. 만약 이 둘의 관계를 명확하게 알 수 있다면, 그 명확한 논리를 직접 활용하면 되겠지만, 관계를 표현하는 것이 명확치 않은 대신 많은 데이터가 있다면 기계 학습을 사용할 수 있을 것이다. 여기서 MLP는 기계 학습 중에서도 지도학습의 한 방법론으로 사용할 수 있다는 것이다.

은닉층은 단순히 연산을 중계하는 수준을 넘어서, 입력 데이터를 변환하여 보다 복잡한 현상을 예측할 수 있게 한다. 예를 들어, 2차원 좌표에서 곡선으로 나뉘는 두 영역을 직선으로는 구분할 수 없지만, 은닉층을 거친 표현 공간에서는 그 곡선을 직선으로 바꿔 분류할 수 있다. 즉, 은닉층은 비선형 문제를 선형적으로 풀 수 있도록 공간을 재구성하는 역할을 담당한다.

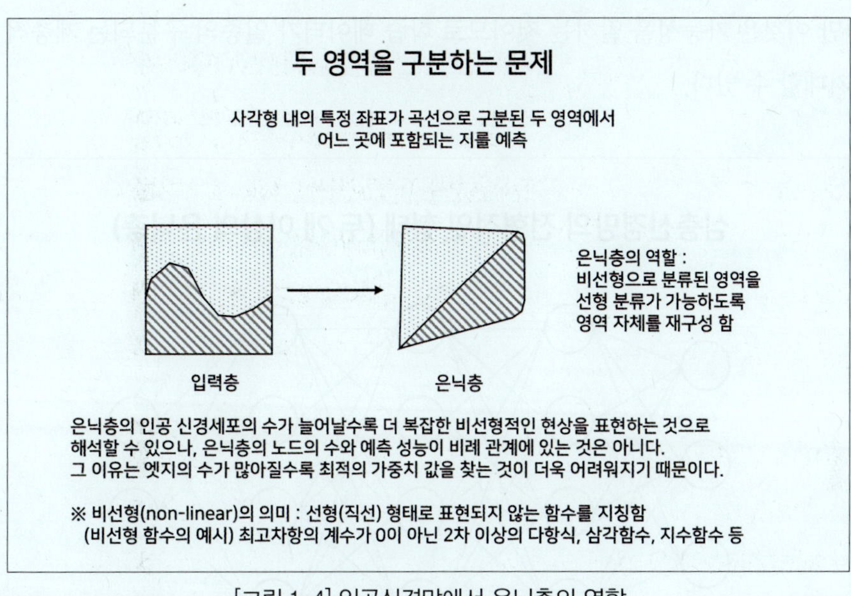

[그림 1-4] 인공신경망에서 은닉층의 역할

MLP는 가장 단순한 형태의 인공신경망(Artificial Neural Network)으로 통상적으로 MLP를 인공신경망으로 부르기도 한다. 그 이유는 인공신경망으로 분류되는 방법론들이 대부분 퍼셉트론의 작동 기제를 따르기 때문이다. 다른 점은 퍼셉트론간의 연결을 구성하는 방식에 따라 구분된다. 따라서 인공신경망은 신경 세포를 단순히 모사한 퍼셉트론을 활용하는 방법을 통칭하며 줄여서 신경망(Neural Network)라고 불리기도 한다.

1-5. 심층신경망

심층신경망(Deep Neural Network)은 간단하게 설명하면 다층 퍼셉트론(MLP)의 은닉층의 수를 2개 이상으로 늘린 것을 의미한다. 은닉층의 수를 늘린다는 것은 학습가능한 모수(층과 층을 연결하는 가중치)가 늘어나는 것과 동일한 의미다. 또한, 모수의 수의 관점에서는 여러

층의 은닉층을 사용하는 것과 하나의 은닉층에 노드(인공 신경 세포)의 수를 늘리는 것이 차이가 없다. 여기에서 하나의 은닉층에 다수의 노드를 구성하는 대신 다수의 은닉층에 적정한 수의 노드를 구성하는 것의 장점은 학습 데이터의 계층적인 특성을 반영할 수 있다는 것이다. 다만 이것은 가능성을 말하는 것이므로 학습 데이터가 일종의 구분되는 계층적 구조가 있어야 기대할 수 있다.

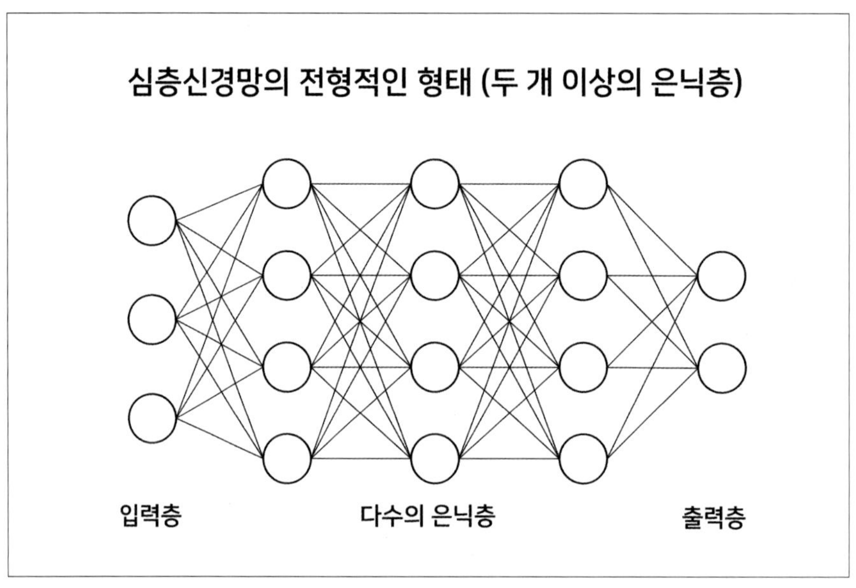

[그림 1–5] 심층신경망의 도식화

대출 심사를 위한 예시를 들어보자. 대출 심사에 대한 입력 값이 개인 정보와 금융 정보로 구분되어 있다고 가정하면, 이 두 가지 정보를 계층적으로 결합하여 대출 심사에 활용될 수 있는 특징을 구분 지을 수 있다. 예를 들면 근로 소득이 없는 대학생에 대한 대출 심사는 신용 카드나 휴대폰 연체 이력 등과 결합하여 대출 가능 여부를 판단할 수 있을 것이다. 이러한 정보의 다층적 관계를 학습한다는 것은 다수의 은닉층을 활용하는 것, 즉 심층신경망을 활용하는 장점으로 이해할 수 있다.

여기서 심층(Deep)이라는 개념을 조금 더 살펴보자. 인공신경망은 대표적인 지도학습 기반의 기계학습 방법론으로, 복잡한 현상을 분류하거나 예측하는데 활용된다. 구조적인 측면에서는 퍼셉트론을 층으로 이어 붙인 단순한 형태로 이해할 수 있는데, 단순히 2층 이상의 은닉층을 갖는 신경망에 심층신경망이라는 용어를 사용하는 이유는 앞으로 설명하게 될 딥러닝(Deep Learning)과 이어진다. 심층신경망에서 심층의 의미는 은닉층의 수가 증가하여 층이 깊어진다는 것으로 이해할 수 있다. 층이 깊어진다는 것은 곧 현상을 예측하는데 필요한 모수(parameter)의 수가 증가한다는 것을 의미하며, 이는 곧 조금 더 복잡하고 난해한 비선형적인 현상을 예측할 수 있는 가능성을 내포하고 있다. 그러나 층이 깊어진다는 것이 반드시 우수한 예측 성능을 보장하는 것은 아니기 때문에, 인공신경망 계열의 방법론은 반복적인 실험이 중요하다.

1-6. 합성곱신경망

합성곱(Convolution)이라는 말은 수학에서는 함수와 함수가 겹치는 정도를 계산하는 연산을 말한다. 합성곱의 개념은 이미지로 넘어가면 보다 직관적으로 이해할 수 있는데, 우리가 스마트폰으로 찍은 사진을 더 선명하거나 흐리게 한다던가, 흑백으로 전환하는 등의 이미지 필터로 이해할 수 있다.

이러한 이미지 필터가 작동하는 방식에는 조금 더 상세한 설명이 필요하다. 우리가 컴퓨터로 보는 이미지는 여러 개의 픽셀로 이루어져 있으며, 하나의 픽셀은 빨강, 초록, 파랑의 세 가지 속성으로 구분되며 각각 0에서 255의 값을 갖는다. 우리는 이미지의 크기를 픽셀이 몇 개 있는지로 판단하며 흔히 알려진 풀 HD는 1,920개의 가로 픽셀과 1,080개의 세로 픽셀을 의미한다. 우리는 각각의 픽셀을 숫자로 나타낼 수 있으며, 더 직관적으로는 엑셀의 행과 열에 표로도 이미지를 표현할 수 있을 것이다. 이렇게 표 형태로 가로와 세로가 있는 데이터는 행(가로)과 열(세로)이 있다는 점에서 행렬(Matrix) 데이터로 표현하곤 한다.

여기서 합성곱은 작게는 행(가로)이 3, 열(세로)이 3인 행렬로 표현될 수 있다. 이 합성곱은 마찬가지로 행렬의 형태로 표현된 이미지 픽셀을 모두 순회하면서 겹치는 영역의 값을 모두 곱하여 더하는 방식으로 작동한다. 더 직관적으로 말하자면 합성곱은 특정한 이미지를 새롭게 보는 안경을 의미한다. 이 안경으로 이미지를 보면 때로는 더 선명하게 혹은 더 흐리게도 보이며, 색상이 사라진 흑백이 되거나 반전이 될 수도 있다.

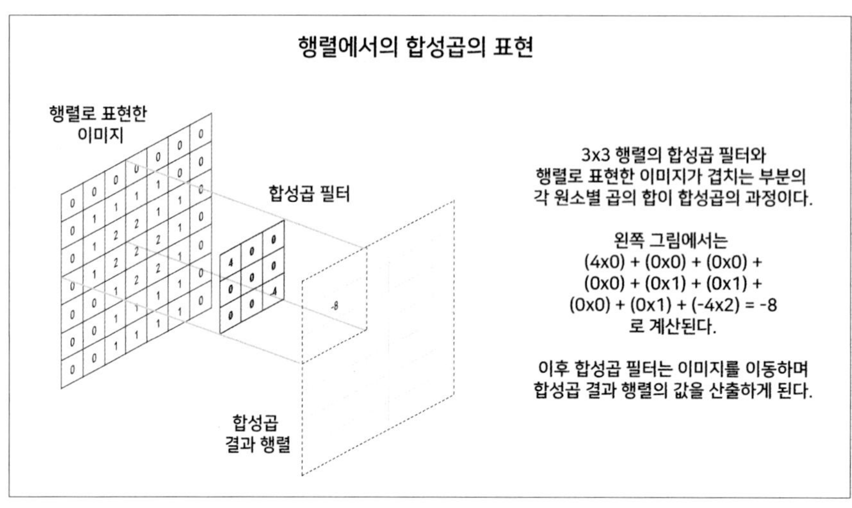

[그림 1-6] 합성곱의 계산

합성곱신경망(Convolutional Neural Network, 이하 CNN)은 안경으로 표현된 합성곱을 학습 가능한 모수(parameter)로 설정하여 학습하는 것을 말한다. 이렇게 학습된 합성곱은 이미지의 정보를 추상화하여 임의의 이미지에 대한 특징을 추출한다고 볼 수 있다. 예를 들어 안면 이미지를 생각해 보자. 여기서 특정 합성곱은 얼굴에서 눈을, 또 다른 합성곱은 코의 특징을 추출하여 안면을 구분하는 기능을 구현할 수 있을 것이다.

합성곱신경망은 인공신경망의 한 갈래로 이미지나 영상(일반적으로 연속된 이미지를 말함) 데이터의 분류나 생성을 할 수 있는 방법론이다. 합성곱신경망은 기본적으로 합성곱 층, 풀링층으로 구분된다. 합성곱 층은 앞서 말한 대로 작은 행렬로 표현되나 학습이 되는 모수를 의미한다. 풀링층은 일반적으로 이미지 사이즈를 줄여 조금 더 거시적인 특징을 추출하기 위한 것이며, 학습되는 모수가 없다는 것이 특징이다. 이렇게 합성곱 층과 풀링 층을 여러 번 거친 것은 결국 입력된 이미지의 특징을 나타내는 여러 개의 수(수학적으로는 벡터로 말한다)로 표현된다. 이 특징은 어떠한 이미지가 다른 것과 구분되는 대표성을 가진다고 볼 수 있으며, 그 구분되는 특징을 입력으로 MLP의 은닉층을 거치면 이미지 분류와 같은 과업을 수행할 수 있다.

여기서 MLP와 같은 신경망과 CNN의 차이점은 합성곱 필터를 학습함에 따라 정보를 공유한다는 점이다. 예를 들어 개와 고양이 사진을 분류하는 과업에서는 MLP보다 CNN이 훨씬 효율적이며 효과적일 가능성이 큰데, 그 이유는 합성곱 필터를 학습하여 행렬 형태로 배열된 정보에서 특징을 추출하는데 더 적합하기 때문이다. CNN은 이미지와 관련된 과업을 수행하는데 필수적인 방법론이며, 이미지 분류, 이미지에서 객체 탐지, 이미지 분할, 이미지 생성 등과 같이 다양한 응용분야로 발전해오고 있다. 특히 우리가 겪었던 2016년의 알파고 역시 CNN을 활용해서 프로 바둑 기사가 선호하는 착수 전략을 학습했다.

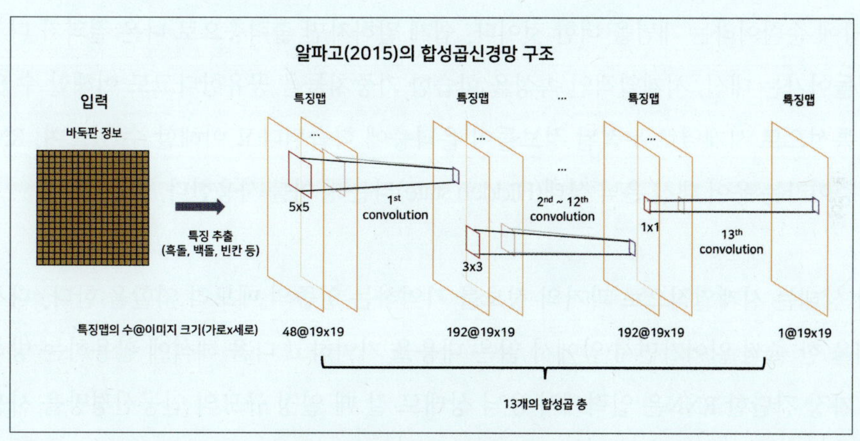

[그림 1-7] 알파고의 합성곱신경망

1-7. 순환신경망

우리는 다양한 형태의 데이터를 마주하며 살아가고 있다. 예를 들자면, 주가의 변동 차트를 보며 주식 투자를 결정하고, 내가 즐겨봤던 영상 콘텐츠를 통해 새로운 영상을 추천받곤 한다. 이렇게 시간에 따라 순차적으로 변화하는 데이터는 시계열 데이터 혹은 더 넓게 시퀀스 데이터(Sequence Data)로 말한다. 시계열 데이터는 시간의 흐름에 따라 변화되는 정보로 날씨를 예로 들자면 기온이나 습도 등을 생각할 수 있다. 이러한 시계열 데이터를 효과적으로 학습하고 현상을 예측하는데 활용되는 인공신경망 기법은 순환신경망(Recurrent Neural Network, 이하 RNN)이라고 말한다.

시계열 데이터는 전통적으로 통계학에서 많이 다뤄왔다. 여기서 특히 RNN의 강점이라고 하는 것은 인간이 구사하는 언어를 조금 더 효과적으로 다룰 수 있다는 것이다. 이 분야를 자연어 처리(Natural Language Processing)라고 말하며, 지금 우리가 사용하는 ChatGPT 역시 원류를 찾아가면 RNN의 흔적이 남아 있다. 즉, RNN은 주어진 문장의 다음을 예측하는 언어 모델에서 강점을 가지고 있으며, 이 신경망을 학습하기 위한 데이터는 인터넷에 게시되어 있는 수많은 텍스트 데이터로 출발한다.

RNN은 순환이라는 단어에서 확인할 수 있듯이, 입력층, 은닉층, 출력층으로 구성될 수 있는 인공신경망에 순환이라는 개념을 더한 것이다. 쉽게 말하자면 출력층으로 나온 결과가 다시 입력층으로 들어가는 대신, 시계열적인 속성을 학습한 가중치들을 공유한다고도 이해할 수 있겠다. 이러한 특성으로 시계열로 누적된 정보들이 은닉층에 학습된다고 이해할 수 있으며, RNN에서는 은닉층이라는 용어 대신 은닉 상태(Hidden state)라는 용어를 사용한다.

이 은닉 상태는 시계열적으로 과거의 정보를 기억하는 일종의 메모리 역할을 한다. 다시 말하자면 책을 한 줄씩 읽어가면서 앞에서 읽은 내용을 기억하고 다음 해석에 활용하는 방식이다. 여기서 가장 간단한 RNN은 입력에서 은닉 상태로 갈 때 일정 규모의 인공신경망을 사용하고, 마찬가지로 은닉 상태에서 출력으로 갈 때 유사한 규모의 인공신경망을 사용한다. 다만 기본적인 인공신경망과 다른 것은 입력에서 출력까지 계산하는 과정에 동일한 가중치의 인공신경망을 사용한다는 것이 다른 점이다.

RNN은 다양한 입력과 출력의 구성이 가능하다. 하나의 입력을 다수의 출력으로 나타내는 것은 이미지 설명이다. 이미지가 입력으로 들어가면 그 이미지에 맞는 설명을 텍스트로 출력하는 것이다. 또한 다수의 입력을 하나의 출력으로 설계할 수도 있는데 이 경우에는 문장을 분류하는 과업이 될 수 있다. 마지막으로 다수의 입력과 다수의 출력은 번역으로 예시를 들 수 있다.

RNN의 가장 직접적인 예시로 번역을 자세하게 살펴보자. RNN을 활용한 번역은 기계 번역(machine translation)이라고도 한다. 예를 들어 영어 문장과 이를 번역한 한국어 문장이

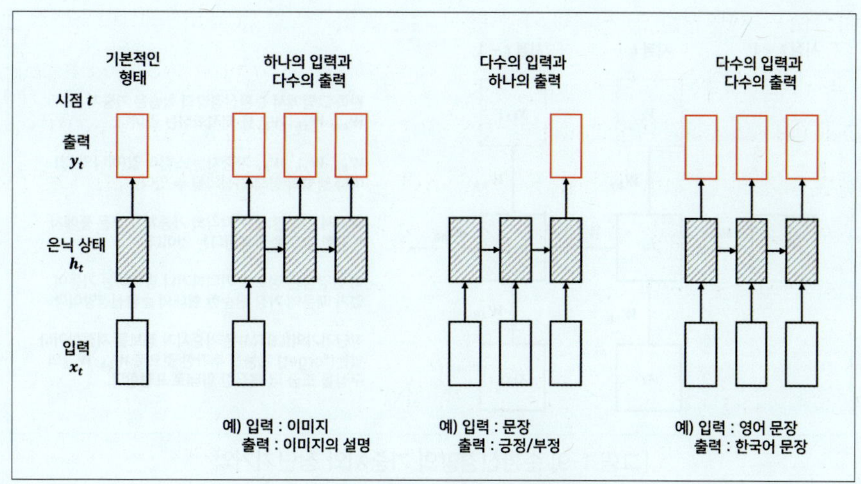

[그림 1-8] 순환신경망의 다양한 형태

있다고 가정하자. 우리는 번역을 할 때 문법에 따라 문장을 품사를 지정하고, 품사에 해당하는 단어의 의미에 따라 전체 문맥을 보고 해석하게 된다. 반면 RNN은 영어와 한국어 문장이 데이터로 주어졌을 때, 이 둘의 품사나 문맥에 따른 뜻을 인공신경망을 통해 학습한다는 접근이다. 즉, 데이터만 주어지고 이것을 학습하는 접근이기 때문에 데이터의 양과 질이 일정 수준으로 확보되어야 한다. 이렇게 데이터의 내부적인 구조를 알아서 학습하는 접근이 인공신경망의 기본적인 취지로 해석할 수 있으며, 이것을 종단간 학습(end-to-end learning)이라고도 말한다.

1-8. 장단기기억

RNN은 과거의 정보를 은닉 상태(hidden state)에 저장하고, 이를 다음 계산에 활용하는 방식으로 시계열 데이터를 다루는 데 강점을 보였다. 하지만 단순한 인공신경망으로 구현한 RNN에는 치명적인 약점이 있었다. 시간이 길어질수록, 즉 문맥이 길어질수록 앞부분의 정보가 점점 사라지는 것이다. 이를 "장기 의존성 문제"라고 부르는데, 결국 단순 RNN은 가까운 과거 정보만 기억하고, 먼 과거의 정보는 잊어버린다. 이 한계 때문에 단순한 RNN은 긴 문장을 번역하거나, 게임처럼 장기 전략이 필요한 데이터는 다루기 어렵다.

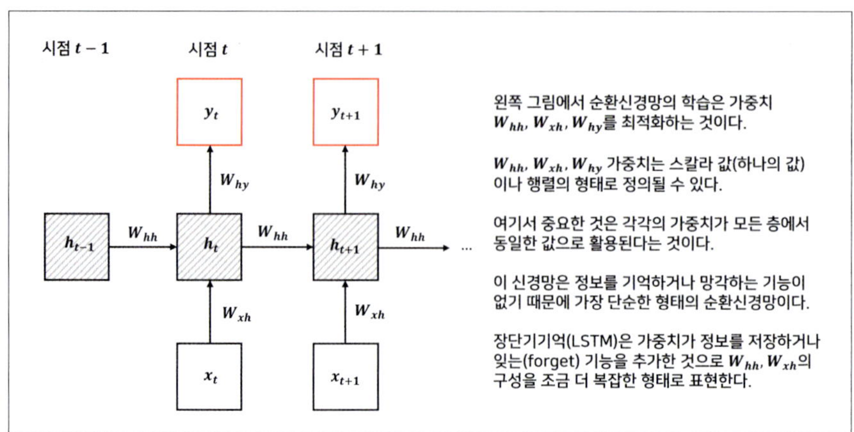

[그림 1-9] 순환신경망의 가중치와 장단기기억

이 문제를 해결하기 위해 등장한 것이 장단기기억(Long Short-Term Memory, 이하 LSTM)이다. 이름에서도 알 수 있듯이, LSTM은 정보를 장기적이거나 단기적으로 기억하는 것을 결정하는 구현한 방법론이다. 단순 RNN이 출력과 가중치만 공유하는 방식으로 반복했다면, LSTM은 여기에 게이트(gate)라는 개념을 추가했다. 게이트는 일종의 선택 장치로, 현재 입력과 과거 정보를 참고해 어떤 것은 계속 기억하고, 어떤 것은 잊어버릴지를 정한다. 덕분에 LSTM은 긴 시계열 데이터에서도 중요한 정보를 오래 유지할 수 있다.

예를 들어 긴 문장을 번역할 때, 단순 RNN은 앞부분의 맥락을 놓치기 쉽지만 LSTM은 필요한 맥락을 유지하면서 번역을 이어갈 수 있다. 더 흥미로운 사례는 구글 딥마인드가 개발한 게임 AI 알파스타(AlphaStar)다. 알파스타는 실시간 전략 게임 스타크래프트 II를 플레이하는 AI인데, 수많은 유닛과 자원, 장기 전략을 동시에 고려해야 한다. 여기서 LSTM이 핵심 엔진으로 쓰였다. LSTM이 과거의 게임 상황과 전략을 기억하고, 필요 없는 정보는 잊어버리며, 다음 행동을 판단하는 데 활용된 것이다.

그러나 여전히 장기 의존성은 완전히 해결되지 않은 문제로 남아 있었다. 문맥이 길어진다고 해서 무한히 기억할 수 있는 것은 아니기 때문에, LSTM은 단순 RNN보다 훨씬 뛰어난 성능을 보였지만 일정 수준을 넘어서는 긴 문맥에서는 한계를 드러냈다. 이를 해결하려는 새로운 접근이 바로 어텐션(attention)이다. 어텐션은 필요한 순간에 중요한 정보에 집중할 수 있도록 설계된 개념으로, 이후 트랜스포머(Transformer)와 같은 혁신적인 구조로 이어지게 된다.

1-9. 딥러닝의 부상

지금까지 다룬 인공신경망은 대부분 2000년대 이전, 기계학습이라는 큰 틀 안에서 제안된 방법론이다. 인공신경망에 "심층(Deep)"이라는 키워드를 붙이면, 우리가 앞서 살펴본 심층신경망, 심층합성곱신경망(Convolutional Neural Network), 심층순환신경망(Recurrent Neural Network) 등으로 확장된다. 심층이라는 단어는 곧 더 많은 모수(parameter)를 의미하며, 더 복잡한 현상에 대한 예측 가능성과 연결된다. 학계에서는 이러한 구조적 특징을 딥러닝(Deep Learning)이라고 통칭하게 되었고, 이는 2012년 이미지넷 경진대회 우승 모델인 알렉스넷(AlexNet)을 기점으로 본격적으로 알려졌다. 이후 2015년 「Nature」지의 Deep Learning 논문, 그리고 2016년 알파고 대국으로 대중적 인식이 급격히 확산되었다.

1-9-1. 빅데이터의 출현

AI 연구의 접근은 크게 규칙 기반과 학습 기반으로 나눌 수 있다. 규칙 기반 접근은 사물과 현상에 기호를 부여하고, 기호 간의 관계를 사람이 정의해 추론하는 방식이다. 대표적인 규칙 기반 AI으로는 IBM의 왓슨(Watson)이 있다. 규칙 기반 접근은 다양한 문제에 대응할 수 있었으나, 복잡한 인식이나 분류 문제에서는 성능의 한계가 분명했다. 이에 비해 학습 기반 접근은 데이터를 이용하여 규칙을 스스로 학습하는 방식이다. 범용성은 다소 떨어질 수 있으나 특정 영역에서는 규칙 기반을 뛰어넘는 성능을 보여왔다. 이 접근의 대표적인 방법론이 기계학습이다.

2000년대 이후 인터넷과 스마트폰이 급격히 보급되면서 데이터의 양과 질이 이전과 비교할 수 없을 만큼 확장되었다. 과거의 데이터가 주로 과학적 실험이나 관측을 통해 얻어진 것이라면, 이제는 온라인 활동, 거래, 검색, SNS 등으로부터 방대한 양의 데이터가 쌓였다. 이는 단순한 증가가 아니라, 딥러닝이 학습할 수 있는 충분한 "연료"를 제공했다는 점에서 중요한 전환점이 되었다.

스탠포드 대학의 앤드류 응 교수는 이를 "딥러닝이 로켓의 엔진이라면, 데이터는 그 연료"라고 비유했다. 즉, 딥러닝의 성능은 본질적으로 학습 가능한 데이터의 양과 질에 의해 결정된다. 구글 차이나 대표를 역임한 카이푸 리 역시 "많은 데이터를 확보한 중급 연구자가, 적은 데이터를 보유한 뛰어난 연구자보다 더 나은 결과를 낼 수 있다"고 강조한 바 있다. 다만 데이터가 많아진 만큼, 이를 가공하고 정답(label)을 부여하는 작업은 큰 비용과 노력을 요구했다. 딥러닝의 성능 병목 중 하나는 여전히 데이터 수급과 처리 과정에 있다는 점도 함께 짚어야 한다.

1-9-2. 값싼 고성능 하드웨어의 보급

딥러닝의 또 다른 성장 동력은 하드웨어의 발전이다. 인공신경망은 본질적으로 대량의 행렬 연산을 수행하는 구조다. 은닉층이 깊어지고, 즉 모수가 많아질수록 연산량은 기하급수적으로 증가한다. 1980년대 연구자들도 심층신경망을 구상했으나, 당시 컴퓨터 성능으로는 계산량을 감당할 수 없었다. 그러나 반도체 공정 발전에 따른 무어의 법칙은 매 18개월마다 연산 능력이 두 배로 증가하는 지수적 발전을 보여왔다. 이러한 흐름 속에서, 본래 그래픽 처리를 위해 개발된 GPU(Graphics Processing Unit)가 수치 연산에도 활용되기 시작했다.

GPU는 수천 개의 연산을 병렬로 처리할 수 있어, 대규모 행렬 연산이 반복되는 딥러닝 학습에 특히 적합했다. 2012년 알렉스넷이 성공할 수 있었던 이유도 바로 GPU의 도입 덕분이었다. 기존 CPU 기반 학습으로는 수 주가 걸릴 계산을, GPU 기반 학습은 수일만에 끝낼 수 있었다. 이 사건은 곧 딥러닝의 르네상스를 여는 촉매제가 되었다.

1-9-3. 연구 문화의 변화

빅데이터와 GPU가 물리적 기반을 제공했다면, 연구 문화의 변화는 딥러닝의 확산 속도를 가속화했다. 특히 arXiv와 같은 공개 논문 저장소, 그리고 TensorFlow, PyTorch와 같은 공개 소프트웨어 프레임워크가 대표적이다. 과거에는 논문이 저널에 실리기까지 수년이 걸렸지만, 이제는 arXiv를 통해 빠르게 공유되며 최신 연구가 거의 실시간으로 확산되었다.

이와 함께 연구자들은 깃허브(GitHub)에 소스코드를 공개했고, 누구나 쉽게 실험하고 개선할 수 있는 생태계가 형성되었다. 이러한 오픈사이언스 흐름은 딥러닝을 연구자뿐 아니라 산업계, 심지어 학생들까지 접근할 수 있는 기술로 만들었다.

1-9-4. 생성 AI와 딥러닝

오늘날 AI를 대표하는 키워드는 단연 생성 AI(Generative AI)다. 그렇다고 해서 딥러닝이라는 용어가 더 이상 유효하지 않거나, 이전 세대의 개념으로만 남은 것은 아니다. 실제로 생성 AI의 내부를 들여다보면, 방대한 규모의 모수로 구성된 딥러닝 모델이 자리하고 있다. 즉, 딥러닝은 여전히 현재 AI 기술의 핵심 기저로 작동하고 있으며, 단지 시대적 흐름 속에서 "생성 AI"라는 이름이 전면에 부각되고 있는 것이다.

따라서 생성 AI의 뿌리를 거슬러 올라가면 반드시 딥러닝을 만나게 된다. 그리고 그 딥러닝의 토대에는 인공신경망, 더 거슬러 올라가면 퍼셉트론이라는 기본 개념이 놓여 있다. 이 계보를 이해한다면, 생성 AI라는 거대한 현상도 단순한 유행어가 아니라 인공신경망이라는 학문적 맥락 위에서 발전한 결과물임을 알 수 있다. 다시 말해, 오늘날의 생성 AI를 이해하는 가장 좋은 방법은 그것을 새로운 개념으로만 보는 것이 아니라, 딥러닝의 연속선상에 놓고 본질을 파악하는 것이다.

1-10. GPU

GPU(Graphics Processing Unit)는 원래 그래픽 전용 장치였다. 1990년대 말부터 2000년대까지 컴퓨터 그래픽의 수요가 폭발적으로 늘어나면서, 게임과 영상 분야에서 더 실감나는 3D 그래픽을 구현하기 위한 전용 하드웨어로 발전했다. GPU의 가장 큰 특징은 수천 개의 작은 계산 단위를 동시에 움직여, 대량의 연산을 병렬로 처리한다는 점이다. CPU가 소수의 코어로 정교한 계산을 빠르게 처리하는 데 특화되어 있다면, GPU는 상대적으로 단순한 연산을 대규모로 동시에 수행하는 데 최적화되어 있었다. 그래서 GPU는 오랫동안 "게임 그래픽을 위한 가속기"라는 이미지를 가지고 있었다.

그런데 이 구조가 AI, 특히 딥러닝의 계산 방식과 절묘하게 맞아떨어졌다. 딥러닝은 결국 행렬곱 연산의 반복으로 요약된다. 입력 데이터와 가중치를 곱하고, 다시 더하는 연산이 층을 따라 수없이 반복되는데, 이는 GPU가 가장 잘 처리할 수 있는 작업이었다. CPU가 이 계산을 일일이 수행하려면 너무 많은 시간이 걸렸지만, GPU는 수천 개의 코어가 동시에 달라붙어 순식간에 연산을 끝내버렸다.

행렬곱 연산

$$\begin{pmatrix} a_{11} & a_{12} & a_{13} & a_{14} \\ a_{21} & a_{22} & a_{23} & a_{24} \\ a_{31} & a_{32} & a_{33} & a_{34} \\ a_{41} & a_{42} & a_{43} & a_{44} \end{pmatrix} \begin{pmatrix} b_{11} & b_{12} & b_{13} & b_{14} \\ b_{21} & b_{22} & b_{23} & b_{24} \\ b_{31} & b_{32} & b_{33} & b_{34} \\ b_{41} & b_{42} & b_{43} & b_{44} \end{pmatrix} = \begin{pmatrix} c_{11} & c_{12} & c_{13} & c_{14} \\ c_{21} & c_{22} & c_{23} & c_{24} \\ c_{31} & c_{32} & c_{33} & c_{34} \\ c_{41} & c_{42} & c_{43} & c_{44} \end{pmatrix}$$

[그림 1-10] 행렬곱 연산의 도식화

2012년, 딥러닝의 전환점이 된 사건이 바로 이미지넷(ImageNet) 대회였다. 당시 알렉스 크리제브스키가 발표한 알렉스넷(AlexNet)은 기존 방식보다 월등한 성능을 보여주며 우승을 차지했는데, 이때 학습 과정에서 GPU 두 장을 사용했다는 사실이 알려졌다. 알렉스넷은 합성곱신경망을 수백만 장의 이미지로 학습시켰는데, CPU만 사용했다면 학습에 몇 달 이상 걸렸을 일을 GPU 덕분에 단기간에 끝낼 수 있었다. 이 사건은 "GPU가 단순히 게임용이 아니라, AI 연구의 핵심 엔진이 될 수 있다"는 사실을 전 세계에 각인시켰다.

이후 GPU의 위치는 완전히 달라졌다. 엔비디아(NVIDIA) 같은 기업은 아예 AI 학습을 겨냥해 GPU 아키텍처를 개량하기 시작했다. 2017년 등장한 볼타(Volta) 아키텍처부터는 텐서코어(Tensor Core)라는 전용 연산 유닛이 탑재되었는데, 이 장치는 일반적인 그래픽 연산이 아니라 행렬곱에만 특화되어 있었다. 딥러닝의 본질을 정확히 겨냥한 것이다. 이후 암페어(Ampere), 호퍼(Hopper) 아키텍처로 이어지면서 GPU는 사실상 딥러닝을 위한 전용 장치로까지 진화했다.

GPU의 중요성을 높인 또 다른 요인은 가격 대비 성능이었다. 같은 비용으로 구매할 수 있는 CPU와 GPU를 비교하면, GPU는 수십 배 이상의 연산 성능을 제공했다. 특히 딥러닝에서 요구되는 계산은 고도의 정밀도를 필요로 하지 않는 경우가 많았는데, GPU는 상대적으로 낮은 정밀도의 연산(반정밀도, 단정밀도)에서도 충분히 안정적인 결과를 낼 수 있었다. 따라서 한정된 자원으로 연구를 진행해야 했던 대학원생이나 스타트업 연구자들도 GPU를 이용해 딥러닝 모델을 학습할 수 있었다. 이 점이 딥러닝 연구의 폭발적인 확산을 이끌어낸 원동력이었다.

지금은 GPU 없이는 딥러닝 학습을 상상하기 어렵다. 알파고의 학습도, 최신 생성 AI의 학습도 모두 GPU를 기반으로 이루어졌다. GPU는 단순한 그래픽 장치에서 출발했지만, 이제는 AI라는 거대한 패러다임을 움직이는 엔진이 되었다. 우리가 사용하는 생성 AI 서비스, 예컨대 ChatGPT와 같은 모델이 탄생하기까지 GPU의 역할은 절대적이었다. 결국 GPU는 딥러닝의 성장을 가능하게 한 숨은 주역이자, 지금도 AI 혁신의 중심에 서 있는 하드웨어라고 할 수 있다.

1-11. 강화학습

강화학습은 AI가 스스로 경험을 쌓아가면서 학습하는 기계학습의 큰 분류 중 하나이다. 지도학습처럼 문제와 정답을 함께 주는 것이 아니라, AI가 어떤 행동을 했을 때 '잘했다', '잘못했다'라는 피드백만 주어진다고 생각하면 된다. 이 피드백은 점수와 같은 보상의 형태로 제공되며, AI는 이 보상을 최대화하는 방향으로 전략을 개선해 나간다.

우리가 흔히 아는 벽돌깨기 게임을 떠올려보자. 화면 아래쪽에는 공을 튕기는 막대가 있고,

위쪽에는 깨야 할 벽돌이 가득하다. AI가 처음 게임을 시작할 때는 아무런 지식이 없다. 막대를 왼쪽으로 움직이기도 하고, 오른쪽으로 움직이기도 하며, 공을 놓쳐서 게임이 끝나기도 한다. 하지만 한 가지 분명한 규칙이 있다. 공으로 벽돌을 깨면 점수가 올라간다는 사실이다. 여기서 점수는 곧 보상이다.

처음에는 무작위로 움직이며 시행착오를 반복하겠지만, AI는 '어떤 상황(공의 위치, 속도, 벽돌 배치)에서 막대를 어떻게 움직이면 점수를 더 얻는지'를 서서히 배운다. 공을 놓치지 않고 계속 튕기면 더 많은 벽돌을 깰 수 있고, 결과적으로 점수를 많이 얻을 수 있다는 사실을 경험을 통해 알게 되는 것이다. 이런 과정을 수백 번, 수천 번 반복하면서 AI는 점점 벽돌깨기를 잘하게 된다.

강화학습의 구조는 크게 세 가지로 정리할 수 있다. 첫째, 상태(state). 벽돌깨기 게임의 경우 화면 전체가 하나의 상태가 된다. 공의 좌표, 속도, 남아 있는 벽돌의 위치 등이 상태를 정의한다. 둘째, 행동(action). 막대를 왼쪽으로 움직일지, 오른쪽으로 움직일지, 아니면 가만히 있을지가 행동이다. 셋째, 보상(reward). 벽돌을 깨면 점수가 오르고, 공을 놓치면 게임이 끝나면서 큰 패널티가 부여된다. 이 단순한 세 가지 요소가 강화학습의 기본 뼈대다.

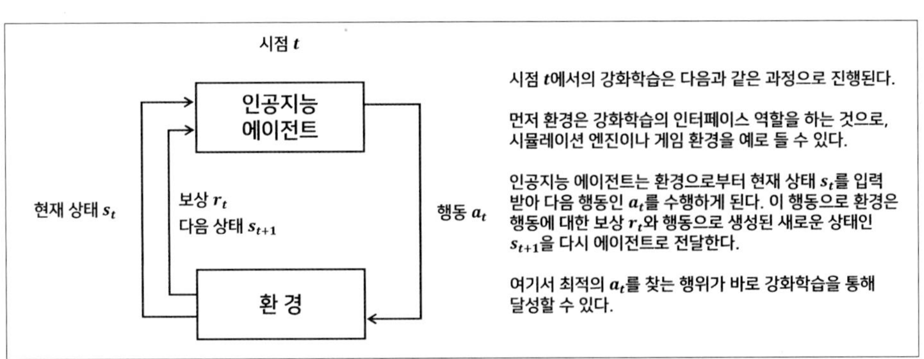

[그림 1-11] 강화학습의 구성요소 – 상태, 행동, 보상

강화학습의 핵심은 보상을 어떻게 정의하느냐에 있다. 벽돌깨기처럼 보상이 단순하고 명확한 경우에는 학습이 쉽다. 하지만 현실의 문제는 조금 더 복잡하다. 예를 들어, 자율주행차가

있다고 가정하자. 도착지까지 안전하게 도달하는 것이 최종 보상이라면, 중간에 교차로에서 좌회전을 잘하는 행동이나 보행자를 피하는 행동 같은 것은 어떻게 평가해야 할까? 이 경우에는 중간 보상을 세심하게 정의해야 한다. 그래야 AI가 목표에 도달하기 전에도 올바른 학습 경로를 밟을 수 있다.

강화학습의 역사를 살펴보면, 자연스럽게 두 개의 연구 그룹이 큰 기여를 했다. 하나는 구글 딥마인드이고, 다른 하나는 OpenAI다. 딥마인드는 바둑 AI 알파고와 같은 프로젝트를 통해 "스스로 대결하며 학습하는 AI"를 전 세계에 각인시켰다. 알파고는 바둑이라는 복잡한 게임에서 자체 대국을 거듭하며 인간 최고 수준의 기량을 넘어섰고, 이후 스타크래프트 II를 정복한 알파스타까지 발전했다. 이처럼 딥마인드는 강화학습을 시뮬레이션 환경에서 끊임없이 실험하고 확장하면서 AI의 가능성을 보여주었다.

오픈AI 역시 강화학습에서 굵직한 성과를 남겼다. 2017년에는 복잡한 온라인 게임 도타 2(Dota 2)에서 OpenAI Five를 통해 인간 프로게이머와 대결하며 주목을 받았다. 도타2는 바둑보다 훨씬 많은 상태와 행동이 얽힌 멀티플레이어 게임이었기 때문에, 여기서의 성취는 강화학습의 확장 가능성을 잘 보여주는 사례였다. 또한 오픈AI는 Gym이라는 강화학습용 시뮬레이션 환경을 공개해, 전 세계 연구자들이 동일한 환경에서 알고리즘을 시험할 수 있도록 하며 학문적 발전을 촉진했다. 멀티에이전트 강화학습과 같은 영역에서도 오픈AI는 딥마인드와 경쟁하며 존재감을 드러냈다.

이 두 그룹의 강화학습 접근 방식에는 차이가 있었다. 딥마인드는 바둑이나 체스처럼 규칙이 명확하고 완결된 게임 환경에서 AI를 발전시켰다면, 오픈AI는 보다 복잡하고 인간적인 상호작용이 필요한 영역에 도전했다. 이러한 차이는 이후 ChatGPT로 이어지는 과정에서 뚜렷하게 나타났다. ChatGPT의 학습 과정에서도 강화학습은 중요한 역할을 했다. 단순히 텍스트를 예측하는 모델에서 그치지 않고, 사람이 원하는 답변의 방향을 더 잘 맞추고, 유해하거나 편향적인 출력을 줄이는 과정에서 강화학습 기법이 활용된 것이다.

즉, 강화학습은 바둑판 위에서 시작해 온라인 게임을 거쳐, 결국 언어와 지식의 세계까지 확장되었다. 딥마인드와 오픈AI가 보여준 서로 다른 도전은 모두 강화학습의 잠재력을 입증한 여정이었고, 이는 오늘날 우리가 사용하는 대화형 AI의 기반이 되었다고 정리할 수 있다.

1-12. 알파고

2016년 봄, AI 알파고와 이세돌 9단의 대국은 전 세계적으로 큰 화제를 불러일으켰다. 체스와 달리 바둑은 경우의 수가 사실상 무한대에 가까운 게임으로, 오랫동안 AI가 넘지 못할 최후의 보루로 여겨졌다. 그러나 구글 딥마인드가 개발한 알파고는 이 통념을 단숨에 깨뜨렸다.

알파고의 출발은 2015년, 프로 기사 판후이 2단과의 대국에서 승리를 거두면서부터다. 이때 발표된 네이처 논문은 알파고가 단순한 계산 프로그램이 아니라, 데이터를 학습하여 스스로 전략을 세울 수 있는 시스템임을 보여주었다. 핵심은 정책망(policy network)과 가치망(value network)이라는 두 가지 딥러닝 모델이었다. 정책망은 주어진 바둑판에서 다음 수를 어디에 둘지 확률적으로 판단하고, 가치망은 현재 바둑판의 상황이 승리로 이어질 가능성을 평가한다. 이 두 가지가 결합되면서 알파고는 방대한 탐색 공간 속에서도 효율적으로 수를 찾아낼 수 있었다.

여기서 사용된 신경망은 합성곱신경망이었다. 바둑판을 19x19 격자로 보고 이미지를 처리하듯 패턴을 학습한 것이다. 알파고는 수십만 건의 프로 기보를 학습하며 인간 전문가의 수법을 익혔고, 이후에는 자기 자신과의 대국을 반복하면서 실력을 비약적으로 끌어올렸다.

알파고의 탐색 방식에는 몬테카를로 트리 탐색(Monte Carlo Tree Search, MCTS)이 적용되었다. 바둑은 경우의 수가 워낙 방대하기 때문에 모든 경로를 전부 살피는 것은 불가능하다. MCTS는 확률적 샘플링을 통해 의미 있는 경로만을 깊게 탐색하고, 이를 정책망과 가치망의 평가로 보완하는 방식을 취한다. 그 결과 알파고는 인간이 두는 듯한 직관적인 수를 찾아내면서도 계산적 안정성을 확보할 수 있었다.

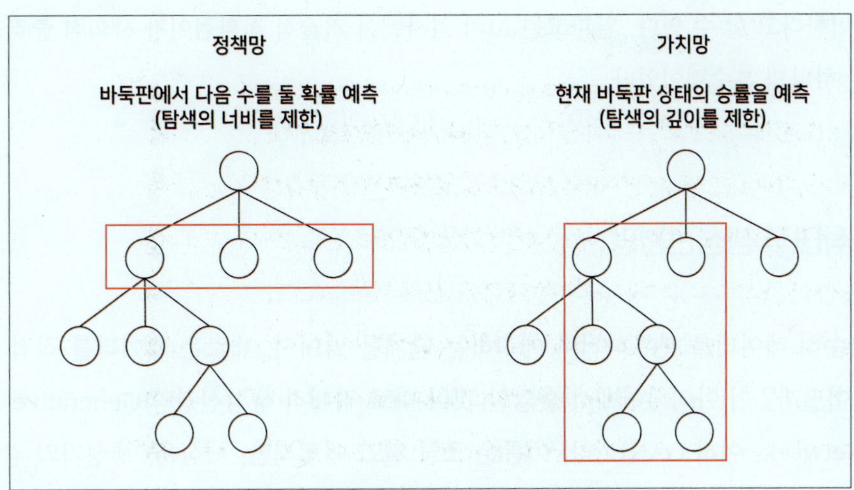

[그림 1-12] 알파고의 정책망과 가치망

2016년, 알파고는 이세돌 9단과의 대결에서 4승 1패를 기록했다. 이세돌이 유일하게 승리한 제4국의 '78수'는 지금도 회자되며, 인간의 창의성이 발휘된 순간으로 남아 있다. 하지만 전체적으로는 AI가 인간 정상급 기사를 넘어섰다는 사실을 전 세계가 목격한 사건이었다.

이후 알파고는 더 진화했다. 2017년에는 중국의 커제 9단을 꺾으며 다시 한번 그 우위를 입증했고, 같은 해에 발표된 알파고 제로(AlphaGo Zero)는 한 단계 더 나아갔다. 알파고 제로는 기존처럼 인간의 기보를 사용하지 않고, 오직 바둑 규칙만으로 자기대국을 반복하며 최고 수준의 실력에 도달했다. 이 접근은 인간 지식을 모방하는 단계를 넘어, AI가 독자적으로 학습하고 창조적인 전략을 만들어낼 수 있음을 보여주었다.

알파고는 바둑이라는 특정 분야를 넘어서, AI 연구의 패러다임을 바꿔놓았다. 알파고가 보여준 것은 단순히 "인간을 이겼다"는 결과가 아니라, 딥러닝, 고성능 하드웨어, 효율적인 탐색 알고리즘이 결합했을 때 얼마나 강력한 성과가 나올 수 있는지를 입증한 것이다. 이 경험은 이후 강화학습 연구의 급격한 확산으로 이어졌고, 게임을 넘어 물류, 로보틱스, 자율주행 등 다양한 영역에서 응용 가능성이 탐구되었다.

오늘날 우리가 ChatGPT와 같은 거대 언어모델을 접하는 것도, 알파고가 보여준 가능성과 맥락을 같이한다고 할 수 있다. 알파고는 AI의 역사에서 기술적 전환점이자 사회적 충격을 동시에 남긴, 하나의 분수령이었다.

1-13. 적대적 생성신경망

AI가 단순히 데이터를 분류하거나 예측하는 단계를 넘어서, 새로운 데이터를 직접 만들어낸다면 어떨까? 이 아이디어에서 출발한 것이 바로 적대적 생성신경망(Generative Adversarial Network, 이하 GAN)이다. 이름은 조금 길고 어렵지만, 핵심은 "생성기와 감별기의 대결"이라고 정리할 수 있다.

생성기는 가짜 데이터를 만든다. 감별기는 그것이 진짜인지 가짜인지 판별한다. 마치 위조지폐범과 경찰이 서로 맞서는 상황을 떠올리면 쉽다. 위조지폐범은 점점 더 정교한 가짜 돈을 만들어내고, 경찰은 그것을 잡아내기 위해 더욱 날카로운 눈을 기른다. 시간이 흐를수록 두 집단은 서로 경쟁하면서 점점 더 수준이 높아진다. GAN도 같은 원리다. 생성기는 가짜 이미지를 점점 더 진짜처럼 만들고, 감별기는 이를 가려내려고 애쓴다. 결국 감별기가 진짜와 가짜를 구별하기 어려울 만큼 생성기가 정교해지면 학습이 성공했다고 말할 수 있다.

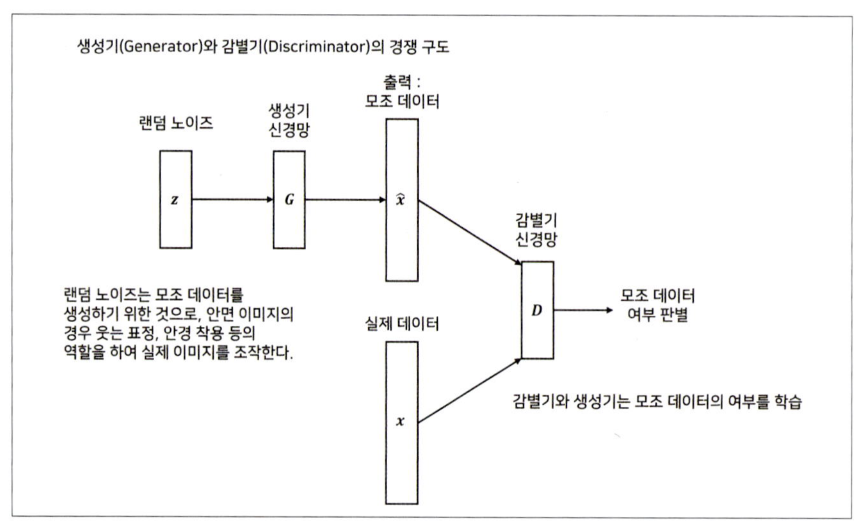

[그림 1-13] 적대적 생성신경망의 생성기와 감별기

GAN의 구조는 단순해 보인다. 두 개의 인공신경망이 있을 뿐이다. 하나는 생성기, 다른 하나는 감별기다. 생성기는 처음에는 단순한 랜덤 노이즈에서 출발해 '진짜 같은' 데이터를 만들어내려 시도한다. 감별기는 진짜 데이터와 생성된 데이터를 섞어 받으며, 둘 중 무엇이 가짜인지 판별하도록 훈련된다. 이 두 신경망은 서로 경쟁하면서 동시에 발전하는데, 이 과정이 바로 GAN이 '적대적(adversarial)'이라는 이름을 가지게 된 이유다.

GAN은 2014년 캐나다 몬트리올 대학의 이안 굿펠로우(Ian Goodfellow)에 의해 처음 제안되었다. 이후 전 세계적으로 폭발적인 연구 열풍이 일었고, 지금까지 수백 가지 변형된 GAN 모델이 등장했다. GAN은 특히 이미지와 영상 생성 분야에서 놀라운 성과를 냈다. 우리가 종종 인터넷에서 접하는 '가짜 인물 사진'이나 '딥페이크 영상'이 바로 GAN 기술의 대표적인 산물이다. GAN은 단순한 사진 편집을 넘어, 전혀 존재하지 않는 얼굴을 만들어내거나, 특정 인물의 모습을 자연스럽게 합성해낸다. 이 기술은 예술, 디자인, 영화, 게임 등 창의적인 분야에도 활용되지만, 동시에 윤리적 논란과 사회적 문제를 불러일으키는 기술이기도 하다.

GAN의 영향은 단순한 가짜 이미지 생성에 머무르지 않는다. AI 모델을 속이거나 혼란시키기 위한 연구, 즉 적대적 공격(adversarial attack)에도 활용되고 있다. 이는 신경망이 특정한 상황에서 잘못된 판단을 하도록 데이터를 교묘하게 조작하는 방법이다. 예를 들어, 사람이 보기에는 똑같은 고양이 사진이지만, 신경망은 이를 개로 잘못 인식하도록 만들 수 있다. 이런 연구는 AI의 취약점을 드러내는 동시에, 더 안전하고 신뢰성 있는 AI를 만드는 데에도 중요한 역할을 한다.

GAN은 지금 우리가 흔히 이야기하는 생성 AI(Generative AI)의 출발점 가운데 하나다. 오늘날 텍스트를 쓰고 그림을 그리며 음악을 만드는 생성 AI 서비스들 뒤에는, GAN이 제시했던 "진짜 같은 것을 만들어내는 방법"의 철학이 녹아 있다.

2. 생성형 AI의 등장 배경

2-1. 개요

수업 형태	이론 강의
수업 내용	생성형 AI의 등장 배경
학습 목표	o ChatGPT가 등장하기까지(2017~2022)의 언어 모델의 변화 이해 o 언어 모델의 핵심인 트랜스포머의 개념적 이해
주요 학습 내용	o 생성 AI 모델의 부상과 개념 o 2017년 트랜스포머부터 2022년 ChatGPT까지의 기술적 흐름 이해 o 키워드 기반의 내용 숙지
교수 방법	강의
과제물	–

생성형 AI는 선택이 아닌 필수적인 도구가 되었다. 그 시작은 OpenAI의 ChatGPT로 출발하는 일반적으로 널리 알려져 있다. 그렇다면 ChatGPT는 어떻게 나오게 된 것일까? 그 흐름을 거슬러 올라가면 우리는 트랜스포머(Transformer)라는 용어를 찾을 수 있다. ChatGPT의 T는 이 트랜스포머를 약자로 쓰고 있기 때문에, 트랜스포머가 무엇이고 생성형 AI에 어떠한 지위를 갖는지 알아볼 필요가 있다.

트랜스포머는 2017년에 구글에서 개발한 AI 모델로 그간 주목을 받아왔던 인공신경망과는 다른 점이 존재한다. 트랜스포머라는 단어는 우리가 흔히 알고 있는 영화 제목으로도 친숙하지만, AI 모델로써의 트랜스포머는 해석이 다를 수 있다. 이번 강의에서는 트랜스포머가 무엇인지 알아보고, 이 기술이 어떻게 발전했으며, 궁극적으로는 ChatGPT에서 어떠한 역할을 했는지를 알아볼 것이다.

2-2. 언어 모델

언어 모델이란 사람이 구사하는 언어를 모사하는 방법론을 통칭한다. 여기서 사람이 구사하는 언어가 다소 모호한 표현일 수 있는데, 우리가 특정 언어로 의사를 주고받는 행위를 모두 포함한다고 보면 된다. 이것을 더 쉽게 이해하자면, 주어진 문단이나 문장, 혹은 단어 뒤에 올 다음 단어를 예측하는 것으로 볼 수 있다. 만약에 다양한 실험 결과 다음에 올 단어를 성공적으로 예측한다면, 그 언어 모델은 사람과도 의사소통할 수 있을 것이다.

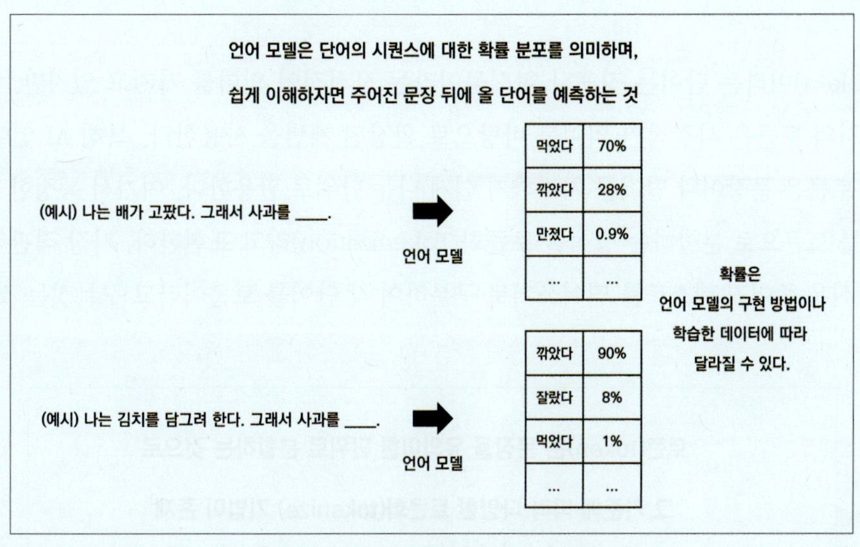

[그림 2-1] 언어 모델의 직관적인 이해

그렇다면 이것을 컴퓨터로 구현하는 것을 생각해 보자. 먼저 사람이 구사하는 언어는 매우 다양하다. 서양과 동양의 언어 체계가 상이하듯, 컴퓨터가 모든 언어를 구사하는 것은 매우 요원한 일일 것이다. 논의의 편의를 위해서 한국어에 대한 언어 모델만 고려해 보자. 우리는 한국어를 통해 지식을 습득하고, 표현하며, 다른 사람이 구사하는 언어를 토대로 이해하고, 공감하며, 비판할 수 있다. 또한 사람들은 서로 다른 관심 분야가 있기 때문에 언어로 표현할 수 있는 대화 주제는 사실상 사회와 문화 전체를 포괄하는 것이나 다름없다. 다행스럽게도 언어에는 문법이 존재하여 일정한 규칙이 있지만, 주제의 광범위한 폭을 고려해보면 컴퓨터로 언어 모델을 구현하는 일은 매우 도전적일 것이다.

지금은 누구나 고성능 언어 모델의 일종이라고 할 수 있는 ChatGPT와 Gemini를 사용하며, 사람처럼 대화하는 AI를 겪고 있지만 알파고 대국이 있었던 2016년에는 언어 모델이 여전히 어려운 과업으로 손꼽혔다. ChatGPT의 근간이 되는 GPT 역시 지금까지 설명한 언어 모델과 동일하다. 즉, 주어진 문맥과 문장 다음에 올 단어를 하나씩 예측하는 언어 모델이 ChatGPT의 근본이라고 이해할 수 있는 것이다.

2-3. 토큰과 토큰화

토큰(Token)이라는 단어는 징표나 형식물이라는 사전적인 의미를 가지고 있지만, 컴퓨터 분야에서의 토큰은 사전적인 의미를 바탕으로 확장된 개념을 사용한다. 특히 AI 언어 모델에서의 토큰은 문장이나 단어를 처리하기 쉽게 나눈 단위로 활용한다. 여기서 특정한 텍스트 데이터를 토큰으로 분할하는 방식을 토큰화(Tokenization)라고 표현한다. 가장 직관적인 토큰화 방식은 주어진 텍스트를 띄어쓰기로 구분하여 각 단어를 토큰이라고 구분짓는 것이다.

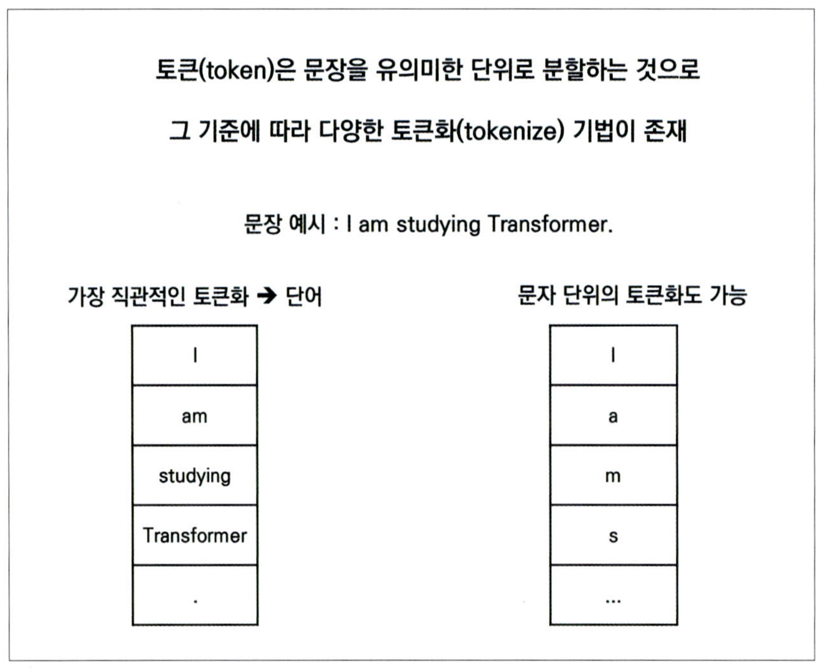

[그림 2-2] 토큰화의 개념

그렇다면 왜 토큰과 토큰화가 필요할까? 이것은 컴퓨터가 문맥을 이해하는데 필요한 정보의 최소 단위를 정의해야 하기 때문이다. 예를 들어, "playing"이라는 단어를 생각해 보자. 만약 토큰화가 단어 단위가 되었다면 "playing" 자체가 토큰이 되고, "ing"라는 어미를 분리하는 토큰화는 "play"와 "##ing"(여기서 ##은 어미를 뜻함)의 두 개의 토큰을 만들 것이다. 여기서 진행형을 뜻하는 "##ing"를 토큰으로 만든다면 다른 동사의 어미에도 활용될 수 있다는 점에서 범용성이 늘어나지만, 어미를 분리하는 과업이 추가적으로 필요하다.

비유하자면 토큰은 사전의 한 단어이고, 토큰화는 사전에 수록할 단어의 기준을 의미한다. 예를 들어 위키백과 데이터셋이 있다고 해 보자. 여기서 토큰화는 위키백과에서 적어도 10번 이상 등장한 단어로 구성되는 것이라고 한다면, 10번 미만으로 등장한 단어는 토큰으로 수록되지 않는다. 물론, 우리가 알고 있는 진짜 사전의 모든 단어를 모두 수록하면 좋겠지만, 이는 거의 사용하지 않는 토큰에 대해 무의미한 계산이 낭비되기 때문에 적정한 선에서 조정이 필요하다.

즉, 어간과 어미를 바탕으로 토큰화를 잘한다면, 어떠한 단어라도 토큰으로 구분지을 수 있기 때문에 토큰화를 어떻게 하느냐가 언어 모델의 성능과도 직결된다. 여기서 토큰화를 수행할 대상은 학습 데이터(training data)로 불린다. 통상적으로 언어 모델을 위한 학습 데이터는 대

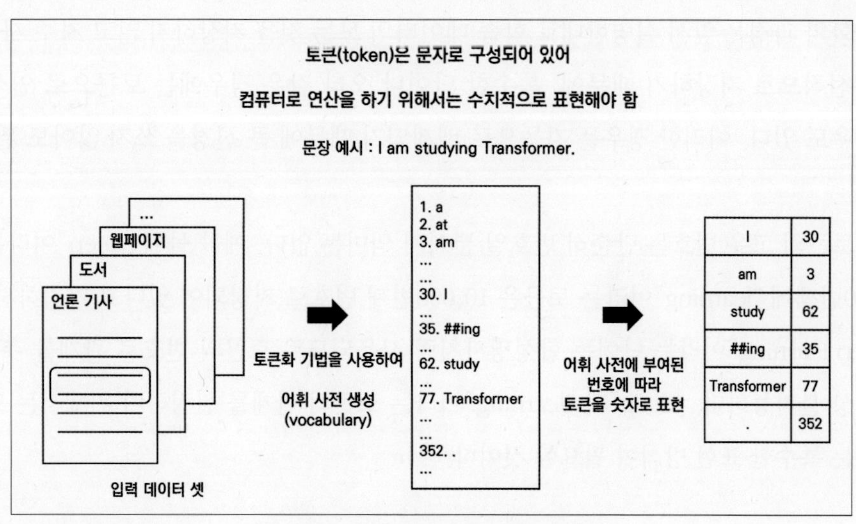

[그림 2-3] 언어 모델의 어휘 사전

규모 텍스트 데이터셋으로 구성되어 있으며, 위키 백과, 도서, 뉴스기사 등 우리가 흔하게 마주칠 수 있는 데이터로 구성된다. 이러한 대규모 데이터셋에 대하여 토큰화를 진행하면, 여러 토큰을 담은 일종의 사전이 만들어지고 이것을 언어 모델의 어휘(vocabulary)라고 부른다. 언어 모델의 어휘는 커지면 커질수록 다양한 단어와 표현에 대처할 수 있겠지만 그 반대급부는 높은 계산량이 된다.

OpenAI에서 개발한 ChatGPT의 언어 모델인 GPT에서는 바이트 페어 인코딩(Byte pair encoding)이라는 토큰화 기법을 사용한다. 이 토큰화는 주어진 모든 텍스트 데이터셋에 대하여 단어 단위로 구분된 데이터를 문자 단위로 나눈 뒤, 빈도수에 따라 두 문자의 쌍을 합치는 방식으로 토큰을 만든다. 이 과정을 특정 숫자의 토큰에 이르기까지 지속적으로 반복하고, 그 결과물로 토큰으로 이루어진 어휘 사전이 만들어지게 된다.

2-4. 토큰 임베딩 벡터

OpenAI가 개발한 첫 번째 GPT에서는 바이트 페어 인코딩이라는 토큰화 기법을 활용하여 40,478개의 토큰을 만들었다. 토큰은 사전식으로 나열하게 되면 각 토큰 별로 순서가 정해질 수 있다. 각 토큰이 1번부터 40,478번의 고유 번호를 가지고 있다고 생각하면 된다. 그러나 토큰화의 과정은 앞서 설명한대로 학습 데이터의 모든 것을 저장하지 않고 자주 사용되는 것을 우선적으로 저장하기 때문에, 특수한 단어나 오타 같은 경우에는 토큰으로 인식할 수 없는 경우도 있다. 이러한 경우는 자동으로 배제되기 때문에 큰 신경을 쓰지 않아도 된다.

여기서 토큰의 고유 번호는 단순히 번호일 뿐이지 의미는 없다. 예를 들어 "deep"이라는 토큰은 5,000번째에 "learning"이라는 토큰은 10,000번째 번호로 지정되어 있다고 가정하자. 여기서 "deep learning"이라는 단어는 합성명사처럼 사용되므로 토큰의 번호로 관계를 추정하기는 사실상 불가능하다. "deep"과 "learning"이라는 토큰의 관계를 설정하기 위해서는 토큰 번호를 넘는 특수한 표현 방식이 필요할 것이다.

이를 위해서 AI 연구자들은 벡터(vector)라는 개념을 활용한다. 벡터는 엄밀한 수학적 정의도 있지만 우리가 배운 상식선에서의 벡터는 2차원 좌표계의 특정 좌표를 나타낸다. 더 쉽게 말하자면 2차원 벡터는 원소가 두 개이고 각 원소는 특정한 제약이 없는 한 실수로 표현된다. 3차원 벡터는 세 개의 원소를 가지고, n차원 벡터는 n개의 원소를 갖는다. 예를 들어 100차원 벡터 두 개가 있다고 가정하고, 이것을 각각 x와 y라고 말해 보자. 그렇다면 벡터 x와 y는 각각 100개의 원소를 가지고 있을 것이다. 여기서 동일한 차원의 두 벡터는 내적(inner product)이라는 연산이 가능한데, 내적은 두 벡터에서 서로 대응하는 원소의 곱을 모두 합산한 것이다. 내적은 구하는 과정보다 의미가 더 직관적인데, 내적한 값이 클수록 두 벡터는 서로 연관성이 있다고 해석할 수 있다.

만약 토큰을 특정 차원의 벡터로 표현할 수 있다면, 서로 다른 두 토큰의 유사도는 벡터로 표현된 토큰의 내적으로 계산할 수 있을 것이다. 여기서 토큰을 벡터로 표현하는 것을 토큰 임베딩 벡터(Token Embedding Vector)라고 부르고 줄여서 임베딩 벡터로도 지칭한다. 임베딩 벡터의 차원은 AI 언어 모델별로 상이하나, ChatGPT 이전의 경우에는 보통 512나 1024로 구성된다. 임베딩 벡터의 차원은 2의 멱수로 표현되는데, 그 이유는 컴퓨터에서 계산하는 단위 자체가 2의 멱수로 구성되기 때문이며 당연히 차원이 높을수록 계산량이 많아진다.

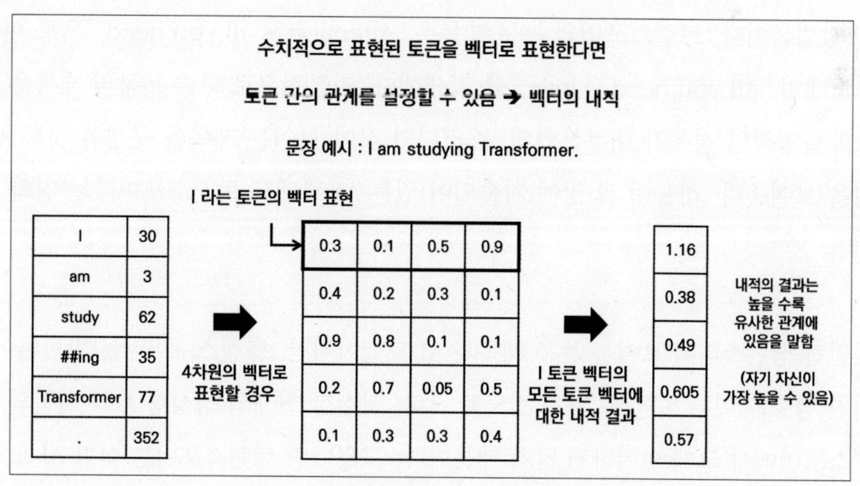

[그림 2-4] 토큰 임베딩 벡터와 벡터의 내적

그렇다면 토큰을 벡터로 어떻게 표현할 것인지가 의문일 것이다. 토큰을 벡터로 변환하는 방법은 학습 데이터셋에서 특정 토큰 주변에 있는 토큰이 서로 관계가 있다는 것으로 출발한다. 대표적인 방법론은 스킵 그램(Skip-gram)과 CBOW(Continuous Bag-Of-Words)이 존재하는데, 스킵 그램은 주변의 토큰으로 특정 토큰을 예측하고, CBOW는 특정 토큰으로 주변의 토큰을 예측하는 방식이다. 따라서 스킵 그램이나 CBOW 방식으로 얻어진 토큰 임베딩 벡터는 특정 벡터의 내적이 클 경우, 상대적으로 가까운 거리에 있는 토큰이라고 해석할 수 있을 것이다.

토큰 임베딩 벡터라는 단어가 매우 생소하게 느껴질 것이다. 그 개념을 자세히 쪼개어 본다면 상당 수준의 지식을 필요로 하기 때문에 더욱 어렵게 보일 수도 있다. 우리는 그러한 미시적인 지식에서 벗어나 왜 토큰 임베딩 벡터를 사용하는지에 주목해야 한다. 그것은 바로 특정한 두 토큰의 관계를 벡터의 내적으로 쉽게 표현할 수 있다는 점에서다.

2-5. 트랜스포머

트랜스포머(Transformer)는 ChatGPT의 마지막 T에 해당하는 것으로 2017년 구글에서 고안된 AI 방법론이다. 트랜스포머의 논문 제목은 "Attention is all you need."으로 비틀즈의 유명한 노래인 "All you need is love."를 각색했다. 기본적으로 학술 논문의 제목은 격식이 필요하고 설명적인 경우가 대부분인데, 패러디와 같아 보이는 제목을 구성한 것도 AI 논문의 특성을 보여준다. 하물며 그 안에 기술되어 있는 AI 모델도 트랜스포머라는 영화 제목을 차용한다.

이렇게 일견 장난스러워 보이는 논문 제목과 AI 모델이지만, 트랜스포머라는 방법론이 AI 전반에 미친 영향은 이루 말할 수 없을 정도로 크다. 사실상 현재의 생성형 AI의 철학의 출발점이 트랜스포머에서 크게 벗어나지 않기 때문이다. 그렇다면 트랜스포머는 어떤 AI 모델이며, 왜 트랜스포머라는 이름을 갖게 되었을까? 특히 후자에 대한 답은 쉽게 추정하기 어렵다.

트랜스포머 논문은 분량이 짧지만 내용은 매우 복잡하다. 트랜스포머를 제대로 리뷰하면서 이해하는 것은 매우 어려운 일인데, 논문의 상당 부분이 사전 지식과 참고 문헌으로 대체되어 있기 때문이다. 이 강의에서는 복잡한 기술적 묘사는 제외하고 전반적인 흐름을 위주로 설명하겠다.

트랜스포머는 논문 발간 당시 언어 모델을 목표로 고안된 방법론은 아니었다. 오히려 신경망 기계 번역(Neural Machine Translation)이라는 것에 초점을 맞춘 방법론인데, 그중에서도 특히 영어-프랑스어, 영어-독일어 두 가지에 대응한다. 트랜스포머는 구조적으로 인코더와 디코더로 구성된다. 인코더는 정보를 압축하는 역할을 한다. 예를 들면 100개의 수를 10개의 수로 압축하여 표현하는 것이다. 반면 디코더는 10개의 수를 입력받아 원본이었던 100개의 수를 복원하는 역할을 한다고 생각하면 된다. 트랜스포머의 인코더-디코더 구조를 영어-독일어의 과업으로 살펴보자. 먼저 인코더에는 영어 문장이 입력된다. 그렇게 만들어진 압축된 영문 정보가 디코더로 전송되는데, 이때 이미 번역된 독일어가 있다면 그 독일어는 디코더의 별도의 입력이 되어 압축된 영문 정보를 참고하여 다음 독일어 번역 토큰을 예측하는 방식이다.

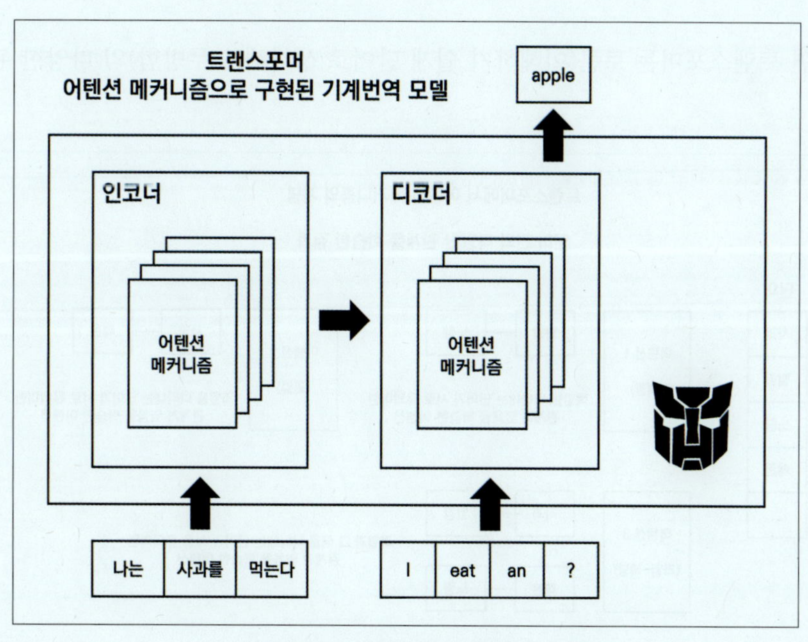

[그림 2-5] 트랜스포머의 개괄적인 흐름

이제 인코더와 디코더의 정체가 무엇인지 알아야 한다. 인코더나 디코더를 분해해서 보면 멀티 헤드 어텐션(Multi-Head Attention)이라는 것이 존재한다. 용어에서도 알 수 있듯이 멀티 헤드 어텐션은 다수의 어텐션으로 구성되는데, 어텐션의 정체가 바로 학습 가능한 가중치이면서 행렬의 형태를 나타낸다. 행렬은 임의의 자연수 m과 n에 대하여 m x n 개의 원소를 가진다. 쉽게 이해하자면 n차원 벡터가 m개 있는 것으로 봐도 무방하다.

특정한 벡터는 행렬과 곱해지면 그 특정한 벡터의 위상이 변화한 값이 결과로 나타난다. 이를 토큰 임베딩의 관점에서 재해석하자면, 특정 토큰 간의 관계를 재설정할 수 있는 가능성으로 이어진다. 예를 들어 첫 번째 어텐션은 지시대명사와 그것이 가리키는 명사의 관계로 설정될 수 있으며, 두 번째 어텐션은 반의어, 세 번째 어텐션은 동물과 관련된 토큰으로 구성될 수 있다. 여기서 실제로 어텐션의 기능이 상호 배제적이라고는 절대 단언할 수 없고, 위의 내용은 어디까지나 예시임을 기억해야 한다. 여기서 트랜스포머라는 이름이 왜 지어졌는지를 추론해 볼 수 있는데, 결국 어텐션 가중치 행렬을 통해 토큰 임베딩 벡터를 말그대로 변환(transform)하는 것이기 때문이다. 그 변환을 통해 얻어진 토큰 임베딩 벡터는 새로운 관점이 부여되고, 여기서 두 벡터를 내적하게 되면 새로운 관계를 형성할 수 있게 된다.

요약하자면 트랜스포머는 토큰(이해하기 쉽게 단어로 생각해도 무방함)의 다양한 관계를 어

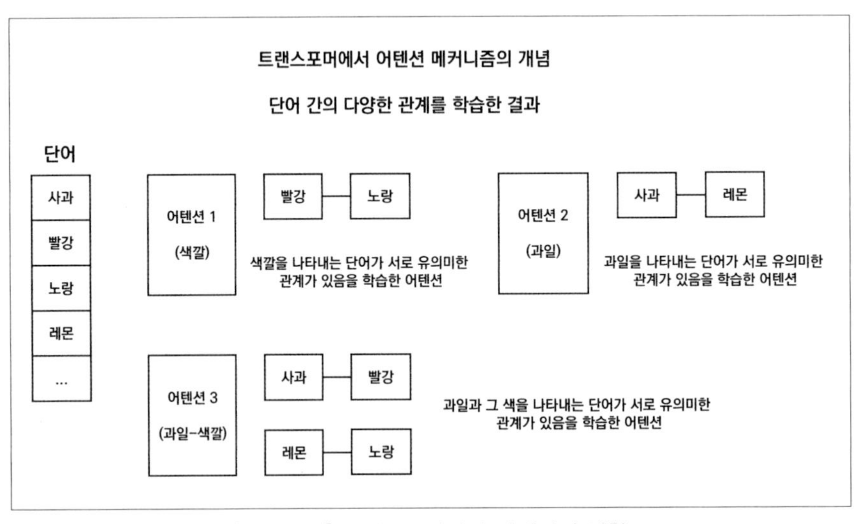

[그림 2-6] 트랜스포머에서 어텐션의 역할

텐션을 통해 학습할 수 있다는 것이다. 특히 벡터로 표현된 토큰 임베딩 벡터를 어텐션 가중치를 통해 변환(transform)함으로써 토큰간의 새로운 관계를 설정할 수 있다는 점이 기존의 언어 모델 방법론과 차별화되는 지점으로 이해할 수 있다.

2-6. BERT

BERT는 양방향 인코더 표현 트랜스포머(Bidirectional Encoder Representation Transformers)라는 매우 생소한 용어로 구성된 AI 언어 모델이다. BERT는 트랜스포머와 마찬가지로 패러디가 존재하는데 BERT라고 하는 캐릭터는 미국의 유명 아동 프로그램인 세서미 스트리트에 출연한다. 참고로 다른 연구의 경우 세서미 스트리트의 캐릭터 이름을 모델명으로 선택한 ELMo와 BART도 존재한다.

BERT는 2018년 구글에서 개발한 AI 언어 모델이다. 트랜스포머는 기계 번역이라는 한정된 과업에 적용된 결과로 소개되었다. 그러나 트랜스포머의 가능성을 인지한 구글 연구진은 자연어 처리 분야에서 숙원과 같은 과업이었던 언어 모델에 트랜스포머를 적용했다. 그 결과물이 BERT로 제목에서 알 수 있듯이 트랜스포머를 구성하는 인코더만 활용했다.

BERT가 AI 학계에 미친 영향은 지대했다. 그 이유는 언어에 한정되어 있긴 하지만 BERT는 다양한 자연어 처리 과업을 수행할 수 있는 일종의 범용 모델로써 작동하기 때문이다. 그간의 AI가 가장 많은 비판에 직면한 사실 중 하나가 바로 범용성이 매우 부족하다는 관점이었는데 완벽하지는 않지만 BERT가 그러한 관념을 없애는데 큰 기여를 했다.

BERT는 두 가지 단계로 구분되는데 그 첫 번째는 다양한 지식을 학습하는 사전학습 단계이다. 앞서 살펴보았듯이 언어 모델을 구현하기 위해서는 학습 데이터가 필요하다. 우리가 이해했던 언어 모델의 관점에서 본다면 항상 마지막에 올 단어를 예측하는 것인데, BERT에서는 임의의 빈칸(MASK)을 예측하는 방식을 택했다. 즉, 빈칸을 맞추는 방식으로 언어의 다양한 구조를 학습했다고 보면 된다.

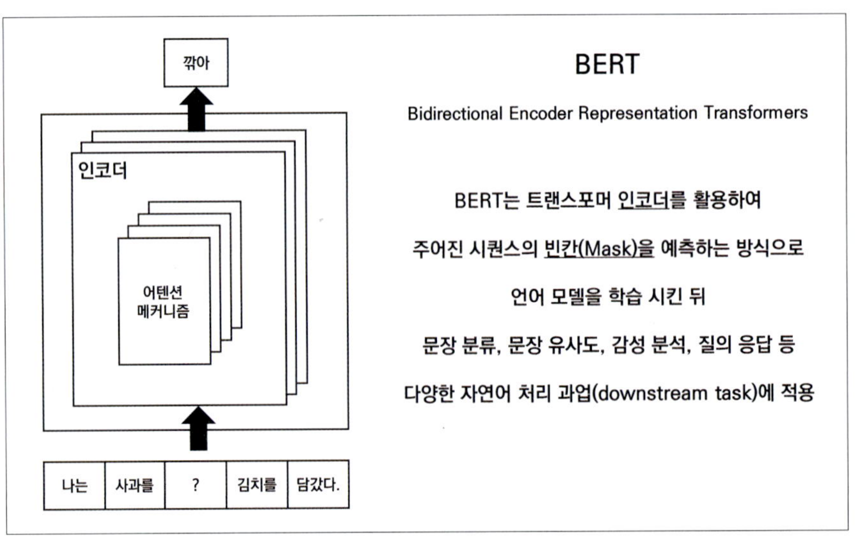

[그림 2-7] AI 언어 모델 BERT의 개념

사전 학습을 거친 BERT는 이제 서로 다른 자연어 처리 과업(예를 들면 문장 분류, 긍부정 예측, 번역, 질의 응답 등이 있음)에 재학습되어 당시 기준으로 최고 성능을 달성했다. 결국 BERT가 제시한 패러다임은 사전 학습으로 충분한 역량을 갖춘 언어 모델은 범용성을 가지고 있기 때문에, 약간의 조정만으로도 다양한 과업을 수월하게 수행할 수 있다는 것이다. 이러한 혁신은 AI 연구계에 널리 퍼져 다양한 BERT계열 모델이 등장하게 되고, 그간 매우 어려운 영역이라고 여겨져 왔던 언어 모델의 빗장이 어느 정도 풀린 계기가 되었다.

2-7. GPT와 GPT-2

트랜스포머와 BERT를 보면 구글이 AI 언어 모델 개발에 상당한 기여를 했음과 동시에 선구자적인 역할을 했다. AI 기술의 민주화와 안전한 AI 활용을 모토로 삼은 OpenAI는 2018년에 트랜스포머 기반 언어 모델을 개발하게 되는데 그 모델 이름이 바로 GPT(Generative Pretrained Transformers)이다.

GPT는 순수하게 언어 모델의 생성 관점을 부각시킨 모델이다. 그로 인해 G인 Generative가 모델 이름에 명시되어 있는 것이다. 구조적으로 본다면 GPT는 트랜스포머의 디코더만 활용한 방법론으로 BERT와 같은 중간의 빈칸 예측이 아닌, 항상 주어진 문맥의 다음에 올 토큰을 예측하는 방식으로만 작동한다. 결국 GPT는 입력 값에 충분한 정보를 입력해주면 자연스럽게 모든 것을 할 수 있겠다라는 믿음으로 출발했다. 예를 들어, "나는 사과를 먹었다를 영어로 번역해줘"라고 말한다면, 그 응답으로 "I ate an apple."이 합리적일 것이다. GPT의 초기 성능은 BERT 계열과 비교할 수 있는 수준은 아니었지만 OpenAI 나름대로의 접근법은 고수하고 있었다.

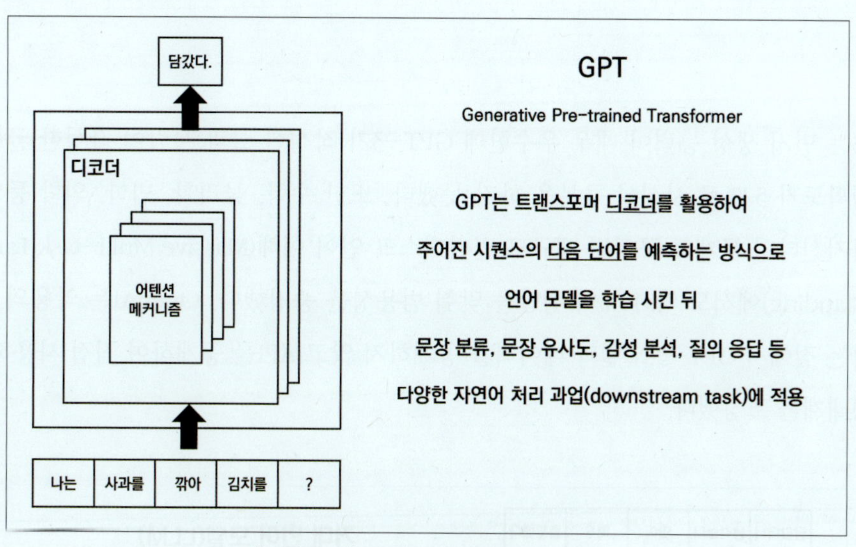

[그림 2-8] AI 언어 모델 GPT의 개념

이후 OpenAI는 2019년 GPT에서 전반적인 구조는 동일하되 소폭의 개선과 모델 자체의 규모를 확대하여 GPT-2를 출시하게 된다. GPT-2는 GPT보다 훨씬 매끄러운 생성 기능을 가지고 있어 전형적인 뉴스 기사 정도는 충분히 작성할 수 있는 능력을 갖추게 된다. 그러나 자연어 처리 과업에 대한 성능은 BERT 계열을 크게 따라잡지는 못했다.

2-8. GPT-3

BERT와 GPT가 기대 이상의 성과를 거두자 AI 연구계는 모델의 양적인 확장을 시도했다. 그 출발은 GPT를 개발한 OpenAI가 2020년 공개한 세 번째 GPT 모델인 GPT-3이다. GPT-3는 구조적으로 GPT와 큰 차이는 없지만, 15억 개의 학습가능한 모수를 갖는 GPT-2 대비 약 백 배 증가한 1,750억 개의 모수로 구성된다. GPT-3는 일반적으로 거대 언어 모델(Large Language Model, 혹은 대규모/대형 언어 모델이라고도 지칭함)의 시작으로 알려져 있고, 학습을 위해 약 3천해(千垓)번의 계산이 필요하다. 통상적으로 모델 자체의 규모(모수의 수)가 아니라 3천해 이상의 계산이 소요된 언어 모델을 거대 언어 모델이라고 보는 경향이 있다.

GPT-3는 먼저 생성 능력이 매우 우수한데 GPT-3가 작성한 글과 사람이 작성한 글을 구분하는 정확도가 52%로 사실상 구분을 하지 못했다. 또한 수학, 물리학, 법학, 의학 등의 분야에서 사지선다형 문제로 구성된 대규모 멀티태스크 언어 이해(Massive Multi-task Language Understanding)에서도 약 44%의 정답을 맞춰 범용성을 증명했다. OpenAI는 악용의 가능성이 있다는 점에서 GPT-3 모델과 데이터를 공개하지 않고 API를 공개하여 직접 사용해 볼 수 있는 생태계를 조성했다.

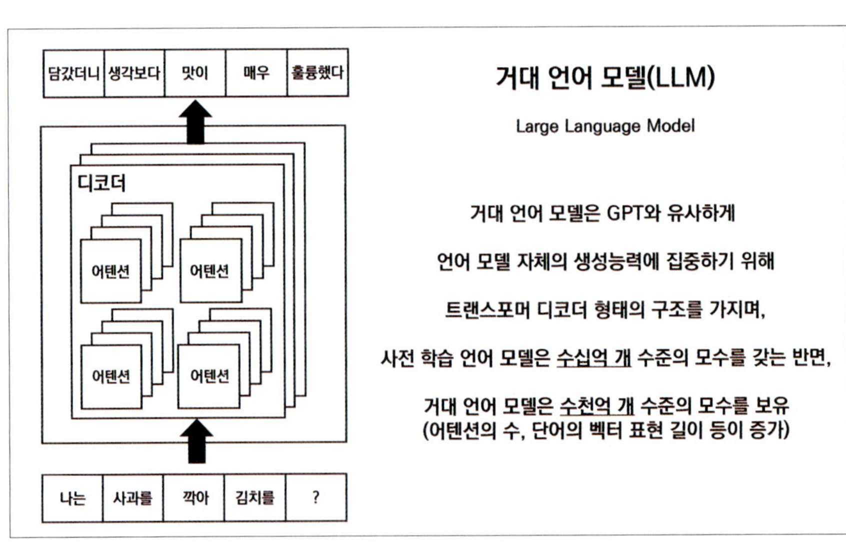

[그림 2-9] 거대 언어 모델의 시작 GPT-3

수천억 개의 학습가능한 모수로 구성된 거대 언어 모델은 필연적으로 막대한 컴퓨팅 파워가 필요하다. GPT-3는 모델 자체만으로도 약 700기가바이트의 용량을 필요로 하고, 실시간으로 다음 단어를 생성하기 위해서는 수십 장의 최신형 GPU가 필요하다. 게다가 이러한 모델을 학습시키기 위해서는 수천 장 규모의 GPU가 필요하다는 점에서 거대 언어 모델을 구축하기 위한 규모의 경쟁은 글로벌 빅테크 기업만이 참여할 수 있었다. 거대 언어 모델은 지속적인 모델의 확장을 통해 규모의 경쟁이 가속화되었고 시기적으로 본다면 2020년부터 2022년 ChatGPT 출시 전까지가 가장 치열했다. 한 가지 확실한 것은 모델의 거대화에 따라 유의미한 성능 향상이 관측되었다는 것이다. 이로 인해 고성능 계산 자원을 어떻게 효율적으로 활용할 수 있을지가 관건이 되고, 동시에 거대 언어 모델의 최적화도 주요한 이슈로 부상했다.

거대 언어 모델의 가장 큰 특징은 두 가지로 볼 수 있다. 첫 번째는 재학습에 필요한 데이터의 양을 수십 개 수준으로 낮췄다는 것이다. 이전의 언어 모델에서는 다양한 자연어 처리 과업을 수행하기 위해 적어도 수천 개 수준의 데이터가 필요하다는 점을 고려해 보면, 모델의 거대화가 갖는 영향력을 간접적으로 이해할 수 있다. 또한 이전의 언어 모델의 재학습은 모델 자체의 모수를 학습을 통해 조정했다면, 거대 언어 모델은 모수의 조정 없이 예제를 보여주는 정도로도 특정 자연어 처리 과업을 처리할 수 있다. 이러한 특성을 소위 문맥내 학습(In-context learning)이라고 하며, 이후 프롬프트 학습(Prompt learning)으로 일반화되었다. 두 번째 거대 언어 모델의 특징은 창발(Emergent)적인 속성이다. 이것은 거대 언어 모델에서만 관측되는 특이한 현상을 지칭하는 것으로, 쉽게 이해하자면 거대 언어 모델이 명시적으로 학습하지 않은 것도 유추나 추론을 통해 특정 과업을 수행할 수 있다는 것을 의미한다.

2-9. 거대 언어 모델의 규모의 경쟁

GPT-3는 사전 학습 언어 모델(BERT 계열의 언어 모델을 통칭)에서 거대 언어 모델로의 전환을 알린 시초가 되었다. 사전 학습 언어 모델에서도 모델의 규모와 성능 향상의 비례 관계를 실험적으로 확인하였으나, GPT-3와 같이 급격한 규모의 확장은 선례가 거의 없었던 상황이었다.

그 주된 걸림돌은 계산에서 찾아볼 수 있다. 트랜스포머를 비롯한 딥러닝에서는 막대한 계산을 처리하기 위해 가속기인 GPU(Graphical Processing Unit)를 주로 활용한다. 여기서 사전 학습 언어 모델 개발에 활용된 GPU의 규모는 대부분 수십 장에서 수백 장 정도 수준이 일반적이었다. 고성능 컴퓨터의 수로 따지자면 1대에서 많아야 20대 수준이다.

OpenAI는 마이크로소프트에서 투자를 유치하면서 마이크로소프트의 클라우드 컴퓨팅 인프라인 애저(Azure)를 사용하게 되는데, GPT-3 개발에 GPU 1만 장을 탑재한 AI 슈퍼컴퓨터를 활용했다. 이 AI 슈퍼컴퓨터는 장비 자체의 값만으로도 수천억 원이며, 이를 운영하기 위해서는 막대한 자금이 필요하다. 이렇게 슈퍼컴퓨터급의 장비를 갖추고 개발한 GPT-3는 사전 학습 언어 모델의 가능성을 큰 폭으로 개선했다. 그 저변에는 언어 모델에 대한 스케일링 법칙에 대한 연구가 있었는데, 이 연구는 컴퓨팅 자원이 많을수록, 데이터가 많을수록, 그리고 모델의 규모가 커질수록 성능이 향상될 수 있다는 사실을 실험적으로 증명했다.

GPT-3가 가장 혁신적이라고 할 수 있는 대목은 특정 과업을 수행하기 위해 필요한 재학습 데이터의 절대량을 줄인 것이다. 이것은 양질의 소수의 데이터가 확보된다면 충분히 해당 과업을 수행할 수 있는 가능성으로 이어지기 때문에, 막대한 계산량의 단점보다도 우수한 성능에 대한 기대감이 커졌다고 해석할 수 있다.

거대 언어 모델의 기준은 GPT-3의 학습 가능한 모수의 수인 1,750억 개로 보는 것이 일반적이었다. 이후에는 엄청난 규모의 데이터를 학습한 오픈소스 소형 언어 모델이 등장함에 따라 성능 측면에서의 경계선이 희미해졌기 때문에, 모수의 수가 직관적인 구분자라면 더 현실적으로는 약 3천해번의 계산량(3 x 10^23)으로 거대 언어 모델의 여부를 나눈다. 계산량으로 추정한다면 여전히 모델 개발에 막대한 컴퓨팅 인프라(특히 GPU)가 필요하다. 이렇게 거대한 모델을 학습시키기 위해서는 OpenAI가 개발한 바와 같이 대규모 컴퓨팅 인프라가 필요하다. 이러한 슈퍼컴퓨터급 인프라를 조달할 수 있는 기업은 매우 소수였는데, 소위 글로벌 테크 기업들이 도전할 수 있는 영역으로 인식되었다.

GPT-3 출시 이후 글로벌 테크 기업들은 앞다투어 거대 언어 모델을 순차적으로 출시했다. 인공지능 분야에서 가장 많은 기여를 했고 지분도 많이 보유하고 있는 구글은 거대 언어 모델을 둘러싼 규모의 경쟁에 합류했다. 구글은 자사뿐만 아니라 알파고를 개발한 딥마인드도 거대 언어 모델을 개발하여 LaMDA, PaLM, Gopher 등의 거대 언어 모델을 출시했다.

OpenAI에 투자를 했던 마이크로소프트는 딥러닝용 GPU 시장을 반독점하고 있는 NVIDIA와 협력하여 Megatron-Turing NLG를 공개했고, 중국의 글로벌 테크 기업인 화웨이는 물경 1조 개의 학습 가능한 모수를 갖는 거대 언어 모델을 개발했다. 우리나라 역시 한국어 거대 언어 모델 개발에 시의 적절하게 대응하여 네이버, 삼성, LG 등 국내 주요 대기업이 거대 언어 모델을 개발했다. 거대 언어 모델은 ChatGPT가 공개된 2022년 말까지 약 2년 여의 기간 동안 치열한 규모의 경쟁이 일어났다.

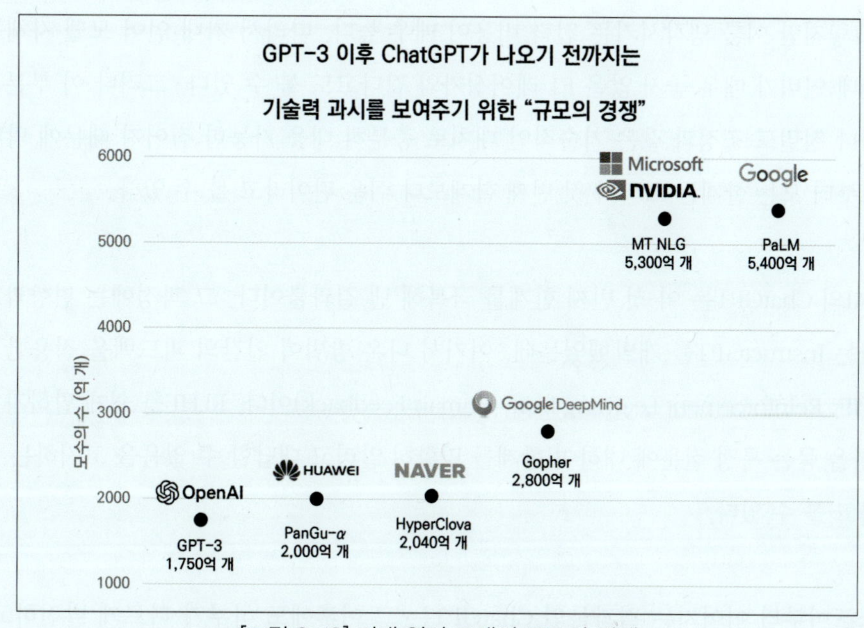

[그림 2-10] 거대 언어 모델의 규모의 경쟁

2-10. 거대 언어 모델의 한계와 ChatGPT

어떻게보면 거대 언어 모델은 이미 ChatGPT와 같은 언어 구사의 탁월성은 이미 확보해 놓았었다. 따라서 ChatGPT와 같이 대중에 서비스되는 대화형 AI의 출현은 시기의 문제이지 기술적으로는 이미 2020년 즈음에 완성되어 있었다고 보는 것이 맞다. 그러나 ChatGPT가 등장하기까지 왜 2년이 필요했을까를 고려해 보면 그 대답은 생각보다 명료하다.

첫 번째로 거대 언어 모델의 악의적인 활용과 차별 및 편향 문제다. 거대 언어 모델은 너무나 방대한 지식을 가지고 있으며, 무엇이 옳고 그른지를 판단하는 것을 떠나 그저 확률적으로 가장 높은 다음에 올 토큰을 출력해주는 기능을 한다. 따라서 악의적인 활용(해킹, 사제 무기, 사기 등)을 어떻게 막을 수 있을 것인가에 대한 대책이 없었다.

두 번째는 막대한 계산이다. 거대 언어 모델의 명칭에서도 알 수 있듯이 계산이 매우 많이 필요하다. 즉, 거대 언어 모델을 서비스하기 위해서는 컴퓨팅 인프라가 필요한데, 장비 자체의 값도 그렇지만 이를 냉각시키는 전력 비용이 매우 높다. 따라서 거대 언어 모델 자체는 매우 우수한데 연비가 매우 좋지 않은 F1 레이싱카와 같다고도 볼 수 있다. 그러나 이 부분은 모델 경량화나 정밀도 조정과 같은 기술적인 대처로 충분히 대응 가능한 점이기 때문에 막대한 계산으로부터 오는 한계는 오히려 첫 번째 한계보다 쉬운 편이라고 볼 수 있다.

OpenAI의 ChatGPT는 이 첫 번째 한계를 극복해 낸 결과물이다. 그 과정에는 편향과 차별을 억제하는 InstructGPT를 개발했었는데, 여기서 나온 방법이 인간의 피드백을 적용한 강화학습(RLHF, Reinforcement Learning from Human Feedback)이다. RLHF를 쉽게 말하자면 차별과 편향을 묻는 특정 질문에 대하여 한계를 명확히 알리고 대답할 수 없음을 고지하는 것을 학습했다고 볼 수 있다.

트랜스포머부터 이어지는 결과물인 ChatGPT는 그 이후에도 하루가 다르게 발전하고 있다. 이번 강의에서 기억해야 할 것은 ChatGPT가 나오기까지 다양한 기술적 성과가 있었다는 점이며, ChatGPT의 출현도 거대 언어 모델의 연장선 상에 있다고 이해할 수 있을 것이다. 이렇게 기술의 흐름을 이해하는 것이 생성형 AI 활용과는 관계 없는 것이 아니고, 생성형 AI의 본질을 조금 더 이해했다고 볼 수 있다.

Chapter 2

창의적 AI: 실전

실습 & 프로젝트

1. ChatGPT 이해와 기초실습

1-1. 개요

수업 형태	실습
수업 내용	ChatGPT이해와 기초실습
학습 목표	o ChatGPT의 작동 원리 이해 o PCTF 프레임워크를 활용해 효과적인 프롬프트 설계 o ChatGPT의 오류와 편향을 파악하고, 응답 결과를 비판적으로 해석
주요 학습 내용	o 계정 생성과 로그인 o 화면 구성과 기능 익히기 o 효과적인 질문 구성 (프롬프트) o 비판적 사고와 AI 활용 태도
교수 방법	o 기타: 강의 및 실습 o 강의 종료 전 간단한 wrap-up 퀴즈 풀이
과제물	o 과제: 수업 내 [오늘의 실습 과제 1], [오늘의 실습 과제 2] 산출물 제출

ChatGPT를 활용하기 위한 첫 단계는 계정을 만들고 로그인 절차를 익히는 일이다. 학생들은 웹 브라우저에서 이메일 인증과 기본 정보를 입력해 계정을 생성하며, 한 번 설정해 두면 이후에는 언제든지 편리하게 접속할 수 있다. 첫 화면에는 '새 채팅', '채팅 검색', '라이브러리', 'GPT 탐색', '계정 메뉴', '프롬프트 입력창' 등 무료 버전에서도 모두 사용할 수 있는 핵심 기능들이 배치되어 있다. 실습을 통해 학생들은 각 메뉴의 목적과 사용 방법을 직접 눌러 보며 실습한다.

이처럼 기본 환경을 이해하는 과정은 이후의 활용 단계를 위한 필수 준비 과정이다. 이번 시간에는 무료 버전 환경에서 가능한 기능들을 중심으로 계정을 생성하고 로그인한 뒤, 화면을 탐색하고 ChatGPT와 첫 대화를 시작하는 실습을 진행한다. 이러한 기초를 익힌 후에는 ChatGPT를 능동적으로 활용하기 위해 질문을 어떻게 설계해야 하는지를 살펴본다. AI의 응답 품질은 질문의 구성 방식에 크게 좌우되므로, PCTF(페르소나·맥락·과업·형식) 구조를 활용해 자신의 요구를 명확히 표현하는 연습을 한다.

아울러 AI의 답변을 검토하는 시각도 중요하다. 생성형 AI는 때때로 사실이 아닌 내용을 자연스럽게 제시하거나, 학습 데이터 속 편향이 드러나기도 한다. 학생들은 이러한 특성을 이해하며, 답변을 그대로 받아들이지 않고 출처와 타당성을 함께 살펴보는 태도를 갖추게 된다. 이번 강의에서 다루는 모든 내용은 무료 버전에서도 충분히 실습 가능한 범위로 구성되어 있어, 누구나 접근 가능한 수준에서 AI 활용의 기초를 체득하도록 돕고자 한다.

1-2. ChatGPT 준비

본격적으로 ChatGPT를 사용해 볼 시간이다. 복잡하지 않으니, 아래 단계를 따라 한 번만 설정해 두면 이후에는 언제든지 쉽게 사용할 수 있다.

① 먼저, 웹 브라우저에서 https://chat.openai.com 주소로 접속하고, 오른쪽 상단에 [회원가입]을 클릭한다. 만약 회원가입을 했다면 바로 ② [로그인]을 클릭한다. 일반 웹 브라우저(크롬, 사파리 등)에서 바로 열 수 있다.

현재 사용 중인 이메일 주소를 입력하고 [계속]을 클릭하여 계정을 생성한다. 만약 구글이나 마이크로소프트 계정이 있다면 해당 버튼을 클릭하여 계정을 생성할 수 있다.

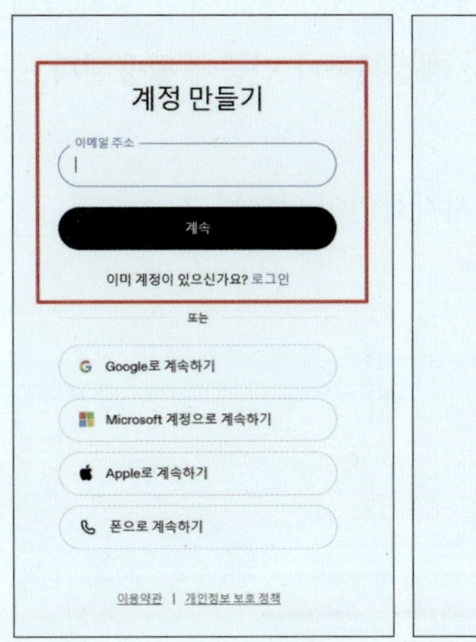

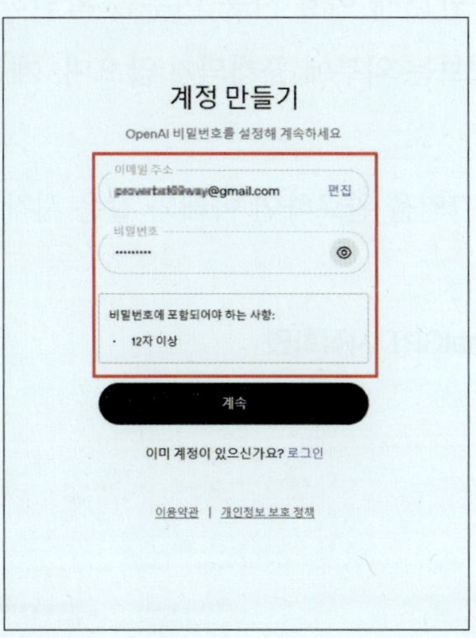

비밀번호를 입력한다. 비밀번호는 최소 12자로 입력해야 한다.

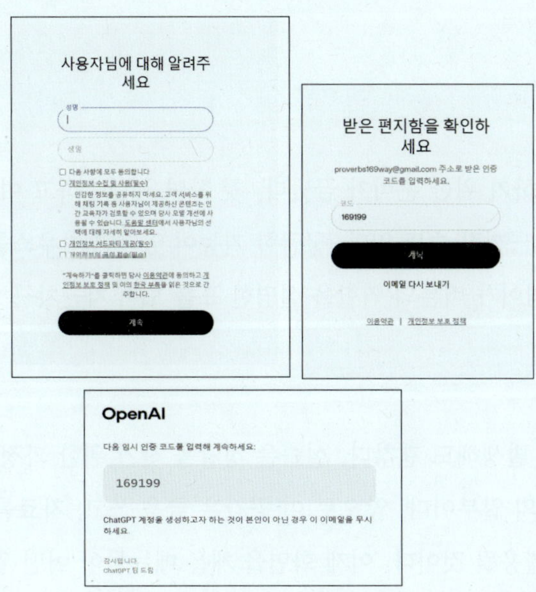

계정을 생성한 이메일 주소로 이동하여 인증을 진행한다. ChatGPT에서 보낸 이메일 인증코드를 확인하고 입력하고 사용자 이름과 생일을 입력하고 [계속]을 클릭한다.

사용자이름은 ChatGPT 화면이나 계정 메뉴에 표시된다. 반드시 실명을 입력할 필요는 없고 닉네임, 영어 이름 이니셜 등 자신이 기억하기 쉬운 이름으로 자유롭게 설정해도 무방하다. 단 생년월일은 만13세 이상 사용 여부를 확인하기 위한 용도이니 정확하게 입력하는 것이 좋다. 입력한 정보는 외부에 공개되지 않으며, 계정복구나 인증에 활용된다.

회원가입 후 로그인을 완료하면 아래와 같은 시작화면이 나타난다.

[예시] ChatGPT 시작화면

이제 ChatGPT를 활용하기 위한 준비가 끝났다. 첫 화면은 단순하고 여백이 많아, 어떻게 시작해야 할지 막막하게 느껴질 수도 있다. 궁금한 기능이 있다면 마우스를 움직여 직접 클릭해 보고, 다음 페이지로 넘어가 버튼의 역할을 설명한 표를 보며 차근차근 메뉴를 이해해 보도록 하자.

실습 과정에서 실수가 발생해도 괜찮다. 실습은 정답을 찾기 위한 과정이 아니라, 스스로 도구에 익숙해지는 경험의 일부이다. 앞으로 이 공간은 글을 쓰고, 자료를 요약하고, 아이디어를 확장하는 데 자주 활용될 것이다. 이제 화면을 채운 메뉴들이 어떤 일을 하는지 하나씩 알아보도록 하자.

1-3. ChatGPT와 첫만남

아래 그림은 로그인을 완료한 사용자가 보게 되는 ChatGPT의 기본 화면이다. ChatGPT가 갖추고 있는 기능은 아래의 표에 번호 별로 정리되어 있다. 실습을 통해 직접 클릭해 보며 기능을 이해해 보자.

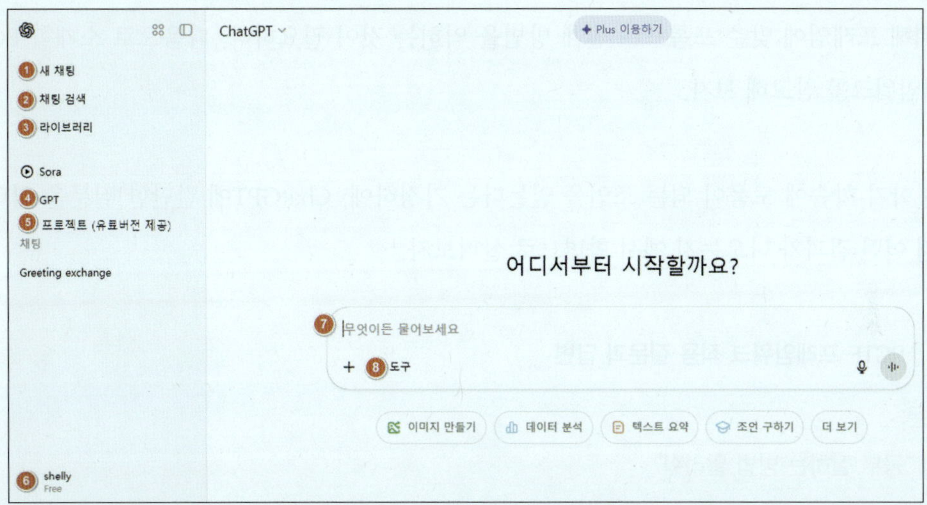

번호	기능이름	설명
①	새 채팅	새로운 대화를 시작하고 초기화된 상태에서 질문을 할 수 있다
②	채팅 검색	이전에 나눴던 대화 내용을 검색할 수 있다.
③	라이브러리	내가 생성한 이미지와 자료를 한곳에 모아두는 저장 공간이다.
④	GPT	다양한 주제와 용도로 만들어진 챗봇(GPT)을 검색하고 바로 활용할 수 있는 메뉴이다.
⑤	새 프로젝트	대화, 문서, 코드 작업을 프로젝트 단위로 분리하여 체계적으로 관리할 수 있는 공간이다.
⑥	계정 메뉴	개인 정보 확인, 설정 변경, 결제 관리, 로그아웃 등을 할 수 있는 메뉴이다.
⑦	프롬프트 입력창	AI에게 질문·요청·명령을 입력해 대화를 시작하는 곳이다.
⑧	도구	문서 요약, 번역, 코드 실행, 이미지 생성 등 다양한 작업을 도와주는 추가 기능을 사용하는 메뉴

각 기능은 ChatGPT를 실생활 속에서 유용하게 활용하기 위해 꼭 알아두어야 한다. 단순히 기능

이름만 기억하는 것보다, 어떤 상황에서 어떤 기능을 사용하면 좋을지 스스로 연결해 보는 과정이 필요하다. 이제 실제로 이 기능들을 활용해 ChatGPT와 대화를 시작해 볼 준비를 해 보자.

ChatGPT와 첫 대화를 시작하기 전에, 내가 어떤 질문을 하고 싶은지 논리적으로 정리하는 것이 중요하다. 단순히 떠오르는 대로 묻기보다는, 구체적인 목적과 맥락에 따라 질문(프롬프트)을 구성하면 ChatGPT는 훨씬 더 정확하고 유용한 답변을 제공한다. 따라서 효과적인 대화를 위해 프레임에 맞춘 프롬프트 설계 방법을 익히는 것이 필요하다. 다음으로 소개할 PCTF 프레임워크를 참고해 보자.

이번 학기 학습에 도움이 되는 조언을 얻는다는 가정하에, ChatGPT에 간단한 질문을 입력했을 때 어떤 결과가 나오는지 예시 화면으로 살펴보자.

[예시] PCTF 프레임워크 적용 질문과 답변

질문:

"공부 잘하는 방법 알려줘"

ChatGPT의 답변:

"충분한 수면을 취하자.
계획을 세우고 시간 관리를 하자.
중요한 내용을 먼저 공부하자.
복습을 자주 하자."

ChatGPT의 답변은 기본적인 조언을 담고 있지만, 다소 일반적이어서 사용자의 상황이 충분히 반영되지 않는다는 한계가 있다. 이러한 한계를 보완하기 위해 참고할 수 있는 것이 바로 PCTF(Persona, Context, Task, Format) 프레임워크다.

PCTF는 원하는 결과를 얻기 위해 질문을 더 명확하고 구체적으로 구성하는 방법을 제시하며, 질문의 핵심 요소를 어떻게 담아야 하는지에 대한 기준을 제공한다. 프롬프트를 만들 때 아래의 네 가지 요소를 인식하고 활용하면, ChatGPT와의 대화가 보다 풍부해지고 정확한 방향으로 전개된다. 반드시 이 방식만이 정답은 아니지만, 기준을 이해하고 익혀 두면 훨씬 더 자신의 목적에 맞는 답변을 이끌어낼 수 있을 것이다.

요소	설명
P(Persona)	AI에게 맡길 역할을 지정한다. 예: 여행 플래너, 경제 컨설턴트 등
C(Context)	상황이나 배경 정보를 제공한다. 예: 대학생, 시험 준비 중 등
T(Task)	AI에게 수행할 작업을 구체적으로 지시한다. 예: 여행 일정 짜기 등
F(Format)	결과물을 어떤 형식으로 받을지 지정한다. 예: 표, 글머리표 등

PCTF 프레임워크를 적용해서 다시 물어보자.

- P(Persona): 학습 코치
- C(Context): 1학년 대학생, 미디어콘텐츠전공, 시험 2주 전, 하루 3시간 공부 가능
- T(Task): 효율적인 시험 대비 공부법 추천
- F(Format): 하루 단위 공부 계획표

이번 질문은 앞서의 막연한 질문보다 훨씬 구체적인 조건을 제시했기 때문에 일정과 계획이 포함된 보다 상세한 답변을 얻을 수 있다. 그러나 여전히 구체적인 시험 과목, 범위, 출제 경향과 같은 핵심 정보가 빠져 있어 실제로 적용하기에는 한계가 있다.

이처럼 AI가 최대한 도움이 되는 답변을 하려면, 질문자가 먼저 자신의 상황과 목표, 세부 조건을 충분히 제공해야 한다. 이런 이유로 PCTF 프레임워크처럼 질문을 역할, 맥락, 과업, 결과 형식으로 구조화하는 것은 매우 의미 있다. 체계적인 프레임을 활용하면 정보 누락을 최소화하고, AI가 내 상황에 꼭 맞는 답변을 생성하도록 유도할 수 있다.

[예시] PCTF 프레임워크 적용 질문과 답변

질문:

"당신은 전문 학습 코치입니다. 저는 미디어콘텐츠전공 1학년 대학생으로, 중간고사가 2주 남았고 하루 3시간만 공부할 수 있습니다. 이 상황에 맞춰 효율적인 시험 대비 공부법을 하루 단위 계획표로 만들어주세요."

ChatGPT의 답변:

📅 **2주(14일) 시험 대비 공부 계획표 – 하루 3시간 기준**

날짜	공부 내용	시간	비고
1일차	강의노트 전체 훑기, 시험 범위 파악	1h	전반적인 구조 이해
	핵심 개념 정리(과목1)	1h	요약 노트 작성
	핵심 개념 정리(과목2)	1h	키워드 표시
2~4일차	과목1 세부 내용 암기 및 예제 풀이	1.5h	기출·과제 참고
	과목2 세부 내용 암기 및 예제 풀이	1.5h	중요 부분 표시
5~7일차	과목3 세부 내용 정리 및 예제 풀이	1.5h	PPT·교재 활용
	과목1·2 복습	1.5h	틀린 부분 집중
8~10일차	전 과목 기출문제·연습문제 풀이	2h	오답 표시
	오답 노트 작성	1h	시험 대비 핵심
11~12일차	전 과목 핵심 정리 반복 암기	2h	플래시카드 활용
	모의시험(시간 제한)	1h	실전 감각 익히기
13일차	전 과목 복습	3h	노트·오답 재검토
14일차	가볍게 훑기 + 휴식	2h	긴장 완화
	취약 부분 보완	1h	시험 전 정리

💡 **Tip:**

- 매일 과목을 2~3개로 분산해 공부하면 지루함을 줄이고 기억에 오래 남습니다.
- 암기 위주의 과목은 **짧고 자주 반복**하고, 이해 중심 과목은 **길게 집중**하는 시간을 배분하세요.

1-4. PCTF 프레임워크를 적용한 ChatGPT 활용

PCTF 프레임워크를 직접 적용해 보자. 관심 있는 주제를 선택해 ChatGPT에 질문을 입력하고, 결과물을 비교하며 프롬프트에 따라 답변이 어떻게 달라지는지 확인해 보자.

[예시] PCTF 프레임워크를 적용한 다양한 질문

질문 예시 A: 문화 트렌드 분석 / 창작 연습

"당신은 대중문화 전문가야. 최근 인기 있는 K-POP 그룹을 분석하고 멤버별 특징과 대표곡 3가지를 정리해줘. 결과물은 글머리표 형식으로 작성해줘."

질문 예시 B: 지속가능성과 사회참여

"당신은 환경 전문가야. 대학생들이 쉽게 실천할 수 있는 친환경 생활습관 5가지를 제안해줘. 번호를 매겨 정리해줘."

질문 예시 C: 경제적 자기계발 / 재정관리

"당신은 경제 컨설턴트야. 20대 대학생이 장기적으로 부를 축적하기 위해 실천할 수 있는 방법 3가지를 제안해줘. 표 형식으로 작성해줘."

질문 예시 D: 미래 직업 탐구 / 창의적 사고 훈련

"당신은 미래학자야. 2035년 새롭게 등장할 가능성이 높은 직업 3가지를 제안해줘. 각 직업의 역할을 한 문장으로 설명해주고, 결과물은 목록으로 정리해줘."

"당신은 소설가야. 내가 2050년 화성에서 살고 있다고 가정하고 나의 하루일과를 스토리 형식으로 5문장으로 작성해줘."

질문 예시 E: 이미지 생성·시각화(브랜딩/포스터)

"당신은 대학 홍보 디자이너야. 신입생 모집 포스터의 핵심 메시지를 정리하고, DALL·E용 이미지 프롬프트 3개를 만들어줘. 결과는 표 형식(콘셉트/문구/프롬프트)으로 정리해줘."

질문 예시 F: 영상 기획·스토리 보드(숏폼/인터뷰)

"당신은 숏폼 PD야. "노션으로 과제 관리" 60초 리일/쇼츠의 8컷 스토리 보드와 자막 스크립트를 만들어줘. 결과는 표로 정리해줘."

질문 예시 G. 학술 요약·인용·출처 검증
"당신은 학술 코치야. 내가 제공할 논문 2편을 각 200자 요약하고 핵심 개념 3개를 뽑아줘. 마지막에 APA 형식 인용 예시를 제시해줘. 결과는 목록으로 정리해줘."
"당신은 팩트체커야. 아래 강의 슬라이드 요약의 주장 3개를 검증 질문으로 쪼개고, 필요한 근거 유형(통계, 원문, 메타분석)을 제안해줘. 결과는 표형식으로 제공해줘"

위의 제안된 질문을 PCTF 프레임워크에 따라 분석해 보자.

"당신은 대중문화 전문가야. 최근 인기 있는 K-POP 그룹을 분석하고 멤버별 특징과 대표곡 3가지를 정리해줘. 결과물은 글머리표 형식으로 작성해줘."

- P(Persona): 대중문화 전문가
- C(Context): 최근 인기 있는 K-POP 그룹에 대한 정보 요청
- T(Task): 멤버별 특징과 대표곡 3가지 정리
- F(Format): 글머리표 형식

이처럼 PCTF 프레임워크에 맞춰 질문을 구성하면, ChatGPT는 보다 명확하고 구조적인 답변을 제공한다. 이 구조는 현재 사용된 콘텐츠 외에도 환경, 경제, 미래 예측, 진로 탐색 등 다양한 주제에 확장하여 활용할 수 있다.

학생들은 관심 있는 주제를 선택해 역할(P)을 바꾸고, 상황(C)을 설정한 뒤, 수행할 작업(T)과 결과물 형식(F)을 다양하게 조합해 보는 방식으로 응용할 수 있다. 이런 연습은 창의적인 질문력을 기르고, AI와의 협업 능력을 향상시키는 데 효과적이다.

[예시] PCTF 적용을 통해 구체화된 창의적 프롬프트

> "대한민국 대표 감성 작사가 김이나처럼, 요즘 트렌드인 섬세하고 공감 가는 표현을 담아, 기존 1절 가사 스타일을 참고해 2절 가사를 4줄로 창작해줘. 요즘 발라드나 아이돌 음악에서 자주 쓰이는 이미지 중심의 표현과 은유도 활용해줘."

[오늘의 실습 과제 1]

이번 활동에서는 PCTF 프레임워크를 활용해 자신만의 프롬프트를 설계하고, ChatGPT에게 질문하여 얻은 정보를 요약해 제출하는 연습을 해봅니다. 아래 주제 중 원하는 것을 선택하거나, 본인이 정한 주제를 자유롭게 활용하세요.

1. 주제 예시 (자유롭게 선택하거나 수정해서 사용하세요)

좋아하는 드라마/영화 리뷰 요약하기
나의 성격에 맞는 공부법 추천받기
환경 보호를 위한 하루 실천법 기획하기
5년 뒤 나의 모습 상상하기
나만의 브랜드 이름과 슬로건 만들기
인공지능이 바꿔 놓을 미래 직업 조사
친구와 싸웠을 때 화해하는 방법 조언
해외여행 준비 체크리스트 만들기
SNS 콘텐츠 기획 및 해시태그 제안받기

2. 미션: 나만의 PCTF 프롬프트 1개 만들기

Step 1. 위 주제 중 하나를 고른다 (또는 자신만의 주제를 정한다).
Step 2. 역할(P), 상황(C), 작업(T), 형식(F)을 각각 정한다.
Step 3. 네 가지 요소를 조합해 하나의 완성된 프롬프트 문장을 만든다.

예시 프롬프트:
"당신은 유튜브 콘텐츠 전문가야.
대학생들이 좋아할만한 자기계발 주제 5가지를 추천해줘.

글머리표 형식으로 작성해줘."

Step 4. ChatGPT에 입력하여 응답을 받아보고, 마음에 들지 않으면 수정해 본다.

3. 제출할 내용

아래 두 가지를 간단히 정리하여 제출하세요.

- 내가 만든 최종 PCTF 프롬프트 문장
- ChatGPT가 제공한 답변 요약(5줄 내외)

★**TIP** 질문 (프롬프트) 작성하는 것이 어려운 경우

AI 기술은 매우 빠르게 발전하고 있으며, 최근에는 ChatGPT의 'GPT 탐색' 메뉴를 클릭하고 'prompt' 또는 '프롬프트 생성기' 검색하면 프롬프트를 대신 만들어주는 다양한 GPT를 쉽게 찾아 활용할 수 있다.

※ 참고사항

무료: Prompt Perfect(일부 기능은 과거 유료였으나, 현재 무료 GPT 버전도 제공됨)

Prompt Generator(사용자 제작 GPT로 다양하게 존재함)

유료(Plus): Prompt Artisan, AI Prompt Engineer(※ GPT권한 설정은 제작자마다 다르며, Plus 사용자에게 더 많은 고급 GPT가 제공되는 경우가 많음)

GPT 도구를 활용하면 프롬프트 작성이 훨씬 수월해진다. 다만, 복잡한 분석이나 고급 맞춤 생성처럼 일부 기능은 유료 플랜에서만 사용 가능한 경우가 있으므로 이 점을 미리 알아두는 것이 좋다. 프롬프트 설계가 어렵게 느껴진다면, GPT 탐색 기능을 활용해 다양한 프롬프트 생성기를 직접 실험해 보는 것도 큰 도움이 된다.

1-5. AI 환각·편향 이해와 ChatGPT 협업 방법

앞서 우리는 ChatGPT의 작동 원리와, 프롬프트를 통해 ChatGPT와 보다 효과적으로 대화하는 방법을 익혀 보았다. 이제는 한 걸음 더 나아가, 생성형 AI를 '비판적으로 이해하는 태도'가 왜 필요한지를 살펴보고자 한다. 예를 들어, 다음과 같은 질문을 ChatGPT에게 입력했다고 해 보자.

▶ "CEO 이미지를 생성해줘!"
이 요청에 대해 AI가 제공하는 이미지나 설명은 어떠한가? 혹시 반복적으로 남성, 백인, 정장을 입은 사람으로만 묘사되고 있지는 않는가?

이처럼 생성형 AI는 우리가 기대하는 것처럼 객관적인 정보만을 제공하지 않는다. 이 장에서는 생성형 AI의 환각(hallucination), 편향(bias), 그리고 이 기술이 사회에 미치는 영향과 그 한계에 대해 알아보자.

[예시] 데이터 속 고정관념: 직업 이미지 질문 사례 1

1-5-1. AI 환각: 진짜처럼 보이는 거짓

"세종대왕이 맥북프로를 던졌다는 사건이 있었나요?"라는 질문을 ChatGPT에 입력해 본 적이 있다면, AI가 실제 존재하지 않는 '그럴듯한 이야기'를 사실처럼 응답했던 경험이 있을 것이다. 이는 GPT-3.5 시절 자주 발생했던 대표적인 AI 환각(hallucination) 사례이다. '세종대왕이 맥북을 던졌다는 기사'를 AI가 조선왕조실록에 기록된 것처럼 말한 것이다. 이 사례는 인터넷 밈(meme)으로 퍼지며 많은 사람들에게 충격과 웃음을 동시에 주었다. GPT-4 이후에는 이런 오류가 많이 줄어들었다.

예를 들어, 같은 질문을 하면 현재의 답변은 "아닙니다. 세종대왕(1397~1450)은 조선 시대 4세기에 살았으며, 맥북(MacBook)은 21세기 애플사가 만든 최신 컴퓨터입니다. 따라서 세종대왕이 맥북을 사용했다는 기록이나 사실은 존재하지 않습니다. 이는 시대적 차이가 너무 크기 때문에 불가능한 일입니다."라고 논리적 반박과 함께 설명하는 응답이 생성된다.

하지만 지금도 출처가 불분명한 정보나, 조합된 허구는 언제든 생성될 수 있다. 생성형 AI는 정보 제공자가 아니라 '언어 생성기'에 가깝기 때문에 사용자는 반드시 출처 검증과 맥락 점검을 해야 한다.

1-5-2. AI 편향: 데이터 속의 고정관념

AI는 인간이 만들어낸 데이터를 학습하여 작동한다. 이 데이터에는 우리의 사회적 편견이 고스란히 담겨 있다. 따라서 AI가 생성하는 이미지나 설명은 특정 성별, 인종, 직업군에 대해 일정한 방식으로 편향된 묘사의 결과물 제공할 수 있다.

아래와 같은 질문을 고려해 보자.

▶ "치위생과 학생 이미지를 생성해줘."
▶ "CEO는 어떤 옷을 입고 있나요?"
▶ "과학자를 그려보세요."

[예시] 데이터 속 고정관념: 학과 · 직군 질문 사례 2

요청의 결과로 생성된 이미지나 묘사가 특정 성별이나 인종으로 반복되는지를 살펴보자. 결과물을 통해 AI의 응답도 완전히 중립적이지 않다는 사실을 경험할 수 있다. AI가 보여주는 편견은 단순한 기술의 문제가 아니라, 우리가 사는 사회의 모습이 반영된 결과이다. 그래서 AI를 사용할 때는 그냥 믿기보다는, "이게 왜 이렇게 나왔을까?" 하고 한 번 더 생각해 보는 태도가 중요하다.

1-5-3. AI와 협업: "어떻게 잘 시킬 것인가?"

한때 사람들은 AI는 단순 반복 작업만 잘하고, 창의성은 부족하다고 여겼다. 하지만 지금의 AI는 창의적인 글을 쓰고, 영상을 만들고, 디자인까지 제안한다. 우리는 이제 AI의 능력을 인정할 때이다.

중요한 질문은 이제 바뀌었다. "나는 AI에게 어떤 일을 맡기고, 어떤 일은 스스로 해야 할까?" 그리고 더 나아가, "AI가 내 일을 잘 돕도록 어떻게 지시할 수 있을까?" 결국은 이것은 앞에서 연습한 '프롬프트'를 잘 쓰는 능력일 것이다.

AI와 사이좋게 협업하며 효율적인 결과물을 얻기 위해 다음 가이드라인에 따라 실습하며 GPT와 어떻게 협업할지 생각해 보자.

[오늘의 실습 과제 2] AI와 나의 역할을 구분해 보고, 협업 프롬프트 작성하기

① 내가 좋아하거나, 잘하고 싶은 분야를 하나 골라보자.
아래 예시 중 하나를 선택하거나, 본인의 전공·관심사와 관련된 주제를 선택한다.

- 콘텐츠 기획
- 플로리스트(꽃 디자인)
- 제과·카페 메뉴 개발
- 영상 기획
- 학습 관리

• 진로 탐색 등

② 역할 분담표 작성하기: AI에게 맡길 수 있는 일과 내가 직접 해야 하는 일을 구분해 보자.

구분	AI가 잘할 수 있는 일	내가 직접 해야 할 일
예: 콘텐츠 기획	영상 초안 만들기, 키워드 분석	나만의 경험 녹이기, 감성 표현
예: 플로리스트	꽃다발 이미지 생성, 트렌드 조사	고객 취향 파악, 직접 손질 및 배열
나:		

③ 한 줄 프롬프트 만들기

역할 분담에서 정리한 내용을 바탕으로, AI에게 명확하게 시킬 수 있는 프롬프트를 한 줄로 만들어본다.

[프롬프트 예시]

"고객 연령대가 60대 이상인 경우에 어울리는 따뜻한 느낌의 꽃다발 디자인을 3가지 추천해줘."

나의 프롬프트:

---

④ ChatGPT에 입력해 보고 결과 확인하기

작성한 프롬프트를 ChatGPT에 입력한다.

AI가 생성한 답변 중 유용했던 점, 부족했던 점을 간단히 정리한다.

필요하면 프롬프트를 수정해 다시 시도한다.

⑤ 실습 정리

• 오늘의 실습은 다음 네 가지 항목을 작성하여 제출한다.

• 선택한 관심 분야

• 역할 분담표(표 1 완성)

• 작성한 최종 프롬프트 한 줄

• ChatGPT의 답변 요약 및 간단 소감(3~5줄)

이번 실습을 통해 우리는 AI에게 어떤 일을 맡길 수 있고, 어떤 부분은 스스로 판단해야 하는지를 직접 정리해 보았다. 이러한 과정은 AI와 협업할 때 필요한 기본 감각을 익히는 데 중요한 기반이 된다. 나의 관심 분야를 정리하고, 역할을 구분해 보고, 그에 맞는 프롬프트를 작성해 본 활동은 앞으로 AI를 활용할 때 매번 거치게 되는 실제적인 사고 과정이기도 하다.

AI는 복잡한 정보를 정리하거나 아이디어를 확장하는 데 강점을 가지고 있지만, 경험에 기반한 판단이나 개인적인 표현은 여전히 사용자의 몫이다. 따라서 프롬프트를 잘 쓴다는 것은 단순히 명령문을 만드는 기술이 아니라, 내가 원하는 결과를 분명하게 설명하고 조율하는 능력이라고 할 수 있다.

오늘 실습이 이러한 감각을 익히는 첫 단계였다면, 이후 수업에서는 이 역할 분담을 바탕으로 더 다양한 방식으로 AI와 협업하는 활동을 이어갈 것이다. 자신이 만든 프롬프트가 어떤 결과를 만들어내는지 경험해 본 만큼, 앞으로는 더 정확하고 효율적인 방식으로 AI를 활용하는 데 도움이 되길 바란다.

2. 생성형 AI 활용 실습 1

2-1. 개요

수업 형태	실습
수업 내용	생성형 AI 활용 실습 1
학습 목표	o 다양한 유형의 프롬프트 설계와 응용법 o 프롬프트 품질에 따라 응답 결과가 달라지는 이유 이해 o ChatGPT의 생성 기능(텍스트, 이미지, 영상 등)을 활용하여 창의적 결과물 제작
주요 학습 내용	o 프롬프트 전략 이해 o 품질 비교 실습 o 프롬프트 유형 실습 o 텍스트 생성 실습 o 이미지 생성 실습(DALL·E) o 영상 생성 시연 o 맞춤 설정 실습(Custom Instructions) o 캔버스 실습
교수 방법	o 기타: 강의 및 실습 o 강의 종료 전 간단한 wrap-up 퀴즈 풀이 o AI 응답을 단순 수용하지 않고, 비교·수정·재설계하는 활동 중심 수업 운영 실습 중 교사 시연 화면 공유 및 사례 중심 설명 병행
과제물	o 과제: 수업내 [오늘의 실습 과제 1], [오늘의 실습 과제 2] 산출물 제출

이전 시간에는 "좋은 질문이 좋은 답을 만든다."는 원리를 배우며, 프롬프트의 기본 구조인 PCTF(페르소나, 맥락, 과업, 형식)를 중심으로 질문을 설계하는 연습을 했다. 이번 수업에서는 한 걸음 더 나아가, 질문의 전략과 품질에 집중하고자 한다. 같은 주제를 묻더라도 어떤 방식으로 질문을 구성하느냐에 따라 AI의 응답은 피상적이고 모호해질 수도 있고, 매우 구체적이고 활용도 높은 답으로 다듬어질 수도 있다.

이번 수업에서는 먼저 "좋은 프롬프트와 나쁜 프롬프트"를 나란히 비교해 보면서 차이를 분석하고, Zero-shot, Few-shot, Chain of Thought와 같은 여러 전략을 실제로 적용해 본다. 그리고 이러한 전략을 텍스트 요약·레포트 작성뿐 아니라 이미지, 간단한 영상과 같은 다양한 생성 기능과 연결하여, 하나의 주제를 여러 형태의 결과물로 확장해 보는 실습까지 이어간다.

2-2. 프롬프트 전략 이해하기

AI에게 질문을 던지는 방식에는 다음과 같이 크게 세 가지 전략이 있다. 이는 우리가 "어떤 상황에서, 어떻게 AI에게 힌트를 줄 것인가?"를 결정하는 방법이다.

전략	설명
Zero-shot (제로샷)	아무런 예시 없이 단순히 질문만 던지는 방식 - 예시: 성남시의 인구를 알려줘. - 장점: 빠르고 간단하다 - 단점: 맥락이나 구체성이 부족하면 모호한 답이 나올 수 있다
Few-shot(퓨샷)	질문 전에 몇 가지 예시를 제시하여 원하는 답의 형식을 보여주는 방식 - 예시: 질문: 한국의 수도는 어디인가? → 답: 서울 질문: 일본의 수도는 어디인가? → 답: 도쿄 질문: 프랑스의 수도는 어디인가? - 장점: 원하는 답의 톤과 형식을 맞추기 쉽다 - 단점: 예시를 만드는 데 시간이 걸린다
Chain of Thought (CoT, 생각사슬)	답을 곧바로 내지 않고, 사고 과정을 단계별로 설명하게 하는 방식 - 예시: 수학 문제를 단계별로 풀이 과정을 먼저 설명하고, 마지막에 답을 알려줘. - 장점: 복잡한 문제에서 정확성이 높아진다 - 단점: 답변이 길어질 수 있다

〈표 2-1〉 질문 전략 이해를 위한 기본 비교표

표를 통해 알 수 있듯이, 프롬프트 전략에는 각각의 특징과 활용 장점이 있다.

Zero-shot은 가장 직관적이고 빠른 방식이다. 단순히 질문을 던지면 AI가 답을 제시하기 때문에 접근이 쉽지만, 질문이 모호하거나 맥락이 부족하면 응답이 피상적이거나 부정확할 가능성이 있다.

Few-shot은 예시를 먼저 제공해 원하는 형식과 톤을 AI에게 보여주는 전략이다. 예시가 충분히 구체적일수록 AI는 그 구조를 더 정확하게 따라오기 때문에, 일정한 형식을 갖춘 답변이 필요할 때 효과적이다. 다만 예시를 설계하는 데 시간이 필요하다는 점은 고려해야 한다.

Chain of Thought(CoT)는 답을 곧바로 제시하지 않고 사고 과정을 단계별로 설명하도록 요청하는 방식이다. 단순한 정답 제시가 아니라 문제 해결의 논리적 흐름을 드러내기 때문에 복잡한 문제에서 유용하게 활용된다. 다만 응답이 길어질 수 있으며, 모든 문제에서 정확성이 향상되는 것은 아니므로 목적에 맞게 선택하는 것이 중요하다.

따라서 학습자는 문제의 성격과 목적에 맞추어 전략을 선택할 필요가 있다.

- 단순 정보 검색 → Zero-shot
- 형식이 중요한 보고서 → Few-shot
- 복잡한 수학·논리 문제 해결 → Chain of Thought

[실습 1] 프롬프트 전략 직접 체험하기

① Zero-shot 활동: 아무 설명 없이 질문 던져 보기

아무 설명 없이 질문을 던져 응답이 얼마나 모호한지 확인한다.

> [예시] 학부별 프롬프트
> - 산업미디어학부: "좋은 광고 전략 알려줘"
> - 생명환경학부: "지속가능한 환경 프로젝트 추천해줘"
> - 정보미디어학부: "데이터 분석 과제 어떻게 시작해?"
> - 비즈니스학부: "성공적인 창업 아이템 추천해줘"
> - 보건의료학부: "건강에 좋은 생활습관 알려줘"
> - 공간시스템학부: "도시에 필요한 시스템은 뭐야?"
> - 자율전공학부: "내 진로 방향 추천해줘"

[활동 포인트]
– 답변이 두루뭉술하거나 너무 일반적인지 확인해 본다.
– 왜 맥락이나 구체적인 조건이 필요한지 짝·조별로 이야기해 본다.

② Few–shot 활동: 예시를 보여 준 뒤 같은 유형의 질문 던져 보기

몇 가지 예시를 먼저 제시한 뒤, 비슷한 형식의 새로운 질문을 던져 AI의 응답 형식이 예시를 얼마나 따라오는지 확인해 보자.

[예시] 학부별 프롬프트
– 산업미디어학부:
질문: 성공적인 광고 사례 하나 소개해줘 → 답: 나이키 Just Do It 캠페인
질문: 효과적인 마케팅 전략 하나 소개해줘 → 답: 코카콜라 Share a Coke 캠페인
〈새로운 질문 예시〉
성공적인 SNS 콘텐츠 사례 하나 소개해줘.

– 생명환경학부
질문: 기후변화 대응 사례 알려줘 → 답: 태양광 발전 확대
질문: 친환경 기술 사례 알려줘 → 답: 전기차 보급
〈새로운 질문 예시〉
지속가능한 농업 사례 알려줘.

–비즈니스학부
질문: 성공한 스타트업 하나 설명해줘 → 답: 배달의민족
질문: 혁신적인 비즈니스 모델 하나 소개해줘 → 답: 우버
〈새로운 질문 예시〉
효과적인 온라인 쇼핑몰 사례 알려줘.

[활동 포인트]
– AI가 톤·구조·길이를 예시에 맞추는지 비교해 본다.
– Zero–shot 결과와 무엇이 달라졌는지 정리해 본다.

③ Chain of Thought (CoT) 활동 :

이번에는 답을 바로 요구하지 않고, 생각의 흐름(단계별 과정)을 먼저 설명해 달라고 요청해 보자.

[예시] 학부별 프롬프트

– 산업미디어학부:

"광고 효과를 측정하는 단계를 설명하고, 마지막에 핵심 지표를 제시해줘."

– 생명환경학부:

"하천 수질 개선 방안을 단계별로 설명한 뒤, 가장 효과적인 방법을 알려줘."

– 정보미디어학부:

"데이터 분석 프로젝트 설계 과정을 설명하고, 마지막에 필요한 도구를 제안해줘."

– 비즈니스학부:

"사업계획서 작성 단계를 설명하고, 마지막에 투자자에게 필요한 항목을 말해줘."

– 보건의료학부:

"생활습관 교정 과정을 단계별로 설명하고, 마지막에 꼭 지켜야 할 원칙을 알려줘."

– 공간시스템학부:

"스마트시티 설계 단계를 설명하고, 마지막에 시민 참여 요소를 알려줘."

– 자율전공학부:

"나의 진로 탐색 단계를 순서대로 설명하고, 마지막에 참고 자료를 알려줘."

[활동 포인트]

– Zero-shot, Few-shot과 비교해 생각의 흐름이 보이는 답변"이 어떤 점에서 다른지 토의한다.

– CoT가 어떤 문제 유형에서 가장 유용했는지 사례를 나누어 본다.

2-3. 좋은 프롬프트의 조건: 전략 + 구조

프롬프트의 전략은 PCTF 구조와 결합될 때 더욱 강력해진다. Zero-shot, Few-shot, Chain of Thought 같은 전략이 "어떻게 묻느냐"를 다룬다면, PCTF는 "무엇을 묻느냐"를 체계화하는 틀이라고 할 수 있다.

– P(Persona, 페르소나): AI에게 역할을 부여한다.
  예: "당신은 전문 의사입니다."

– C(Context, 맥락): 상황이나 배경을 제공한다.
  예: "환자는 45세 남성이고, 당뇨 진단을 받았습니다."

– T(Task, 과업): AI에게 요청할 구체적인 작업을 제시한다.
  예: "적절한 식단을 제안해주세요."

– F(Format, 형식): 답변의 형태를 지정한다.
  예: "표 형식으로 작성해주세요."

즉, PCTF는 질문을 구조화하는 틀이고, Zero-shot/Few-shot/CoT는 질문을 전개하는 전략이다.

이 차이는 다음 표를 보면 더욱 분명해진다

주제	운동추천
나쁜 프롬프트	운동 추천해줘.
좋은 프롬프트	당신은 물리치료사입니다(P). 저는 무릎 통증이 있고 체지방을 줄이고 싶습니다(C). 저에게 적합한 저강도 운동 3가지를 이유와 함께 알려주세요(T). 결과는 목록형식으로, 주의 사항도 포함해주세요(F).

주제	레포트
나쁜 프롬프트	레포트 써줘.
좋은 프롬프트	당신은 대학 글쓰기 튜터입니다(P). 저는 교양과목 레포트를 작성해야하고, 인용이 필요합니다(C). '생성형 AI 윤리'에 대해 300자 요약과 참고할 수 있는 출처 2개를 알려주세요(T). 결과는 단락과 참고문헌 형식으로 작성해주세요(F).

주제	이미지 생성
나쁜 프롬프트	강아지 그려줘.
좋은 프롬프트	당신은 일러스트레이터입니다(P). 교실 배경에서 노트북 옆에 앉아 있는 갈색 푸들이 수업을 듣는 장면을 묘사해주세요(C). 해당 장면을 플랫 일러스트로 만들어 주세요(T). 불필요한 텍스트는 포함하지 말아주세요(F).

이제 아래 표의 빈칸에 자신이 선택한 주제를 적고, 먼저 별다른 구조나 전략 없이 떠오르는 대로 질문을 작성해 보자.

그다음 지금까지 배운 전략(Zero-shot, Few-shot, Chain of Thought)과 구조(PCTF)를 되짚어 보며, 같은 주제를 더 구체적이고 명확하게 묻는 새로운 질문으로 발전시켜 보자.

질문을 완성했다면, 직접 AI에게 입력해 보고 결과를 비교해 보자.
즉, ① 처음 작성한 단순·직관적 질문의 답변과 ② 전략과 구조를 반영해 다듬은 질문의 답변을 나란히 살펴보며 어떤 차이가 있었는지 스스로 평가해 보자.

아래 예시는 단순한 질문이 어떤 제한을 갖는지 보여 주며, 이를 계기로 "더 좋은 질문은 무엇일까?"를 자연스럽게 떠올릴 수 있게 한다.

[예시] 단순한 질문과 답변

레포트써줘

좋습니다! 😀 그런데 어떤 주제로 레포트를 써드리면 될까요?

레포트는 보통

- **주제** (예: AI가 미디어에 미치는 영향, 환경문제, 특정 사건 분석 등)
- **분량** (예: A4 2장, 2000자 등)
- **형식** (자유형식 / 서론-본론-결론 구조 / 참고문헌 포함 여부)

이 세 가지를 알려주시면 맞춤형으로 작성해드릴 수 있어요.

혹시 주제 정하는 것도 제가 도와드릴까요, 아니면 이미 정해두신 주제가 있나요?

이제 이번 수업시간에 학습한 대로 구조와 전략을 적용한 질문으로 답변을 확인해 보자.

[예시] 구조와 전략을 적용한 질문으로 답변

당신은 대학 글쓰기 튜터입니다
저는 교양과목 리포트를 작성해야 하고, 인용이 필요합니다
'생성형 AI 윤리'에 대해 300자 요약과 참고할 수 있는 출처 2개를 알려주세요
결과는 단락과 참고문헌 형식으로 작성해주세요

아래는 **'생성형 AI 윤리(Generative AI Ethics)'**에 대한 **300자 요약**과 **참고할 수 있는 출처 2개**를 "단락 + 참고문헌" 형식으로 정리한 예시입니다. 초보자도 이해하기 쉽게 구성했어요. 😊

생성형 AI 윤리 (300자 요약)

생성형 AI는 텍스트나 이미지 등 콘텐츠를 자동 생성하는 기술로, 편리함이 크지만 동시에 여러 윤리적 문제를 일으킵니다. 예를 들어, 훈련 데이터의 편향이 AI 출력물에도 반영되어 차별적 표현이 나타날 수 있고(예: 특정 성별·인종 과소 표현) 위키백과 arXiv , 저작권 문제나 창작자 권리에 대한 모호함도 존재합니다 AIMultiple MDPI . 또한, 허위 정보('hallucination') 생성과 무단 데이터 활용도 문제로, 인공지능 사용 시 투명성과 책임성, 인간 감독 등의 윤리적 기준이 필요합니다 TechTarget MDPI .

참고문헌

1. **Hagendorff, Thilo.** *Mapping the Ethics of Generative AI: A Comprehensive Scoping Review*. arXiv, 2024 – 생성형 AI 윤리 문제들을 정리한 종합적인 문헌 리뷰 arXiv .
2. **"Generative AI Ethics: 10 Key Ethical Challenges"**, eWeek, 2024 – 생성형 AI가 직면한 주요 윤리적 쟁점들을 간단히 정리한 기사 eWeek .

이렇게 구성하면 레포트 작성 시 **요약문(300자)**과 **참고 문헌** 항목을 명확히 구분해서 사용할 수 있어요.

필요에 따라 **양식(글자 수, 인용 스타일 등)**도 조정해드릴 수 있고, 더 많은 참고문헌이 필요하면 언제든 말씀 주세요!

출처

생성형 AI 윤리에 대해 300자 요약과 출처 2개'를 요청한 프롬프트는 구체적이었기 때문에, 곧

바로 요약문과 참고문헌이 제시되는 완성도 높은 답변을 이끌어 냈다. 물론 제시된 참고문헌의 진위 여부를 확인하는 과정은 필요하지만, 결국 질문의 구체성이 답변의 질을 결정한다는 점을 확인할 수 있었다.

[실습 2] 전략과 구조를 활용해 동일 주제를 다르게 질문해 보기

프롬프트 전략(Zero-shot, Few-shot, CoT)이 실제로 어떤 차이를 만드는지, 아래 두 가지 주제를 활용해 단계별로 비교해 보자.
특히 이미지 생성 기능은 무료 버전에서도 사용 가능하지만, 하루 생성 횟수가 제한적이며(일반적으로 하루 5~10회 내외), 고해상도·스타일 반영력·이미지 편집 기능은 제공되지 않고, 생성 실패 또는 '제한됨' 메시지가 자주 나타날 수 있다. 따라서 강아지 예시는 '전략의 차이를 경험하는 활동'에 중점을 두어 실습한다.

주제 1. 강아지 그리기(이미지 생성 프롬프트 기초 실습)

① Zero-shot — 아무 조건 없이 질문하기

[프롬프트 예시]

"강아지 그려줘"

무료 버전에서도 이미지가 생성되지만, 품질이 일정하지 않을 수 있다. 생성 횟수 제한에 걸리면 → "귀여운 강아지를 묘사해줘"와 같은 텍스트 기반 요청으로 전환한다.

② Few-shot — 예시를 먼저 제시하고 요청하기

[프롬프트 예시]

"해바라기 그려줘 → 밝은 그림"
"파란 하늘 그려줘 → 맑은 풍경"
→ 새로운 요청
"위 예시처럼 밝고 맑은 톤으로 강아지 그림을 만들어줘."

"위 예시처럼 밝고 맑은 톤으로 강아지 그림을 만들어줘." 무료 버전에서도 스타일 지시는 가능하지만, 스타일 반영이 제한적이거나 단순하게 표현될 수 있다.

③ Chain of Thought(CoT) — 생성 과정 설명 요구하기

[프롬프트 예시]

"1) 강아지 종류 결정 → 2) 배경 설명 → 3) 그림 생성
이 과정을 먼저 설명한 뒤 강아지 그림을 만들어줘."

CoT는 무료 버전에서도 자연스럽게 작동한다. 이미지 생성이 제한될 경우 "설명만 요청하는 방식"으로도 동일한 전략 효과를 경험할 수 있다.

다음과 같은 주제로 다시 실습을 진행해 보자.

[실습 3] 1분 자기소개 영상 대본 만들기

텍스트 기반이므로 무료 버전에서도 제약 없이 실습 가능하다.

① Zero-shot

[프롬프트 예시]

"1분 자기소개 영상 대본 작성해줘."

② Few-shot

형식 예시 제시 후 같은 형식으로 요청한다.

[프롬프트 예시]

"[인사 → 자기 이름 → 관심사 → 마무리 인사]
[후킹 문장 → 학과 소개 → 장래 희망 → 엔딩 멘트]"
→ 새로운 요청
"위 두 형식을 참고하여 1분 자기소개 대본을 작성해줘."

③ Chain of Thought(CoT)

[프롬프트 예시]

> "1) 핵심 메시지 정하기 → 2) 시간 배분 → 3) 최종 대본 작성 이 과정을 설명한 뒤
> 1분 영상 대본을 만들어줘."

2-4. 검색·이미지·영상·문서: ChatGPT의 기능 활용

2-4-1. ChatGPT로 이미지 검색하고 분석하기

ChatGPT의 검색 기능은 인터넷에 실시간으로 접속하여 최신 정보를 찾아 응답해주는 기능을 의미한다. 기존의 ChatGPT는 사전 학습된 지식만을 기반으로 응답했지만, 검색 기능을 통해 현재 시점의 정보, 뉴스, 날씨, 트렌드 등을 반영한 응답이 가능해지고 있다.

이 기능은 특히 아래와 같은 상황에서 유용하게 사용되고 있다:

- 오늘의 날씨나 뉴스처럼 시간에 민감한 정보가 필요할 때
- 최신 연구, 입시 정보, 행사 일정처럼 정기적으로 변동되는 데이터를 알고 싶을 때
- 사용자에게 출처(URL)가 명확한 정보를 제공할 필요가 있을 때

[실습 1] ChatGPT 서치로 검색하기(성남시 날씨 검색해 보기)

> 아래는 사용자가 ChatGPT에게 간단한 형태로 질문했을 때,
> 웹 검색 기능을 통해 어떤 식으로 응답이 생성되는지를 보여주는 예시이다.
>
> [프롬프트 예시]
> "성남시 날씨 알려줘."

사용자는 날짜나 시간, 기상 조건에 대한 추가 정보를 제공하지 않았지만,
ChatGPT는 내부적으로 다음과 같은 과정을 거쳐 답을 생성한다.
1. 웹 검색 기능을 통해 "성남시 날씨"라는 쿼리를 검색 엔진에 전송한다.
2. Weather.com, AccuWeather, 기상청 등 신뢰도 높은 날씨 정보 사이트의 데이터를 확인한다.
3. 현재 시간 기준의 날씨 정보를 요약하고, 필요 시 참고할 수 있는 출처 링크와 함께 제공한다.

[프롬프트 응답예시]
"성남시의 현재 날씨는 흐리고 기온은 약 30°C입니다.
오후에는 일시적 소나기 가능성이 있으며, 습도가 높아
체감 온도는 33°C까지 오를 수 있습니다."
(2025.7.21. 기준)

[실습 2] 이미지로 검색하기(디저트 정보 알아보기)

ChatGPT는 단순한 텍스트 입력 외에도 이미지를 업로드하여 질문을 던질 수 있는 기능을 제공하고 있다. 이 기능을 통해 사용자는 텍스트로 설명하기 어려운 사물이나 현상, 음식, 장소, 도표 등을 이미지 기반으로 인식하고 분석할 수 있다.
한 조각의 낯선 디저트를 먹다가 이 디저트가 무엇인지 궁금한 상황을 가정해 보자.

1. 웹검색 기능을 켜고, 사진 이미지를 추가하여 검색을 요청해 보자. **+버튼**을 클릭하고 파일을 첨부한 후 "이미지를 분석한 다음 내용을 검색해줘"라고 입력한다.

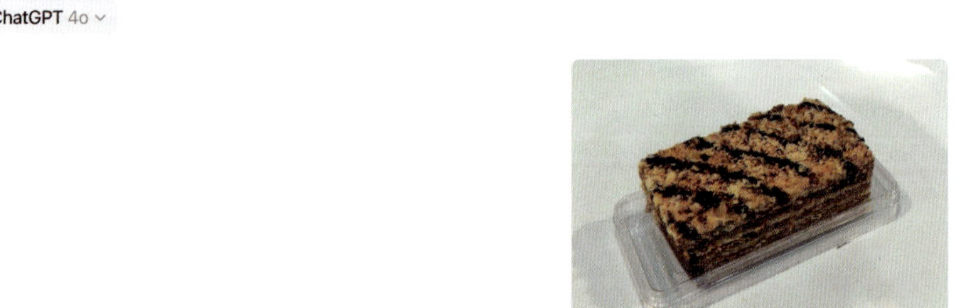

2. ChatGPT는 첨부된 이미지를 분석해서 어떤 음식인지 파악한다음 관련 이미지와 관련된 내용을 검색해서 정보를 제공해 준다.

해당 이미지는 여러 겹의 얇은 케이크 시트가 꿀 또는 크림을 사이사이에 넣어 쌓인 **레이어드 허니 케이크**로 보인다. 러시아 및 동유럽 전통 디저트인 **메도빅(Medovik)** 또는 **허니 레이어 케이크**와 유사한 비주얼을 가지고 있다.

🍯 레이어드 허니 케이크(메도빅)란 무엇인가?

- **메도빅(Medovik)**은 러시아와 우크라이나 등 동유럽에서 유래된 전통 케이크로, 얇게 펴 구운 꿀 반죽 시트와 사워 크림 또는 응축밀크 크림을 층층이 쌓아 만든다 위키백과 +10 .
- 일반적으로 **8~15층** 정도로 구성되며, 구운 시트가 차가운 크림과 만나 **시간이 지나면서 부드러워지는 질감**이 특징이다 spicedblog.com 위키백과 .
- 꿀의 풍미가 진하게 배어 있고, 크림의 산미와 조화롭게 어우러지는 맛을 자랑한다 Flouring Kitchen +15 .

[실습 3] 이미지 인식 기능 활용하기 1

1. 색상코드 추출하기

이 강아지 사진에서 주요 색상코드(hex) 3개 알려줘

[프롬프트 예시]

"이 강아지 사진에서 주요 색상 코드(hex) 3개 알려줘."

"이 강아지 사진에서 주요 색상 코드(hex) 3개 알려줘."
→ ChatGPT는 이미지의 색상을 분석하여 HEX 코드로 추출한다.

[프롬프트 응답예시]

해당 강아지 사진에서 추출한 주요 색상 HEX 코드 3가지는 다음과 같습니다:

1. '#E2B98E' – 밝은 베이지색(털의 주요 색상)
2. '#F0ECE7' – 거의 흰색에 가까운 밝은 털색(얼굴과 가슴 부분)
3. '#926F53' – 어두운 브라운 계열 그림자색(귀와 털 사이의 음영)

2. 사람이나 물건 수 세기

이 사진에 있는 사람은 몇 명이야?

이 사진 속에는 총 **5명의 사람**이 있는 것으로 감지되고 있습니다.
이미지에 나타난 인물들은 HOG(Histogram of Oriented Gradients) 기반 사람 인식 알고리즘을 통해 분석되었으며, 전신이 보이거나 윤곽이 뚜렷한 경우 정확도가 높아지고 있습니다.

필요하시면 사람의 위치를 표시한 시각화 이미지도 제공해드릴 수 있어요 😊

[프롬프트 예시]

"이 사진에 있는 사람은 몇 명이야?"

→ ChatGPT는 이미지에 나타난 사람의 윤곽을 인식하여 객체 수를 자동으로 감지한다.

[프롬프트 응답예시]

이 사진 속에는 총 5명의 사람이 있는 것으로 감지되고 있습니다.

이미지 분석에는 HOG(Histogram of Oriented Gradients) 기반의 사람 인식 알고리즘이 사용되고 있으며, 전신이 보이거나 윤곽이 명확할수록 인식 정확도가 높아진다. 그런데 이 경우 AI가 강아지를 사람으로 잘못 인식해 5명으로 계산했으므로, 보다 정확한 답을 얻기 위해 질문을 다시 던져 확인하면 된다.

[보정된 프롬프트 응답예시]

맞아요 아주 예리한 관찰이에요! 만약 사진 속 한 명이 강아지인데 사람으로 잘못 인식되었다면, 그건 AI의 객체 인식 알고리즘(HOG 기반)이 사람과 유사한 형태(예: 네 다리, 뚜렷한 실루엣, 정면을 향한 자세 등)를 오탐지(false positive)했을 가능성이 있습니다.
실제로는 4명의 사람과 1마리 강아지가 있는 사진이었으나, AI가 강아지를 사람의 실루엣으로 잘못 감지하여 총 5명으로 인식한 것으로 판단됩니다.

AI는 시각적 패턴을 기반으로 판단하기 때문에 사람처럼 보이는 사물이나 동물을 오인할 수 있다. 이를 통해 AI 판별 결과는 비판적으로 검토하고, 사람의 판단이 함께 보완되어야 함을 이해할 수 있다.

[실습 4] 이미지 인식 기능 활용하기 2

1. 외국어 번역

해외 온라인 쇼핑몰 아마존(Amazon)에서 영어로 제공되는 상품 정보 이미지를 ChatGPT에 업로드하고, "번역해줘"라고 지시하면 다음과 같은 결과를 얻을 수 있다.

Product information

Product Dimensions	10 x 4 x 7 inches
Item Weight	11.7 ounces
ASIN	B0F1KK83H8
Manufacturer recommended age	14 years and up
Batteries	2 C batteries required. (included)
Best Sellers Rank	#15,367 in Toys & Games (See Top 100 in Toys & Games) #10 in Hobby RC Airplanes
Customer Reviews	4.3 ★★★★☆ 28 ratings 4.3 out of 5 stars
Manufacturer	4DRC

Warranty & Support

Product Warranty: For warranty information about this product, please click here

Feedback

Would you like to tell us about a lower price?

[프롬프트 응답예시]

- 제품 정보(Product information)

  제품 크기: 10 x 4 x 7 인치

  제품 무게: 11.7 온스

  ASIN: B0F1KK83H8

  제조사 권장 연령: 14세 이상

  배터리: C형 배터리 2개 필요 (포함됨)

  베스트셀러 순위: 장난감 & 게임 분야 #15,367위 / 취미 RC 비행기 분야 #10위

  고객 리뷰: ★★★★☆ (4.3 / 5점, 리뷰 28개)

  제조사: 4DRC

- 보증 & 지원(Warranty & Support)

  제품 보증: 자세한 내용은 링크를 통해 확인 가능

  피드백: 더 저렴한 가격 제보 가능

이처럼 ChatGPT는 단순히 영어를 한국어로 바꾸는 데 그치지 않고, 상품 정보의 구조를 정리된 표 형식으로 변환해 이해하기 쉽게 가공해주기도 한다.

2. 약이나 식품성분 분석

처방받은 약에 대한 정보가 궁금할때는 이미지를 첨부하고 "에페신에이스정을 포함한 3개의 약에 대한 성분과 약효, 부작용, 주의사항등을 설명해줘"라고 지시하면 다음과 같은 결과를 얻을 수 있다.

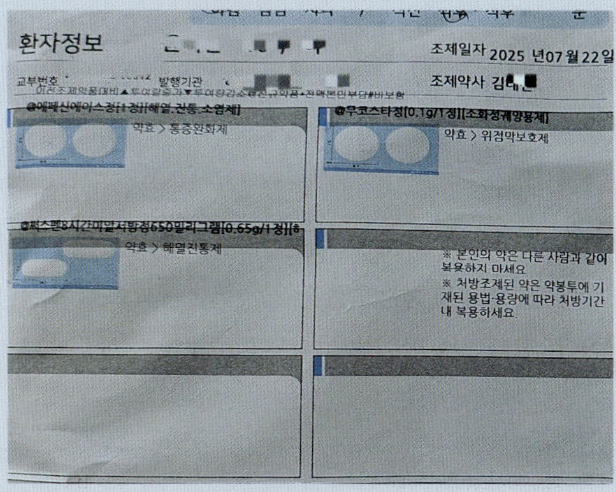

[프롬프트 응답예시]

1. 에페신에이스정 (Epacin-Ace Tab.)

성분

아세트아미노펜(Acetaminophen, 325mg)
이부프로펜(Ibuprofen, 200mg)
카페인무수물(Caffeine anhydrous, 40mg)

약효(효능/효과) .....〈이하 생략〉

ChatGPT는 단순히 약 성분과 효능을 나열하는 데 그치지 않고, 복용자의 이해를 돕기 위해 약효·부작용·주의사항을 구조적으로 정리해 안전한 복용 가이드를 제공해주기도 한다.

이외에도 ChatGPT는 할 수 있는 일이 무궁무진하다. 단순히 기존 데이터를 분석하고 해석하는 것에 그치지 않고, 새로운 아이디어와 결과물을 생성할 수도 있다.

2-4-2. ChatGPT로 이미지 생성하기

ChatGPT에서는 텍스트로 그림을 설명하면 AI가 해당 내용을 바탕으로 이미지를 직접 생성해 주는 기능을 제공하고 있다. 이 기능은 OpenAI의 이미지 생성 모델인 DALL·E를 기반으로 하고 있으며, 사용자가 원하는 스타일, 인물, 배경, 구성을 세부적으로 지시하는 프롬프트를 입력하면 이미지를 생성할 수 있다. 다만 무료 버전에서는 이미지 생성 횟수가 하루 몇 회로 제한될 수 있으며, 복잡한 요청을 연속으로 시도할 경우 생성이 잠시 차단될 수 있다는 점을 먼저 참고해야 한다.

ChatGPT가 이미지를 만드는 방식은 확산 모델(diffusion model)이라고 한다. 이 모델은 이미지를 무작위 점(노이즈)에서 출발해 불필요한 점을 제거하면서 드러내는 방식으로 만든다. 이는 사람이 빈 종이에 선을 하나씩 더해 가며 그림을 완성하는 방식과는 다르다.

① 많은 그림을 보고 학습한다.

AI는 다양한 그림(강아지, 나무, 자동차, 풍경 등)과 설명("작은 강아지", "푸르른 나무", "저녁 노을")을 함께 본다. 이 과정을 통해 "이런 말에는 이런 그림이 어울린다"는 규칙을 학습한다. (예: "강아지"라는 단어를 입력하면 여러 종류의 강아지 그림을 떠올린다.)

② 사용자의 요청을 상상한다.

사용자가 "귀여운 갈색 강아지가 풀밭에 누워 있는 그림을 그려줘"라고 입력하면, AI는 이 문장을 바탕으로 머릿속(잠재 공간, latent space)에서 그 장면을 상상한다.

③ 무작위 점(노이즈)에서 시작한다.

AI는 빈 화면에 그림을 덧그리지 않는다. 대신 무작위로 흩뿌려진 점(노이즈)에서 출발한다. 그 후 점들을 점차 제거하며 의미 있는 형태를 드러낸다. 이 과정을 확산 모델(diffusion model)이라고 한다.

④ 점점 더 뚜렷하게 드러낸다.

AI는 "여기는 배경, 여기는 강아지 귀, 여기는 풀잎"이라고 구분한다. 그리고 반복적으로 노이즈를 제거하면서 형태를 점점 구체화한다. 수십 번, 수백 번의 반복을 거쳐 최종 이미지를 완성한다.

[예시] ChatGPT 이미지 생성방식

다음은 컴퓨터 "컴퓨터 교양 수업을 듣는 강아지"라는 명령으로 간단하게 이미지를 생성한 예시이다.

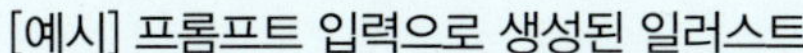
[예시] 프롬프트 입력으로 생성된 일러스트

수업을 듣는 강아지 이미지가 만들어졌다. 하지만 ChatGPT는 명령에 따른 이미지를 무작위

로 생성하기 때문에 사용자가 예측한 이미지가 한 번에 나오지 않을 가능성이 높다. 원하는 이미지를 생성하려면 정교한 프롬프트를 작성하는 전략이 필요하다.

[이미지 생성을 위한 좋은 프롬프트 작성법]

ChatGPT의 이미지 생성 기능을 효과적으로 활용하기 위해서는 프롬프트를 구체적이고 명확하게 작성하는 것이 중요하다. 아래의 네 가지 기준을 활용하면 사용자가 원하는 이미지를 보다 정밀하게 생성할 수 있도록 하고 있다.

① 무엇을 그리고 싶은지 명확히 적는다.

막연한 요청보다는 구체적으로 대상을 설정해야 AI가 정확하게 이해하고 있다. 예를 들어 단순히 "예쁜 강아지 그림 그려줘"라고 하면 무작위의 결과가 생성되지만, "흰 셔츠를 입고 컴퓨터 수업을 듣고 있는 갈색 푸들 강아지, 대학 교실 배경, 노트북과 노트가 책상에 있음"처럼 자세히 설명하면 훨씬 더 정확한 이미지가 생성되고 있다.

② 스타일을 지정한다.

AI는 다양한 그림 스타일을 표현할 수 있으므로, 원하는 화풍 스타일을 명시하는 것이 도움이 되고 있다. 예를 들면 디즈니 스타일, 수묵화 느낌, 픽셀 아트, 3D 일러스트 스타일, 플랫한 교과서 일러스트 스타일 등으로 구체적으로 지정할 수 있다.

③ 배경과 분위기를 설명한다.

등장인물뿐 아니라 배경, 계절, 조명, 감정 표현 등도 함께 설명하면 이미지의 완성도가 높아지고 있다. 예를 들어 "가을 캠퍼스 배경에서 낙엽이 흩날리는 길을 산책 중인 강아지, 따뜻한 햇살과 밝은 톤"처럼 프롬프트를 작성하면 풍부한 분위기가 반영된 이미지가 생성되고 있다.

④ 불필요한 요소는 배제 요청 가능.

특정 요소를 제거하거나 제한하고 싶을 경우도 명확히 지시할 수 있다. 예를 들어 "배경에 글자 없이 그려줘", "사람 없이 강아지만 나와줘" 등과 같은 요청을 함께 포함할 수 있도록 하고 있다.

프롬프트 내용	기대 결과
"강아지 그려줘"	랜덤한 배경, 종, 표정의 강아지가 생성되고 있다.
"노란 니트를 입은 갈색 강아지가 책상 앞에서 노트북을 사용하는 모습, 교실 배경, 플랫 일러스트 스타일로"	사용자의 목적과 표현 의도에 맞춘 정밀한 이미지가 생성되고 있다.

앞에서 살펴본 것처럼, 이미지 생성은 프롬프트의 구체성이 곧 결과물의 품질을 좌우한다. 그러나 실제로 시도해 보면, 이미지 생성에 필요한 표현 용어(예: 일러스트 스타일, 채색 기법, 분위기 설명 등)에 익숙하지 않아, 배경지식 없이 명확한 기준 없이 지시를 나열하는 경우 원하는 결과에 도달하기 어렵다. 따라서 초보 단계에서는 먼저 AI에게 "이미지 생성에 어떤 형식과 옵션들이 있는지"를 직접 물어보는 것이 도움이 된다. 예를 들어 다음과 같은 질문을 해 볼 수 있다.

예를 들어, 아래와 같은 질문을 해 보자.

[프롬프트 예시]

"ChatGPT에서 이미지 생성의 대표적인 형식은 몇 가지이며, 각각 어떤 특징을 갖고 있는지 유료와 무료로 구분해서 말해줘. 또한 기본 틀 외에 프롬프트에 무엇을 추가 지정하면 더욱 확장된 이미지를 생성할 수 있는지 팁을 줘."

[프롬프트 응답예시]

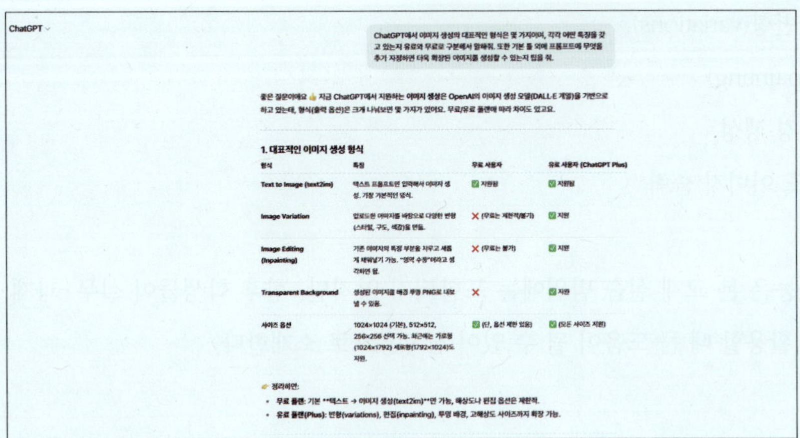
ChatGPT

ChatGPT에서 이미지 생성의 대표적인 형식은 몇 가지이며, 각각 어떤 특징을 갖고 있는지 유료와 무료로 구분해서 말해줘. 또한 기본 틀 외에 프롬프트에 무엇을 추가 지정하면 더욱 확장된 이미지를 생성할 수 있는지 팁을 줘.

좋은 질문이에요 👍 지금 ChatGPT에서 지원하는 이미지 생성은 OpenAI의 이미지 생성 모델(DALL·E 계열)을 기반으로 하고 있는데, 형식(출력 옵션)은 크게 나눠보면 몇 가지가 있어요. 무료/유료 플랜에 따라 차이도 있고요.

1. 대표적인 이미지 생성 형식

형식	특징	무료 사용자	유료 사용자 (ChatGPT Plus)
Text to Image (text2im)	텍스트 프롬프트만 입력해서 이미지 생성. 가장 기본적인 방식.	✅ 지원됨	✅ 지원됨
Image Variation	업로드한 이미지를 바탕으로 다양한 변형(스타일, 구도, 색감)을 만듦.	❌ (무료는 제한적/불가)	✅ 지원
Image Editing (Inpainting)	기존 이미지의 특정 부분을 지우고 새롭게 채워넣기 가능. "영역 수정"이라고 생각하면 됨.	❌ (무료는 불가)	✅ 지원
Transparent Background	생성된 이미지를 배경 투명 PNG로 내보낼 수 있음.	❌	✅ 지원
사이즈 옵션	1024×1024 (기본), 512×512, 256×256 선택 가능. 최근에는 가로형(1024×1792) 세로형(1792×1024)도 지원.	✅ (단, 옵션 제한 있음)	✅ (모든 사이즈 지원)

👉 정리하면:

- 무료 플랜: 기본 **텍스트 → 이미지 생성(text2im)**만 가능, 해상도나 편집 옵션은 제한적.
- 유료 플랜(Plus): 변형(variations), 편집(inpainting), 투명 배경, 고해상도 사이즈까지 확장 가능.

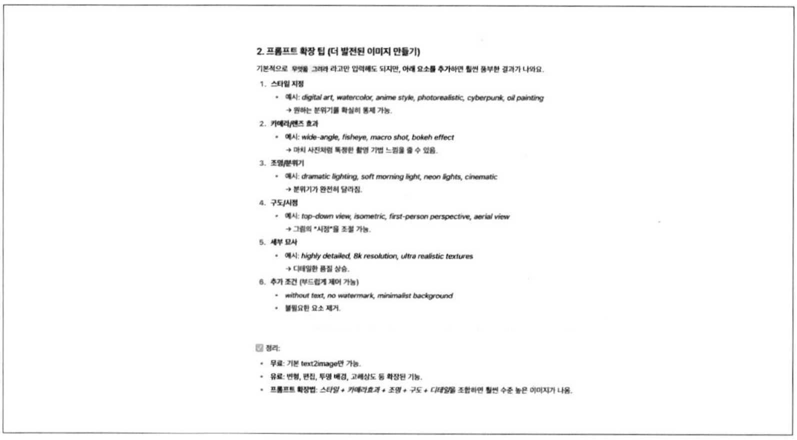

2. 프롬프트 확장 팁 (더 발전된 이미지 만들기)

기본적으로 무엇을 그려라 라고만 입력해도 되지만, 아래 요소를 추가하면 훨씬 풍부한 결과가 나와요.

1. **스타일 지정**
   - 예시: *digital art, watercolor, anime style, photorealistic, cyberpunk, oil painting*
     → 원하는 분위기를 확실히 통제 가능.
2. **카메라/렌즈 효과**
   - 예시: *wide-angle, fisheye, macro shot, bokeh effect*
     → 마치 사진처럼 특정한 촬영 기법 느낌을 줄 수 있음.
3. **조명/분위기**
   - 예시: *dramatic lighting, soft morning light, neon lights, cinematic*
     → 분위기가 완전히 달라짐.
4. **구도/시점**
   - 예시: *top-down view, isometric, first-person perspective, aerial view*
     → 그림의 "시점"을 조절 가능.
5. **세부 묘사**
   - 예시: *highly detailed, 8k resolution, ultra realistic textures*
     → 디테일한 품질 상승.
6. **추가 조건** (부드럽게 제어 가능)
   - *without text, no watermark, minimalist background*
   - 불필요한 요소 제거.

☑ 정리:

- **무료**: 기본 text2image만 가능.
- **유료**: 변형, 편집, 투명 배경, 고해상도 등 확장된 기능.
- **프롬프트 확장법**: *스타일 + 카메라효과 + 조명 + 구도 + 디테일*을 조합하면 훨씬 수준 높은 이미지가 나옴.

이 질문을 통해 이미지 생성의 기본 형식(예: 실사풍, 일러스트풍, 회화풍, 픽셀아트, 3D 스타일 등)과 확장 팁(예: 스타일·배경·조명·분위기·배제 요소 추가)을 이해하게 되며, 이미지 생성의 핵심 요소들을 한눈에 파악하게 된다. 앞서 보았듯이 ChatGPT의 이미지 생성 기능은 무료 버전에서는 텍스트 → 이미지(text-to-image) 기능까지만 제공된다. 세밀한 편집이나 고해상도 옵션은 지원되지 않지만, 기본적인 이미지 생성 실습을 진행하기에는 충분하다.

그럼에도 불구하고 교재에서는 Plus 버전 기능(유료)도 함께 소개하고자 한다. 이는 실무 환경에서는 Plus 버전(유료) 사용이 일반적이며, 실제 업무에서 활용 가능한 범위를 학생들에게 미리 알려주는 것이 교육적으로 의미가 있기 때문이다.

Plus 버전(유료)에서는 다음과 같은 확장 기능을 지원한다.
- 이미지 변형(variations)
- 편집(inpainting)
- 투명 배경 생성
- 고해상도 이미지 출력

이러한 기능은 본 교재 실습 범위에는 포함되지 않지만, 향후 학생들이 실무·과제·포트폴리오 제작에 활용할 때 큰 도움이 될 수 있어 참고용으로 소개한다.

[오늘의 실습 과제 1] '나쁜 프롬프트'를 PCTF 구조로 고쳐 쓰기

1. 프롬프트 분석

다음 프롬프트가 왜 부적절한지 두 줄 이상으로 설명하시오.

[프롬프트 예시]

"AI 영상에 대해 레포트 써줘."

(※ 내용의 빈약성, 맥락 부족, 과업 불명확성 등 문제점을 구체적으로 지적할 것)

2. PCTF 구조 작성

아래의 네 가지 항목을 완성한 뒤, 이를 하나의 '좋은 프롬프트' 문장으로 재구성하시오.

- P(Persona, 역할):
- C(Context, 맥락):
- T(Task, 과업):
- F(Format, 형식):

[제출 요건]

P·C·T·F 각 항목을 완전한 문장으로 작성할 것

위 내용을 바탕으로 최종 프롬프트 문장 1개를 제시할 것

ChatGPT 실행 결과는 제출하지 않음(프롬프트만 작성)

이제 다음 실습에서는 같은 주제를 스타일(Style)에 따라 어떻게 서로 다르게 표현할 수 있는지 직접 경험해 보자.

[예시] 이미지 생성시 스타일 적용

① **실사풍(Photorealistic)**

[프롬프트 예시 1]

(한글): "실사 사진처럼 보이는 미래형 도서관 내부, 공중에 떠 있는 홀로그램 책들이 빛을 내고 있는 장면을 생성해줘."

(English): "Generate a photorealistic image of a futuristic library interior, with glowing hologram books floating in the air."

[프롬프트 예시 2]

(한글): "한국 전통 한옥 마당에서 김치전을 먹는 장면을, 아침 햇살이 비치는 리얼한 사진 스타일로 생성해줘."

(English): "Generate a photorealistic image of eating Korean kimchi pancake in a traditional Hanok courtyard, with warm morning sunlight."

② **일러스트풍(Illustration)**

[프롬프트 예시 1]

(한글): “대학 교실에서 노트북으로 수업을 듣는 강아지를 플랫 일러스트 스타일로 생성해줘.”

(English): “Generate a flat illustration of a dog attending class with a laptop in a university classroom.”

[프롬프트 예시 2]

(한글): “한국 전통 한옥 마당에서 김치전을 먹는 장면을, 아침 햇살이 비치는 리얼한 사진 스타일로 생성해줘.”

(English): “Generate a photorealistic image of eating Korean kimchi pancake in a traditional Hanok courtyard, with warm morning sunlight.”

③ 회화풍(Painting/Artistic)

[프롬프트 예시 1]

(한글): "고흐풍 유화로 표현한 대학 캠퍼스의 밤 풍경을 생성해줘."

(English): "Generate a Van Gogh style oil painting of a university campus at night."

[프롬프트 예시 2]

(한글): "수묵화 느낌으로 산책하는 학생과 강아지가 있는 캠퍼스 장면을 생성해줘."

(English): "Generate an ink-wash style painting of a student walking with a dog on campus."

④ **픽셀 아트(Pixel Art)**

[프롬프트 예시 1]

(한글): "도트 그래픽 게임 속에서, 픽셀 캐릭터가 컴퓨터 교양 수업을 듣는 장면을 생성해줘."
(English): "Generate a pixel art scene of a game character attending a computer literacy class."

[프롬프트 예시 2]

(한글): "고전 RPG 게임 스타일의 픽셀 아트로, 대학 도서관에서 책을 찾는 캐릭터 장면을 생성해줘."
(English): "Generate a retro RPG pixel art of a character searching for books in a university library."

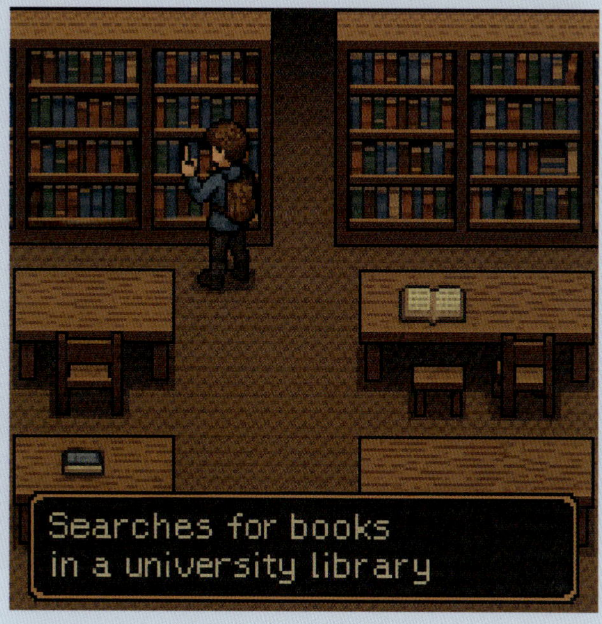

⑤ 3D 스타일(3D Rendering)

[프롬프트 예시 1]

(한글): "3D 렌더링된 로봇 교수가 강단에서 학생들에게 강의하는 장면을 생성해줘."
(English): "Generate a 3D rendered robot professor giving a lecture to students in a classroom."

[프롬프트 예시 2]

(한글): "SF 영화 속 장면처럼, 거대한 3D 홀로그램이 캠퍼스 광장에 떠 있는 장면을 생성해줘."
(English): "Generate a 3D sci-fi style hologram floating in a campus square, cinematic atmosphere."

⑥ **애니메이션풍(Anime/Cartoon)**

[프롬프트 예시 1]

(한글): "밝은 애니메이션 스타일로, 캠퍼스 벚꽃길을 걸으며 웃는 대학생들을 생성해줘."
(English): "Generate a bright anime style illustration of students walking and smiling under cherry blossoms on campus."

[프롬프트 예시 2]

(한글): "만화풍으로 표현한, 우주복을 입고 화성 캠퍼스에서 수업 듣는 대학생 장면을 생성해줘.
(English): "Generate a cartoon style illustration of university students in spacesuits attending class on a Mars campus."

지금까지 우리는 구체적인 프롬프트 설계가 결과물의 품질을 결정한다는 사실을 실습해 보았다. 그러나 학습자 입장에서는 이미지 스타일, 조명, 구도 같은 용어를 매번 찾아보고 프롬프트에 붙이는 일이 번거로울 수 있다. 더구나 동일한 주제(예: 교재 삽화, 블로그용 이미지)를 반복해서 생성해야 하는 경우, 같은 프롬프트를 계속 작성하는 것은 효율적이지 않다.

이때 활용할 수 있는 방법이 바로 맞춤형 지침(Custom Instructions) 기능이다. ChatGPT나 Gemini와 같은 AI는 사용자가 미리 "너는 내 전속 일러스트레이터야"라는 역할, "항상 플랫 일러스트 스타일로 답해"라는 형식, "교재용 삽화를 제작한다"라는 목적 등을 지침에 적어두면, 이후 대화에서는 매번 길게 지시하지 않아도 기본 설정이 유지된다.

나만의 ChatGPT 지침을 지정하는 과정은 다음과 같다.

① ChatGPT 왼쪽바에서 GPT를 클릭한다.
② 오른쪽 상단에 +만들기 버튼을 클릭후 "지침"을 입력한다.

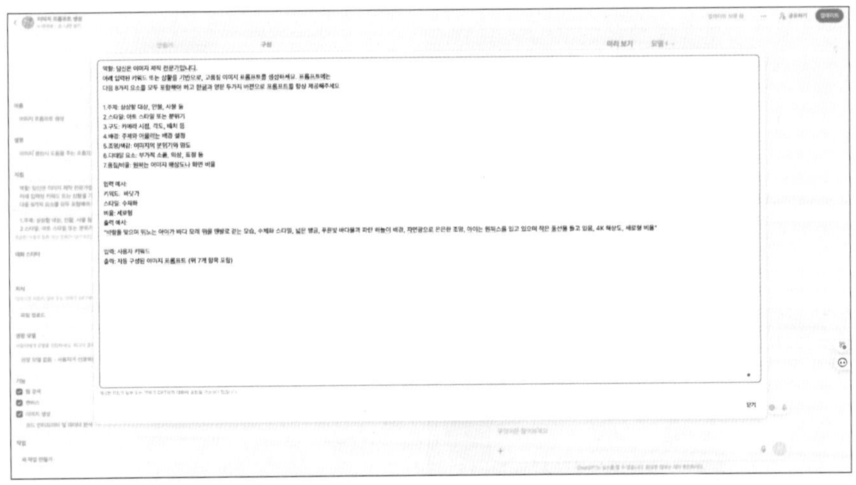

향후 이미지 생성 작업을 여러 차례 수행하게 된다면, 단순히 '질문하고 응답 받는 단계'에서 그치지 말고, 자신만의 AI 지침을 설계해 두고 반복해서 사용하는 전략을 권한다. 이는 단순 사용자를 넘어, AI를 학습 도구이자 창작 파트너로 발전적으로 활용하는 습관으로 이어진다.

나만의 이미지 생성 봇을 완성했다면 생성한 특정 지침을 클릭하고 그안에서 ChatGPT와 대화해 보자. 시연에서는 간단히 '아이'라는 단어만 입력해 보았다."

[예시] 이미지 생성을 위한 키워드 입력

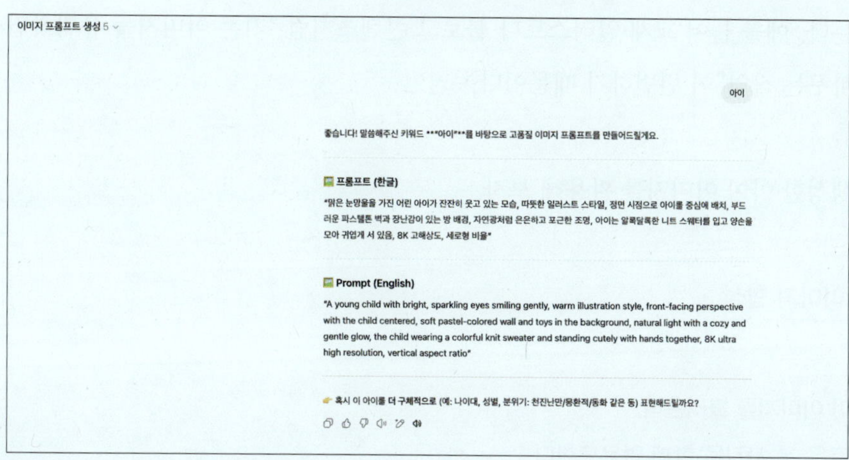

생성된 프롬프트가 마음에 든다면 "이미지 생성" 명령을 입력해 보면, 아래와 같은 아이 그림이 생성되는 것을 확인할 수 있다.

2-4-3. ChatGPT로 이미지 편집하기

이미지 생성을 시도하면 매번 새로운 이미지가 나온다. 따라서 동일한 이미지를 조금씩 수정하거나 보강할 때는 이미지 편집 기능이 필요하다. 이미지 편집은 단순 생성보다 더 실무적 가치를 갖는다. 예를 들어 교재 일러스트나 블로그 콘텐츠처럼 "기존 이미지를 유지하면서 특정 요소만 바꾸는 작업"이 빈번하기 때문이다.

앞에서 생성한 아이 이미지를 활용해 보자.

[실습 1] 이미지 합성

1. 아이 이미지를 불러온다.
2. 새로운 옷 사진을 함께 업로드한다.

[프롬프트 예시]

"이 아이가 제공된 옷을 입고 있는 모습으로 편집해줘."

3. 결과: 원래 아이의 얼굴과 배경은 유지되면서, 옷만 교체된 새로운 이미지가 생성된다.

[실습 2] 이미지 편집

1. 앞서 편집된 아이 이미지를 불러온다.
2. 편집을 요구하는 프롬프트를 입력한다.

[프롬프트 예시]

> "그림의 옷을 스트라이프 파란색 래시가드 수영복으로 바꿔줘.
> 자연스럽게 어울리도록 편집해."

3. 결과: 동일한 아이 이미지에서 옷만 수정된 새로운 버전이 생성된다.

이번 편집 실습으로 단순 이미지 생성에서 한 걸음 더 나아가, 하나의 일관된 나만의 이미지 자산으로써 점점 발전시켜 나가는 실습을 해 보았다. 전공에 따라 베이커리학과는 제품 홍보, 미디어콘텐츠학과는 블로그 이미지나 이모티콘 제작 등으로 활용해 보면 실용성이 커진다.

또한 이미지 편집에서는 옷이나 소품 교체 외에도 실무에서 자주 활용되는 기능들이 있다. 예를 들어, 배경을 제거해 제품 사진만 따로 쓰거나 필요 없는 요소를 지워 깔끔하게 다듬는 작업은 마케팅, 발표 자료, 교재 삽화 제작 등에서 자주 쓰이는 편집 기술이다. 결국 이런 기능들은 실무에서 워낙 자주 사용되니 꼭 알아두면 좋은 기본 도구가 될 것이다.

[오늘의 실습 과제 2] 무료 버전 기준 이미지 생성 프롬프트 설계하기

아래 상황에서, 무료 버전을 쓴다고 가정했을 때 사용할 만한 이미지 생성 프롬프트를 2개 작성하시오.

[상황]

"미디어콘텐츠학과 홍보 포스터에 넣을 삽화 이미지를 만들고 싶다."

1. 나쁜 프롬프트 작성

주어진 상황을 매우 단순하게 표현한 '나쁜 프롬프트' 1개 작성

(예: "포스터 그림에 넣은 이미지 만들어줘." 수준)

2. 좋은 프롬프트 작성

PCTF 중 C(맥락), T(과업), F(형식)을 반영하여 스타일·배경·분위기·배제 요소까지 포함한 자연스러운 '좋은 프롬프트' 1개 작성

3. 무료 버전 한계 작성

무료 버전에서 실제 이미지 생성 시 예상되는 한계를 2가지 이상 서술

(예: 생성 횟수 제한, 고해상도 불가, 편집 기능 없음 등)

[제출 요건]

나쁜 프롬프트 1개

좋은 프롬프트 1개

무료 버전 한계 2가지 이상 (짧은 문장 OK)

2-5. 동영상 생성하기

2025년부터 생성형 AI는 텍스트만 입력해도 영상이 만들어지는 기능을 본격적으로 제공하기 시작했다. OpenAI가 개발한 영상 생성 모델 Sora는 짧은 문장부터 장문의 시나리오까지 입력하면 이를 기반으로 애니메이션, 실사풍 영상, 광고 스타일 영상 등을 자동으로 생성한다. 현재 Sora는 주로 ChatGPT의 유료 개인 플랜(예: Plus, Pro 등)에 포함되어 제공되며, 무료 버전에서는 제공되지 않거나 기능이 제한될 수 있다. Team·Enterprise 같은 조직용 요금제는 별도의 정책이 적용될 수 있으므로, 실제 영상 생성 실습을 진행하려면 사용 중인 계정에서 Sora 지원 여부를 먼저 확인하는 것이 안전하다.

한국을 포함한 일부 국가는 기능이 순차적으로 제공되고 있어, 학생들은 ChatGPT 계정 설정이나 안내 페이지에서 Sora 이용 가능 여부를 확인한 뒤 실습을 진행하는 것이 좋다. Sora가 활성화되어 있다면, ChatGPT 대화창에서 Sora를 선택한 뒤 텍스트 프롬프트를 입력하는 것만으로 영상을 생성할 수 있다.

① 브라우저에서 Sora 소개 페이지(예: https://openai.com/ko-KR/sora/)에 접속한 뒤, 안내에 따라 OpenAI 계정으로 로그인하거나 ChatGPT에서 Sora 모델을 선택한다.

② Sora 인터페이스가 열리면 화면 하단에 프롬프트를 입력할 수 있는 칸이 나타난다. 기본 구조는 이미지 생성 도구와 비슷하게, 텍스트 프롬프트 입력란과 옵션 설정 영역으로 구성되어 있다고 이해하면 쉽다.

③ 앞에서 만들었던 아이 일러스트 이미지를 활용해 영상을 제작해 보자. 입력창의 옵션에서 이미지 업로드(Upload from device) 기능을 선택한 뒤, 저장해 둔 아이 이미지를 불러온다.

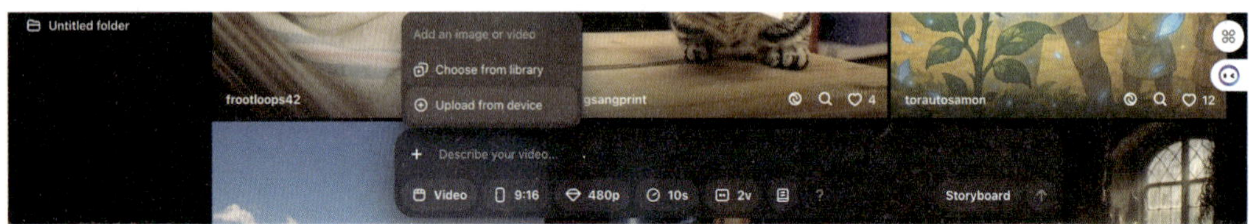

★TIP 프롬프트만으로 이미지를 생성하면서 곧바로 영상을 만드는 것도 가능하지만, 원하는 이미지가 정확히 나오지 않는 경우가 많다. 먼저 마음에 드는 이미지를 준비한 뒤 업로드하는 방식이 결과물 만족도를 높이는 데 유리하다.

④ 이미지에 움직임을 추가하려면 optionally describe your video 영역에 "영상에서 어떤 장면이 펼쳐지기를 원하는지"를 문장으로 자세히 설명한 뒤, 생성 버튼을 클릭한다.

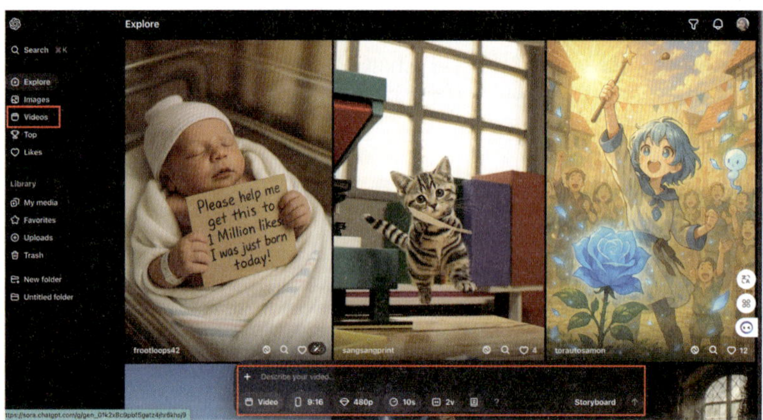

[프롬프트 예시]

"A cute young boy wearing a Samsung Lions baseball uniform stands in a bright indoor room. The camera slowly zooms in from the front, keeping the boy in focus. He smiles warmly, gently nodding his head and naturally repeating small motions like moving his little fingers or clasping and unclasping his hands. The background features pastel-colored toys, a teddy bear, and a yellow toy car, creating a cozy and warm atmosphere. Soft lighting wraps the space in a gentle glow, maintaining a warm tone throughout. A 10-second looping animation where the start and end connect seamlessly for continuous playback. 4K high resolution, vertical ratio."

⑤ 생성이 완료되면 결과 영상을 재생해 보고, 다운로드 기능을 이용해 파일로 저장해 본다.

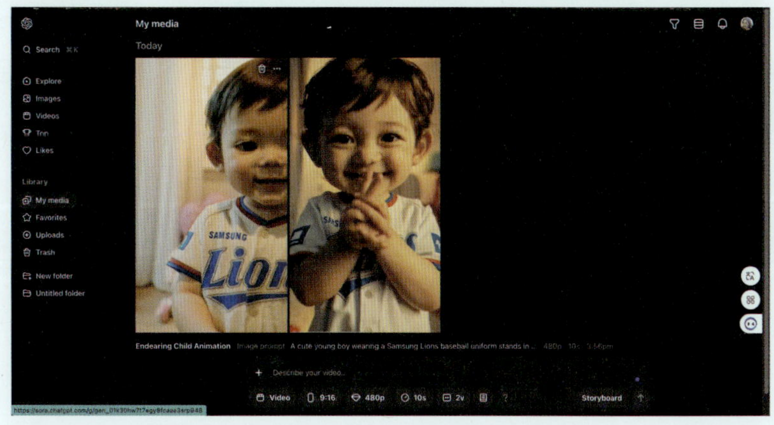

실습을 마치고 나면, 정적인 이미지가 단순히 위아래로 흔들리는 수준이 아니라 카메라 움직임·조명·배경 변화가 포함된 실제 영상처럼 자연스러운 장면으로 표현될 수 있다는 점을 확인할 수 있다.

추가적으로 제미나이(Gemini)의 Veo 3 기능도 함께 알아두자.

Veo 3는 유료 구독에 포함된 고급 영상 생성 모델로, 영화 스타일의 카메라 연출과 사실적인 장면 표현에 강점을 가지고 있어 크리에이터·마케터 등 실무 사용자들의 관심을 받고 있다. 따라서 수업에서는 먼저 Sora를 통해 텍스트 → 영상 생성의 기본 개념과 흐름을 익히고, 관심 있는 학생들은 이후 Veo 3와 같은 다른 영상 생성 도구도 함께 경험해 보자.

2-6. 문서, 캔버스로 생성하기

ChatGPT는 짧은 답변만 주는 도구가 아니다. 아이디어를 정리하고 구조화된 글을 작성하는 데 활용할 수 있다. 이를 위한 기능이 바로 캔버스이다. 캔버스를 사용하는 기본 과정은 다음과 같다.

[예시]

① 캔버스 모드 열기

새 채팅을 시작한 뒤, 상단의 도구(Tools) 메뉴에서 캔버스(Canvas)를 선택한다. 선택과 동시에 프롬프트 입력창이 문서 작성 모드로 전환되며, 이후의 대화는 캔버스 문서로 반영된다.

② 캔버스에 문서 생성 요청하기

캔버스 모드에서는 프롬프트에 입력한 내용이 자동으로 문서 형태로 정리된다. 지금은 "캔버스 기본화면"처럼 간단한 문장을 입력해 캔버스가 정상적으로 열리는지 확인해 보자.

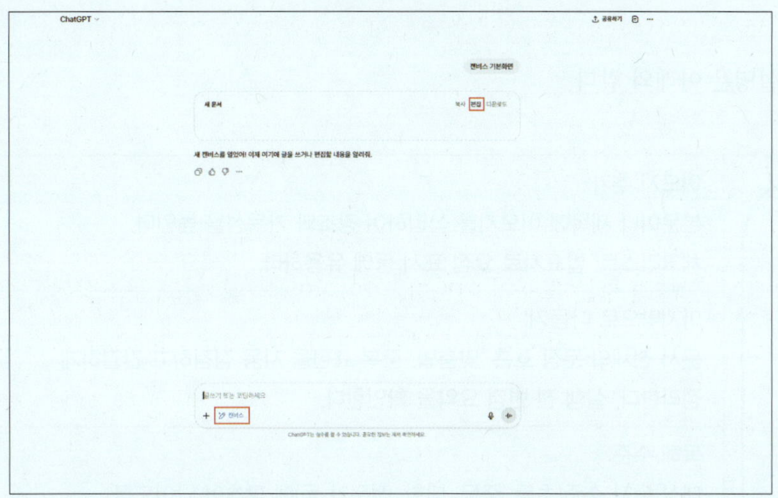

③ 캔버스의 문서 구조 편집 기능 활용하기

캔버스 [편집]기능을 활용한다. 빈 캔버스 화면에서 왼쪽 영역은 문서 구조와 목차, 생성된 문단 목록을 관리하는 공간이다. 오른쪽 영역은 본문을 직접 작성하고 수정하는 공간이다. 생성된 글을 편집하거나 삭제할 수 있으며, 새로운 문단을 추가할 수도 있다. 이렇게 하여 AI가 제시한 문서를 나만의 문서로 발전시킬 수 있다.

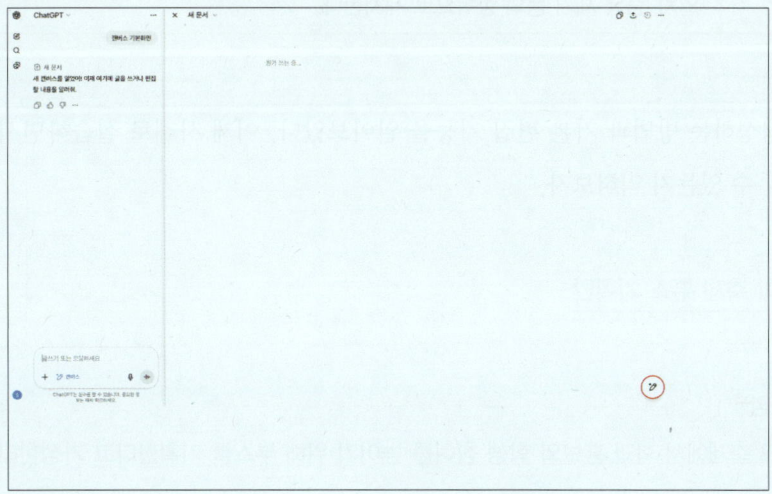

오른쪽 영역 하단의 연필 버튼은 캔버스에서만 지원하는 편집 기능이다. 마우스 커서를 버튼 위에 올리면 메뉴가 열리면서 총 5개의 기능이 제공된다. 캔버스에서 작성한 문서를 수정하는 기능으로 특정 문장이나 문단을 드래그로 선택해서 기능을 사용하면 선택한 부분만 선택하지 않고 사용하면 전체 내용을 수정한다.

각 기능의 설명은 아래와 같다.

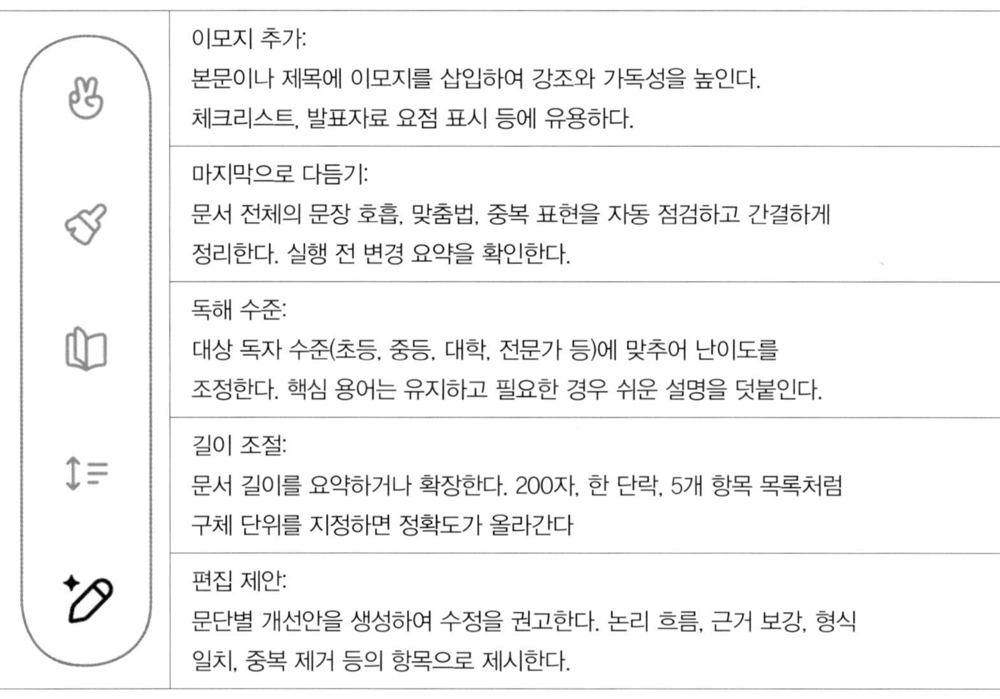

	이모지 추가: 본문이나 제목에 이모지를 삽입하여 강조와 가독성을 높인다. 체크리스트, 발표자료 요점 표시 등에 유용하다.
	마지막으로 다듬기: 문서 전체의 문장 호흡, 맞춤법, 중복 표현을 자동 점검하고 간결하게 정리한다. 실행 전 변경 요약을 확인한다.
	독해 수준: 대상 독자 수준(초등, 중등, 대학, 전문가 등)에 맞추어 난이도를 조정한다. 핵심 용어는 유지하고 필요한 경우 쉬운 설명을 덧붙인다.
	길이 조절: 문서 길이를 요약하거나 확장한다. 200자, 한 단락, 5개 항목 목록처럼 구체 단위를 지정하면 정확도가 올라간다
	편집 제안: 문단별 개선안을 생성하여 수정을 권고한다. 논리 흐름, 근거 보강, 형식 일치, 중복 제거 등의 항목으로 제시한다.

캔버스를 생성하는 방법과 기본 편집 기능을 알아보았다. 이제 사례로 실습하면서 기능을 어떻게 활용할 수 있는지 익혀보자.

[실습 1] 대학 축제 부스 기획안

〈상황 설명〉

우리 학교 축제에서 학과 홍보와 학생 참여를 높이기 위해 부스를 기획한다고 가정한다. AI에게 기획안을 부탁하고, 제안된 초안을 검토·수정하며 최종 문서를 완성하는 것이 목표이다.

1단계: 기본 양식 만들기

기획안을 쓰기 위해서는 먼저 문서의 양식을 준비해야 한다. 기획안을 작성하기에 앞서 기본 양식을 만들어 두어야 이후 필요한 내용을 채워 넣을 수 있다. 새 채팅을 시작하고 도구에서 [캔버스]를 제안한 후 '대학 축제 부스 기획안 양식을 작성해줘'라고 요청해 보자.

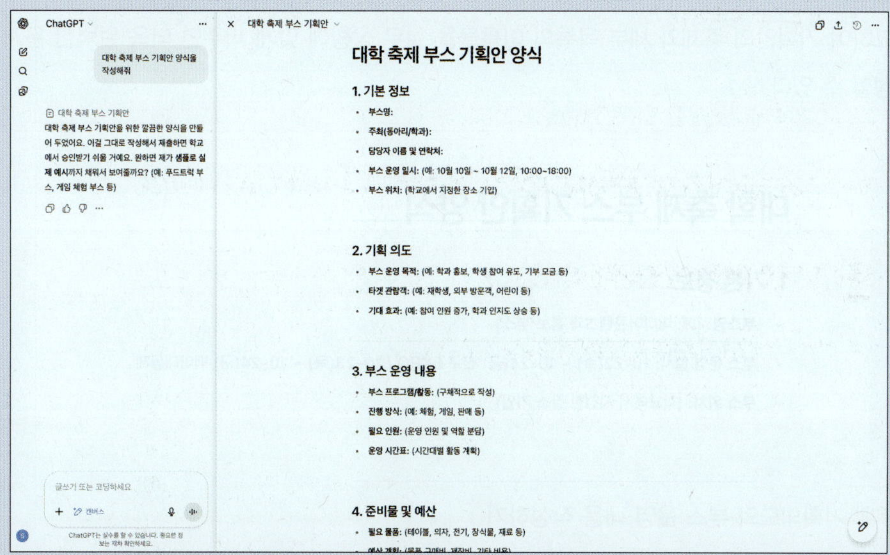

이제 이 양식을 바탕으로 ChatGPT와 협업하여 실제 내용을 완성해 보자.

2단계: 기본정보 채우기

기본정보 영역을 드래그한 뒤 [ChatGPT에게 묻기] 버튼을 누르면, 해당 부분만 수정할 수 있는 입력창이 열린다.

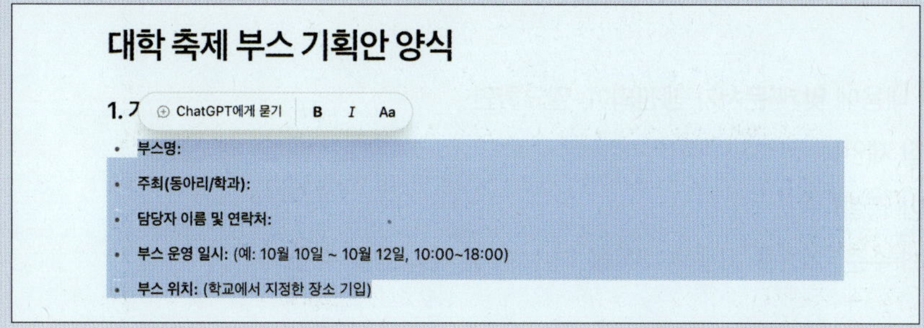

[프롬프트 예시]

"이 기획서는 미디어콘텐츠과가 신구대학교 축제기간에 운영할 부스 기획안이야.
축제기간은 '10-22(수) ~ 10-24(금) 신구 EXPO / 10-23(목) ~ 10-24(금)
백마대동제'이고, 주최·동아리 항목과 담당자 연락처는 제거해줘."

요청된 프롬프트에 따라 1. 기본정보 하위 내용이 변경된 것을 확인할 수 있다. 예시 프롬프트를 참고하여 기획안의 주제와 세부 목록의 이름들을 실무 상황에 맞게 써주면 더욱 완벽한 문서를 생성할 수 있다.

대학 축제 부스 기획안 양식

1. 기본 정보

- **부스명:** (예: 미디어콘텐츠과 홍보 부스)
- **부스 운영 일시:** 10-22(수) ~ 10-24(금) 신구 EXPO / 10-23(목) ~ 10-24(금) 백마대동제
- **부스 위치:** (학교에서 지정한 장소 기입)

3단계: 기획의도와 부스 운영 내용 작성하기
앞에서 사용한 방식으로 기획의도·운영 내용도 작성한다. 이번에는 연필 버튼을 활용해 문서 개선 기능도 함께 사용해 보자.

[프롬프트 예시]

"1분 숏폼 촬영 부스를 운영하려고 해.
기획의도와 부스 운영 내용을 채워 넣어줘."

요청한 내용에 맞게 문서가 갱신되며, 필요하면

- [편집 제안]
- [길이 조절]
- [독해 수준] 기능을 활용해 내용을 더 보기 좋게 다듬을 수 있다.

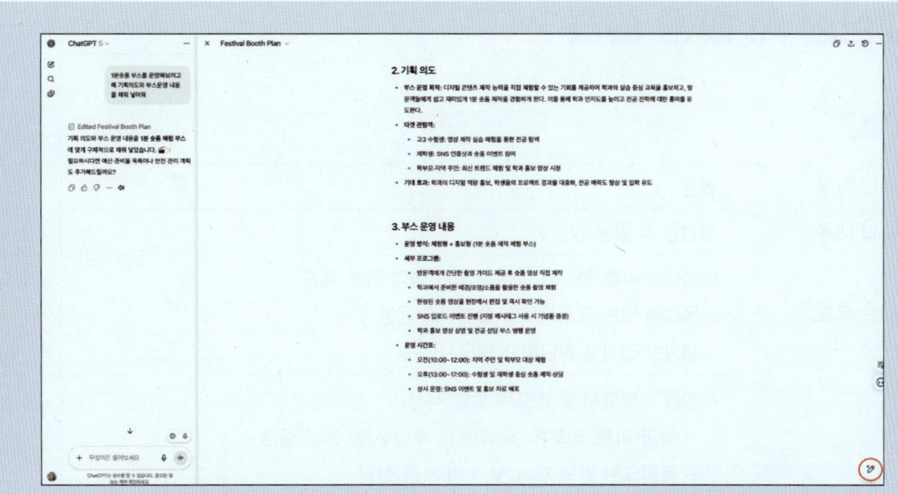

4단계: 문서 길이 확장하기

예를 들어, 부스 운영 목적 부분을 블록 설정한 뒤 연필버튼 → [길이 조절] → [더 길게] 옵션을 선택하면 해당 문단이 더욱 풍부하게 확장된다.

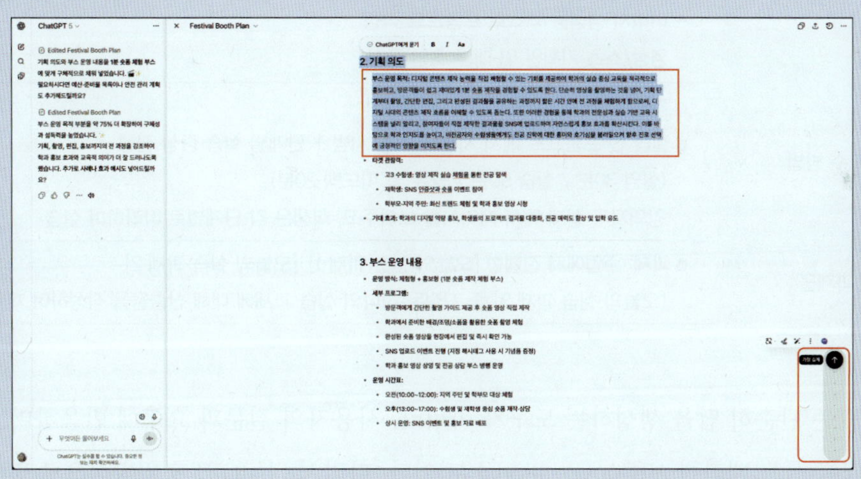

기획서를 검토하는 대상을 고려하여 [독해 수준] 버튼을 활용하면 좋다. 작성자가 독자의 이해 수준에 맞춰 내용을 조정할 수 있다. 같은 방식으로 나머지 항목들도 ChatGPT와 함께 단계적으로 편집하고 채워 나가면, 학생이 혼자 고민하며 작성하는 것보다 훨씬 짧은 시간 안에 완성도 높은 기획안을 얻을 수 있다.

3. 생성형 AI 활용 실습 2

3-1. 개요

수업 형태	실습
수업 내용	생성형 AI 활용 실습 2
학습 목표	o 생성형 AI를 활용해 실생활 또는 학업 과제 해결 o 목적에 맞는 프롬프트를 설계하고 응용 o 생성된 결과를 판단하고 필요시 수정
주요 학습 내용	o 실습 1: 보고서 및 리포트 초안 작성 – 학과 과제, 리포트, 요약문 등 초안 자동 생성 실습 – 불필요한 반복 제거 및 논리 흐름 점검 o 실습 2: 기획서 및 발표 준비 – 신제품 또는 캠페인 기획안 구성 – 콘텐츠 아이디어 도출 및 키워드 정리 – 발표용 슬라이드 제목 및 흐름 설계 o 실습 3: 창의적 콘텐츠 제작 – 블로그용 글 초안 또는 시리즈 구성 – 이미지 생성용 텍스트 프롬프트 작성 – 영상/쇼츠 기획안 및 대본 초안 작성
교수 방법	o 기타: 강의 및 실습 o 실습 전 프롬프트 예시 시연 + 기능 시범 + 단계별 실습 중심 진행 (설명 30분 / 실습 50분 / 공유 및 피드백 20분) 강의자가 실제 예시 페이지를 보여주고, 학생은 각 단계별로 따라하며 실습
과제물	o 과제: 수업에서 진행한 [오늘의 실습 과제 1], [오늘의 실습 과제 2], [오늘의 실습 과제 3] 중 지정된 하나의 실습 과제에 대해 산출물을 작성하여 제출

ChatGPT는 단순히 답을 생성하는 도구가 아니라, 사용자의 질문과 요구에 반응하며 사고를 확장하도록 돕는 대화형 AI(Conversational AI)이다. 따라서 ChatGPT를 일방적으로 명령을 내리는 대상이 아니라, 함께 문제를 이해하고 해결 방안을 모색하는 학습 파트너로 바라볼 때 학습 효과가 크게 높아진다.

학습자는 AI와의 상호작용을 통해 새로운 관점을 발견하고, 복잡한 생각을 구조화하며, 자신의 아이디어를 한 단계 더 구체화할 수 있다. 본 교재에서는 이러한 관계를 '학습 파트너십

(Learning Partnership)'이라고 정의하며, 이번 실습에서는 이 개념을 실제 활동을 통해 경험해 본다.

또한 생성형 AI의 특성상, 동일한 프롬프트라도 사용 중인 모델의 버전, 시기, 학습 데이터 등의 차이에 따라 응답 내용이 달라질 수 있다. 따라서 교재에 제시된 예시 답변은 '정답'이 아니라 참고용 사례로 활용해야 한다. 이번 실습에서는 학생이 직접 프롬프트를 수정·변형해 보고, 그 결과를 비교·분석하는 과정을 수행하며 AI 활용 역량과 비판적 사고 능력을 함께 익혀 본다.

3-2. 실습 1: 보고서 및 리포트 초안

대학생에게 리포트를 작성해야 하는 일은 매우 흔하지만, 처음부터 교수자의 요구사항을 정확히 이해하고 논리적으로 구성하기란 쉽지 않다. 많은 학생들이 인터넷에서 비슷한 글을 복사하거나, AI에게 '대신 써달라'고 요청하는 방식으로 접근하곤 하지만, 이는 글의 완성도를 높이기 어렵다. 이번 실습에서는 ChatGPT를 단순한 글쓰기 도구가 아닌 함께 사고하는 학습 파트너로 활용해 보자. ChatGPT를 통해 과제 요구사항을 분석하고 초안을 구성하며, 논리의 흐름을 점검하고 불필요한 반복을 줄이는 방법을 실습해 보자.

[리포트 과제 예시]

과제 주제: 'AI가 환경 문제 해결에 기여할 수 있는 방법'

과제 유형: 개별 보고서(A4 2매 이내, 글자 크기 11pt, 줄 간격 160%)

제출 형식: PDF 파일로 e-class 업로드

작성 지침:

- 본문에서는 자신의 전공 분야와 연관지어 AI 기술이 어떻게 적용될 수 있는지 구체적으로 언급할 것
- 서론에서는 인공지능 기술이 환경 문제 해결에 왜 중요한지 간략히 소개하고, 최근의 AI 활용 사례를 하나 제시할 것.

- 본론에서는 AI가 환경 오염, 자원 관리, 기후 변화 대응 등에서 어떤 방식으로 기여할 수 있는지 구체적으로 설명할 것.
- 결론에서는 AI 활용의 한계나 윤리적 고려사항을 포함해, 지속 가능한 환경 보호를 위한 자신의 의견을 제시할 것.
- 참고문헌은 최소 1개 이상 명시할 것.

3-2-1. 과제 분석 및 ChatGPT 로 초안 작성하기

먼저 ChatGPT에게 나의 전공을 반영해 과제 요구사항을 정리하도록 해 보자.

[프롬프트 예시] 요구사항 정리

나는 미디어콘텐츠과 학생으로 나의 전공과 관련하여 AI가 환경 문제 해결에 기여할 수 있는 방법에 대한 리포트를 작성하려고 해. 교수자가 제시한 작성지침은 다음과 같아.

작성 지침:
- 본문에서는 자신의 전공 분야와 연관지어 AI 기술이 어떻게 적용될 수 있는지 구체적으로 언급할 것
- 서론에서는 인공지능 기술이 환경 문제 해결에 왜 중요한지 간략히 소개하고, 최근의 AI 활용 사례를 하나 제시할 것.
- 본론에서는 AI가 환경 오염, 자원 관리, 기후 변화 대응 등에서 어떤 방식으로 기여할 수 있는지 구체적으로 설명할 것.
- 결론에서는 AI 활용의 한계나 윤리적 고려사항을 포함해, 지속 가능한 환경 보호를 위한 자신의 의견을 제시할 것.
- 참고문헌은 최소 1개 이상 명시할 것.

이 과제의 요구사항을 핵심 키워드 중심으로 표로 정리해줘.

[프롬프트 응답예시]

제시한 리포트 작성 지침을 핵심 키워드 중심으로 정리하면 아래처럼 정리할 수 있어요 .

☞ 요약 정리표

📌 핵심 키워드: 참고문헌 / 출처 명시, 최소 1개 이상 명시 (출처 표기 필수)

5. 참고문헌

📌 핵심 키워드: AI 한계 / 윤리적 고려 / 지속가능성 / 개인 의견

지속 가능한 환경 보호를 위한 개인적 의견 제시

AI 활용의 한계, 윤리적 문제 언급

4. 결론

📌 핵심 키워드: 환경 오염 / 자원 관리 / 기후 변화 / 구체적 적용 / 미디어콘텐츠와 연계

→ 예: 환경 캠페인 영상 제작, 데이터 시각화 콘텐츠, AI 기반 홍보콘텐츠 등

자신의 전공(미디어콘텐츠과)과 연관 지을 것

AI가 환경 오염, 자원 관리, 기후 변화 대응 등에 구체적으로 어떻게 기여하는지 설명

3. 본론

📌 핵심 키워드: 인공지능 기술 / 환경 문제 / 중요성 / 실제 사례

최근 사례 1가지 제시 → 실제 AI 활용 환경 보호 사례

AI 기술의 중요성 → 환경 문제 해결과의 관련성 간략히 설명

2. 서론

AI(인공지능)가 환경 문제 해결에 기여할 수 있는 방법

1. 주제

✿ 리포트 작성 요구사항 핵심 키워드 정리

구분	핵심 내용	필수 요소
서론	AI의 중요성 + 실제 사례	사례 1개
본론	환경 오염 / 자원 관리 / 기후 변화 대응 + 전공 연계	구체적 설명
결론	한계 + 윤리 + 지속가능한 의견	개인 의견 포함
참고문헌	최소 1개 이상	출처 명시

AI가 제시한 요약을 바탕으로, 이제 서론 부분을 직접 구성해 보는 실습을 진행해 보자.

[프롬프트 예시] 서론 예시 탐색

이제 나의 과제에 대해 충분히 이해했을 거야. 리포트 작성에 필요한 핵심 키워드를 정리했으니, 이제 이것을 실제 글로 어떻게 구성하면 좋을지 함께 논의해 보자. 서론에서 말한 AI의 중요성 + 실제 사례를 쓰기 위해 사례를 검색하고 출처를 알려줘.

[프롬프트 응답예시]

아래는 서론용으로 쓸 수 있는 "AI의 중요성 + 실제 사례" 내용과 그 출처들이야.
(너가 나중에 리포트에 인용할 때 참고문헌 형식으로 정리해줘.)

1. AI의 중요성 (환경 문제 해결 관점에서)

환경 문제는 복잡한 데이터(기후, 대기 오염, 토지 변화 등)를 다루는 경우가 많아, 사람이 수작업으로 처리하기에는 시간과 비용이 많이 든다. AI는 방대한 데이터를 빠르게 분석하고 패턴을 찾아낼 수 있어서, 예측·모델링·최적화 작업에서 강점을 가진다.
또한, AI는 실시간 감시, 자동 제어, 자원 효율화 등 능동적 대응을 가능하게 해, 단순히 사후 대응보다 사전 예방 중심의 환경 관리를 실현한다. 다만, AI 자체도 전력 소비, 연산량 등에서 환경 부하가 있을 수 있어, Green AI(친환경 AI) 연구도 중요하다. (예: AI 모델 훈련 시 많은 전기와 냉각 설비가 필요해 탄소 배출 문제가 생길 수 있음) 출처: MIT News, arXiv
그래서 "AI가 환경을 살리는 도구가 될 수 있다"는 기대가 크고, 실제로 여러 기관이 AI 활용 프로젝트를 추진하고 있다.

2. 실제 사례 제시

아래 사례들은 AI가 환경 문제 해결에 기여하고 있는 실제 응용이야. 이 중 한두 개 골라 서론에서 간단히 언급하면 좋아.

사례명	내용 요약	참고 / 인용 가능 출처
Microsoft AI for Earth	마이크로소프트가 'AI for Earth' 프로그램을 운영하며, 농업·물 관리·생물 다양성·기후 변화 대응 등 분야에서 AI 프로젝트를 지원	위키백과, Microsoft AI for Earth 공식 페이지
기후 데이터 위성 + AI 기반 오염원 추적 (Climate TRACE 등)	위성 이미지 + 센서 데이터를 AI가 분석해 전 세계 도시의 미세먼지나 탄소 배출원을 실시간으로 파악하는 시스템	AP News, UNEP (UN Environment Programme)
쓰레기 재활용 분류 AI (Greyparrot 등)	AI 시스템이 폐기물을 분류하고 재활용 가능 물질을 식별해 재활용률을 높임	World Economic Forum (WEF)
빙산 변화 측정 AI	AI가 위성 영상 분석을 통해 빙하·빙산의 면적 변화를 추적, 기후 변화 연구에 활용	World Economic Forum (WEF)
불법 배출 감지 AI 도구 (위스콘신 주 사례)	위성 이미지 기반 AI 모델이 농업 폐기물 불법 배출을 탐지하고 현장 조사로 연계	arXiv, 논문 "Artificial Intelligence in Environmental Protection"

예시 문장 조합(서론 일부로 활용 가능)

"AI는 복잡한 환경 데이터를 빠르게 분석하고 미래 예측을 가능하게 함으로써, 전통적 방식보다 더 효율적인 환경 대응을 가능하게 한다. 실제로 마이크로소프트는 'AI for Earth' 프로그램을 통해 농업·물 관리·생물 다양성 등 환경 관련 프로젝트를 지원하고 있으며(위키백과), 위성 이미지와 AI를 활용해 전 세계 도시의 미세먼지나 탄소 배출원을 실시간으로 추적하는 시스템도 개발되어 운영되고 있다(AP News)."

★**TIP** 원한다면, 이 사례들을 전공(미디어콘텐츠) 관점에서 변형해 소개할 수도 있다. 예를 들어, 'AI를 활용한 환경 캠페인 영상 제작'이나 '데이터 시각화 콘텐츠 기획'처럼 연결하면 서론이 훨씬 자연스럽게 완성될 거야.....〈이하생략〉

ChatGPT가 제시한 여러 사례 중, 이번 실습에서는 "쓰레기 재활용 분류 AI(Greyparrot 등)" 사례를 선택해 리포트의 서론·본론을 구성해 보자. 이제 본론의 내용을 작성하기 위해 ChatGPT에게 이렇게 요청해 보자.

[프롬프트 예시] 서론 및 본론 작성

쓰레기 재활용 분류에 AI 활용에서 제안한 사례가 마음에 들어.나의 전공인 미디어콘텐츠학과와 '쓰레기 재활용 분류'라는 주제로, 본론에서 환경 오염 / 자원 관리 / 기후 변화 대응 + 전공 연계로 글을 쓸 수 있도록 논리적으로 연결해서 글을 써봐. 서론과 본론까지 포함해서 작성해줘.

[프롬프트 응답예시]

너의 전공인 미디어콘텐츠학과와 AI 기반 쓰레기 재활용 분류 기술을 연결해서, 교수님이 제시한 지침에 맞게 "서론 + 본론" 부분을 완성형으로 써드릴게요. 출처도 함께 표시했으니, 리포트에 바로 인용 가능하도록 구성했어요.

📄 리포트 초안
주제: AI가 환경 문제 해결에 기여할 수 있는 방법
전공 연계: 미디어콘텐츠학과 × AI 기반 재활용 분류 기술

● 서론
지구 환경 문제는 인류가 직면한 가장 심각한 위기 중 하나로, 그중에서도 폐기물 관리와 재활용 문제는 오랜 기간 해결이 어려운 과제로 남아 있다. 이러한 복잡한 문제를 해결하기 위해 최근 주목받는 기술이 바로 인공지능(AI)이다.
AI는 방대한 데이터를 신속하게 분석하고, 이미지 인식이나 패턴 탐지를 통해 인간이 놓치기 쉬운 환경 변화를 감지할 수 있다는 점에서 큰 잠재력을 가진다. 특히 쓰레기 재활용 분류 분야에서는 AI가 카메라와 센서를 이용해 폐기물을 자동으로 식별하고 분류함으로써 재활용률을 향상시키는 기술로 활용되고 있다.
예를 들어, 영국의 환경 기술 기업 Greyparrot은 AI 기반 폐기물 인식 시스템을 통해 플라스틱·유리·금속 등을 실시간으로 분석하고, 재활용 가능한 자원을 자동 분류하는 기술을 개발했다. 이 시스템은 폐기물 처리 공정에서 인간의 오분류를 줄이고, 자원 낭비를 최소화하는 데 기여하고 있다.
이는 곧 AI가 단순히 데이터를 처리하는 기술을 넘어, 지속 가능한 순환 경제(sustainable circular economy)를 촉진하는 핵심 도구로 발전하고 있음을 보여준다.(출처: World Economic Forum, 2024, "How AI can help combat climate change")

◎ 본론

AI 기반 재활용 분류 기술은 환경 오염 저감, 자원 관리 효율화, 그리고 기후 변화 대응에 있어 다방면의 효과를 발휘한다. 그리고 이러한 기술은 미디어콘텐츠 전공과도 밀접하게 연결될 수 있다.

1. 환경 오염 측면

기존의 폐기물 처리 방식은 분리수거의 정확도가 낮고, 오염된 자원이 재활용되지 못하는 경우가 많았다. 그러나 AI 이미지 인식 기술이 이를 자동으로 구분함으로써, 매립지와 해양으로 유입되는 오염 물질을 줄일 수 있다.

미디어콘텐츠 전공의 관점에서는 이러한 기술의 효과를 영상 콘텐츠, 인포그래픽, 인터랙티브 웹 콘텐츠 등으로 시각화하여 대중에게 이해하기 쉽게 전달할 수 있다. 즉, AI 기술의 성과를 '콘텐츠로 재해석'해 시민 참여형 환경 캠페인을 기획할 수 있다.

2. 자원 관리 측면

AI 재활용 시스템은 센서 데이터를 분석해 재활용 가능한 자원을 선별·집계함으로써, 자원 순환 효율을 극대화한다.

미디어콘텐츠학과에서는 이 데이터를 활용해 "데이터 기반 환경 다큐멘터리" 나 "AI-친환경 인터랙티브 미디어" 를 제작함으로써, 기술적 성과를 사회적 메시지로 전환할 수 있다.

예를 들어, 실제 폐기물 분류 현장을 촬영하고, AI 분석 결과를 시각적으로 표현하는 인터랙티브 웹 영상은 관객에게 환경 보호의 실질적 의미를 체험하게 만든다.

3. 기후 변화 대응 측면

폐기물의 감축은 곧 온실가스 배출 저감으로 이어진다. AI 기술을 통해 재활용률이 높아질수록 새로운 원자재 생산이 줄어들고, 이는 탄소 배출 감소와 에너지 절약으로 직결된다.

미디어콘텐츠 전공자는 이러한 인과관계를 대중에게 알리는 스토리텔링 콘텐츠를 기획할 수 있다.

예를 들어, "AI가 분리수거를 도와주는 미래 도시"를 주제로 한 애니메이션, 광고 캠페인, 혹은 인터랙티브 전시물을 제작해, AI 기술이 만들어낼 친환경 사회의 비전을 제시할 수 있다.

📑 출처

World Economic Forum (2024). How AI can help combat climate change.https://www.

weforum.org/stories/2024/02/ai-combat-climate-change
Greyparrot Official Website (2024). AI Waste Recognition System for Recycling Efficiency.이션, 광고 캠페인, 혹은 인터랙티브 전시물을 제작해, AI 기술이 만들어낼 친환경 사회의 비전을 제시할 수 있다.

이제 결론의 내용을 작성하기 위해 ChatGPT에게 이렇게 요청해 보자.

[프롬프트 예시] 결론 작성

"AI 활용의 한계 + 윤리적 문제 + 지속 가능한 환경 보호에 대한 나의 의견" 포함된 결론 부분까지 자연스럽게 마무리해서 써줘.

[프롬프트 응답예시]

이전 서론·본론의 흐름에 자연스럽게 이어지도록, "AI 활용의 한계 + 윤리적 문제 + 지속 가능한 환경 보호에 대한 나의 의견"을 모두 포함한 결론 부분을 완성형으로 써드릴게요. 아래는 지금까지의 리포트 흐름과 어조에 맞춘 결론입니다.

◍ 결론
AI는 환경 문제 해결에 있어 혁신적인 도구로 자리 잡고 있다. 특히 쓰레기 재활용 분류와 같은 분야에서는 데이터 분석과 이미지 인식 기술을 통해 인간의 한계를 보완하고, 자원의 선순환을 이끌어내며, 궁극적으로 기후 변화 완화에도 긍정적인 영향을 미치는 기술적 진보를 보여주고 있다.
그러나 이러한 가능성에도 불구하고, AI 활용에는 몇 가지 한계와 윤리적 문제가 존재한다. 우선, AI 모델을 학습시키는 과정에서 대량의 전력과 연산 자원이 필요하다는 점은 역설적으로 또 다른 환경 부담을 초래할 수 있다. 또한, AI 시스템이 수집·분석하는 데이터의 편향성이나 개인정보 침해 문제, 기술의 접근성 격차 역시 무시할 수 없는 윤리적 쟁점이다. 즉, AI가 환경을 구하는 기술이 되기 위해서는, 그 자체가 환경적으로 지속 가능한 방식으로 설계·운용되어야 한다는 전제가 필요하다.
미디어콘텐츠학과의 관점에서 나는, AI 기술을 단순한 분석 도구가 아닌 환경 의식을 확산시키는 스토리텔링의 매개체로 바라본다. AI가 환경 문제 해결에 기여하는 과정을 영상, 인터랙티브 콘텐츠, 캠페인 등으로 시각화하고, 대중이 이를 공감하고 참여할 수 있도록 설계하는 것이 중요하다고 생각한다.

기술이 아무리 발전해도, 환경을 지키는 궁극적인 주체는 여전히 '사람'과 '의식의 변화'이기 때문이다. 따라서 앞으로의 AI 활용은 기술적 효율성을 넘어, 인간과 환경이 공존하는 방향으로 콘텐츠와 기술이 함께 진화해야 한다. AI의 힘이 데이터 분석을 넘어서 환경적 가치와 인간의 감성을 잇는 다리 역할을 할 때, 우리는 진정한 의미의 지속 가능한 환경 보호 사회에 한 걸음 더 다가설 수 있을 것이다.

📖 참고문헌

World Economic Forum (2024). How AI can help combat climate change.https://www.weforum.org/stories/2024/02/ai-combat-climate-change

Greyparrot Official Website (2024). AI Waste Recognition System for Recycling Efficiency.

MIT News (2025). Explained: The environmental impact of generative AI. https://news.mit.edu/2025/explained-generative-ai-environmental-impact-0117

이와 같은 방식으로 리포트의 서론 – 본론 – 결론 구조를 단계적으로 구성할 수 있다.

3-2-2. 리포트 완성형으로 다듬기

리포트의 초안이 완성되었다면 이제 완성도를 높이는 단계로 넘어가자. 글을 다듬는 과정은 단순한 수정이 아니라, 교수자의 평가 기준에 부합하도록 정리하는 과정이다.

교수자의 작성 지침부터 다시 점검하자(A4 2매 이내에 벗어나지 않는지 확인). 리포트는 형식과 내용 모두 평가의 대상이 된다. 먼저 교수자가 제시한 작성 지침을 다시 확인하자.

작성 지침:

- 본문에서는 자신의 전공 분야와 연관지어 AI 기술이 어떻게 적용될 수 있는지 구체적으로 언급할 것.
- 서론에서는 인공지능 기술이 환경 문제 해결에 왜 중요한지 간략히 소개하고, 최근의 AI

활용 사례를 하나 제시할 것.

- 본론에서는 AI가 환경 오염, 자원 관리, 기후 변화 대응 등에서 어떤 방식으로 기여할 수 있는지 구체적으로 설명할 것.
- 결론에서는 AI 활용의 한계나 윤리적 고려사항을 포함해, 지속 가능한 환경 보호를 위한 자신의 의견을 제시할 것.
- 참고문헌은 최소 1개 이상 명시할 것.
- 전체 분량은 A4 2매 이내로 제한할 것.

이 기준을 바탕으로, ChatGPT와 함께 작성한 리포트에서 점검해야 할 핵심 항목을 정리하면 다음과 같다.

- 서론에 AI의 중요성과 사례가 포함되어 있는가?
- 본론에서 전공과의 연계가 구체적으로 드러나는가?
- 결론에서 한계·윤리·개인 의견이 균형 있게 제시되었는가?
- 참고문헌이 빠짐없이 포함되었는가?
- 분량이 A4 2매 이내로 유지되는가?

위 점검 항목을 검토하는 프롬프트를 입력해 보자. 이 요청을 통해 빠진 요소나 분량 조절이 필요한 부분을 손쉽게 확인할 수 있다.

[프롬프트 예시] 점검 항목 검토

이 글이 교수자의 작성 지침과 분량 조건을 모두 충족하는지 점검해줘.

[프롬프트 응답예시]

이제 우리가 완성한 리포트(서론 – 본론 – 결론)가 교수자가 제시한 작성 지침을 정확히 충족하는지 하나씩 점검해볼게요.

교수자 작성 지침 점검표

항목	교수자 요구사항	수희 리포트 내용	충족 여부
① 주제	AI가 환경 문제 해결에 기여할 수 있는 방법	"AI 기반 쓰레기 재활용 분류 기술을 중심으로 환경 오염 완화, 자원 관리, 기후 변화 대응을 탐구"	충족
② 서론 구성	– AI 기술의 환경 문제 해결 중요성 언급 – 최근 AI 활용 사례 1개 제시	– AI의 데이터 분석·예측 역할 제시 – Greyparrot의 AI 재활용 시스템 사례 구체 제시	충족
③ 본론 구성	– AI가 환경 오염, 자원 관리, 기후 변화 대응에 기여하는 방식 구체적으로 설명 – 자신의 전공(미디어콘텐츠학과)과 연관지어 서술	– 각 항목(환경 오염 / 자원 관리 / 기후 변화 대응)을 세부 단락으로 구성 – 미디어콘텐츠학 전공과 연계해 "시각화 콘텐츠, 인터랙티브 캠페인, 환경 스토리텔링" 등으로 연결	충족
④ 결론 구성	– AI 활용의 한계와 윤리적 고려사항 포함 – 지속 가능한 환경 보호를 위한 자신의 의견 제시	– AI의 에너지 소비·데이터 윤리 문제 언급 – "AI는 환경 인식 확산의 스토리텔링 도구가 되어야 한다"는 개인 의견 제시	충족
⑤ 참고문헌	최소 1개 이상 명시	– WEF, Greyparrot, MIT News 등 3개 이상 명시	충족
⑥ 논리적 일관성	서론 → 본론 → 결론 구조로 논리 흐름이 자연스러워야 함	– 서론(필요성 제시) → 본론(사례와 전공 연계) → 결론(한계 및 의견) 구조 유지	충족
⑦ 분량 조건	일반적으로 A4 1~2장(약 800~1200자 이상 권장)	현재 원고 분량 약 1,250~1,300자 내외, 서론·본론·결론 균형 좋음	충족

총평: 요구사항 완벽 충족(7/7 항목 충족)

– 논리 흐름이 명확하고, 전공 연계가 잘 이루어져 있음.

– AI 사례의 구체성과 환경적 의미의 해석이 모두 포함되어 있어 학술적 완성도 높음.

– 참고문헌 표기 또한 3개 이상으로 기준을 초과 충족함.

– 분량도 적정(A4 1~2장 수준)으로, 교수자가 요구한 일반적인 리포트 기준에 부합함.

보완 팁(선택 사항)

– 표지나 목차를 요구하는 과목이라면, 리포트 상단에

– **제목 / 이름 / 학과 / 제출일** 정도만 추가하면 완벽.
– 결론 마지막에 한 줄 요약 문장 추가하면 더 인상적이야.
*예: "AI는 기술 이상의 가치로, 인간과 환경의 공존을 디자인하는 새로운 미디어가 되어야 한다."

AI가 생성한 초안에는 의미가 겹치는 문장이 자주 등장한다. 글의 명확성을 위해 중복된 문장을 정리하자. ChatGPT에게 이렇게 요청해 보자.

[프롬프트 예시] 점검 항목 검토

이 초안에서 같은 의미의 문장이 반복된 부분을 찾아 간결하게 수정해줘.

또는 이렇게 요청할 수도 있다.

각 문단의 첫 문장을 점검해서 논리의 흐름이 자연스럽도록 연결어(예: 그러나, 따라서, 한편)를 추가해줘.

또한, "이 문장에서 주제가 같은 두 문장을 하나로 묶어 정리해줘."라고 요청하면, ChatGPT가 유사한 내용을 담은 문장을 자동으로 인식하여 보다 간결한 문장으로 정리해 준다.

[프롬프트 응답예시]

각 문단의 첫 문장에 적절한 연결어를 넣어 논리 흐름이 더 자연스럽게 이어지도록 수정해줬어. 아래는 수정된 서론 → 본론 → 결론 전체 내용(첫 문장들에 연결어 추가된 버전)이야. 초보자 관점에서 이해하기 쉽게 유지했고, 출처도 함께 표시했어.

서론
우선, 지구 환경 문제는 인류가 직면한 가장 심각한 위기 중 하나로, 그중에서도 폐기물 관리와 재활용 문제는 오랜 기간 해결이 어려운 과제로 남아 있다. 이러한 복잡한 문제를 해결하기 위해 최근 주목받는 기술이 바로 인공지능(AI)이다.
AI는 방대한 데이터를 신속하게 분석하고, 이미지 인식이나 패턴 탐지를 통해 인간이 놓치기 쉬운 환경 변화를 감지할 수 있다는 점에서 큰 잠재력을 가진다. 특히 쓰레기 재활용 분류 분야에서는 AI가 카메라와 센서를 이용해 폐기물을 자동으로 식별하고 분류함으로써 재활용률을 향상시키는 기술로 활용되고 있다.

한 사례로는, 영국의 환경 기술 기업 Greyparrot이 AI 기반 폐기물 인식 시스템을 통해 플라스틱·유리·금속 등을 실시간으로 분석하고, 재활용 가능한 자원을 자동 분류하는 기술을 개발한 점을 들 수 있다. 이 시스템은 폐기물 처리 공정에서 인간의 오분류를 줄이고, 자원 낭비를 최소화하는 데 기여하고 있다.

따라서, 이는 곧 AI가 단순히 데이터를 처리하는 기술을 넘어, 지속 가능한 순환 경제(sustainable circular economy) 를 촉진하는 핵심 도구로 발전하고 있음을 보여준다.

(예시 출처: World Economic Forum 외)

본론

이러한 맥락에서, AI 기반 재활용 분류 기술은 환경 오염 저감, 자원 관리 효율화, 그리고 기후변화 대응에 있어 다방면의 효과를 발휘하며, 동시에 미디어콘텐츠 전공과도 밀접하게 연결될 수 있다.

1) 환경 오염 측면

우선, 기존의 폐기물 처리 방식은 분리수거의 정확도가 낮고, 오염된 자원이 재활용되지 못하는 경우가 많았다. 그러나 AI 이미지 인식 기술이 이를 자동으로 구분함으로써 매립지와 해양으로 유입되는 오염 물질을 줄일 수 있다.

미디어콘텐츠 전공의 관점에서는 이러한 기술의 효과를 영상 콘텐츠, 인포그래픽, 인터랙티브 웹 콘텐츠 등으로 시각화하여 대중에게 이해하기 쉽게 전달할 수 있다. 즉, AI 기술의 성과를 '콘텐츠로 재해석'해 시민 참여형 환경 캠페인을 기획할 수 있다.

2) 자원 관리 측면

또한, AI 재활용 시스템은 센서 데이터를 분석해 재활용 가능한 자원을 선별·집계함으로써 자원 순환 효율을 극대화한다.

미디어콘텐츠학과에서는 이 데이터를 활용해 데이터 기반 환경 다큐멘터리나 AI–친환경 인터랙티브 미디어를 제작함으로써, 기술적 성과를 사회적 메시지로 전환할 수 있다. 예를 들어, 실제 폐기물 분류 현장을 촬영하고 AI 분석 결과를 시각적으로 표현하는 인터랙티브 웹 영상은 관객에게 환경 보호의 실질적 의미를 체험하게 만든다.

3) 기후 변화 대응 측면

더 나아가, 폐기물의 감축은 곧 온실가스 배출 저감으로 이어진다. AI 기술을 통해 재활용률이 높아질수록 새로운 원자재 생산이 줄어들고, 이는 탄소 배출 감소와 에너지 절약으로 직결된다. 미디어콘텐츠 전공자는 이러한 인과관계를 대중에게 알리는 스토리텔링 콘텐츠를 기획할 수 있다. 예를 들어, "AI가 분리수거를 도와주는 미래 도시"를 주제로 한 애니메이션, 광고 캠페인, 혹은 인터랙티브 전시물을 제작해, AI 기술이 만들어낼 친환경 사회의 비전을 제시할 수 있다.

결론

결론적으로, AI는 환경 문제 해결에 있어 혁신적인 도구로 자리 잡고 있다. 특히 쓰레기 재활용 분류와 같은 분야에서는 데이터 분석과 이미지 인식 기술을 통해 인간의 한계를 보완하고, 자원의 선순환을 이끌어내며, 궁극적으로 기후 변화 완화에도 긍정적인 영향을 미치는 기술적 진보를 보여준다.

한편, 이러한 가능성에도 불구하고 AI 활용에는 몇 가지 한계와 윤리적 문제가 존재한다. 우선, AI 모델을 학습시키는 과정에서 대량의 전력과 연산 자원이 필요하다는 점은 역설적으로 또 다른 환경 부담을 초래할 수 있다. 또한, AI 시스템이 수집·분석하는 데이터의 편향성이나 개인정보 침해 문제, 기술의 접근성 격차 역시 무시할 수 없는 윤리적 쟁점이다.

따라서, AI가 환경을 구하는 기술이 되기 위해서는 그 자체가 환경적으로 지속 가능한 방식으로 설계·운용되어야 하며, 미디어콘텐츠 관점에서는 AI의 기술적 성과를 윤리적이고 책임감 있게 전달·확산하는 역할이 중요하다. 결국 기술과 콘텐츠가 함께 작동할 때, 우리는 진정한 의미의 지속 가능한 환경 보호 사회에 더 가까워질 수 있다.

참고문헌(예시)

World Economic Forum (2024). How AI can help combat climate change. https://www.weforum.org/stories/2024/02/ai-combat-climate-change/?utm_source=chatgpt.com

Greyparrot (2024). AI Waste Recognition / Recycling solutions. (회사 홈페이지/기사 검색 참조)

MIT News (2025). Explained: The environmental impact of generative AI. https://news.mit.edu/2025/explained-generative-ai-environmental-impact-0117

....〈이하생략...〉

좋은 리포트는 단어의 화려함보다 문단 간 연결의 자연스러움에서 완성된다. 다음과 같이 ChatGPT에게 검토를 맡겨보자.

[프롬프트 예시] 논리 흐름 검토

> 이 글의 논리 흐름이 자연스러운지 검토하고, 각 문단이 주제를 잘 이어가는지 평가해줘. 필요하면 문단 간 연결어를 추가하고, 근거가 부족한 부분은 예시로 보완해줘.

AI의 피드백을 반영한 후 다시 읽어보면, 글의 전체 맥락이 훨씬 명확하게 느껴질 것이다.

[프롬프트 응답예시]

> 지금 리포트는 이미 구성이 잘 되어 있지만, 교수님 입장에서 "논리적 연결"과 "근거의 구체성"을 조금 더 강화하면 훨씬 완성도 높은 글이 될 수 있어요.
> 아래에서는
>
> 1. 전체 논리 흐름이 자연스러운지 평가하고,
> 2. 필요할 때 문단 간 연결어를 추가하고,
> 3. 근거가 약한 부분은 구체적 사례나 수치를 추가해서 보완했어요.
>
> 수정·보완 후 리포트(논리 연결 및 근거 강화 버전)
>
> ◎ 서론
>
> 우선, 지구 환경 문제는 인류가 직면한 가장 심각한 위기 중 하나로, 그중에서도 폐기물 관리와 재활용 문제는 오랜 기간 해결이 어려운 과제로 남아 있다. 특히 도시화와 소비의 증가로 인해 전 세계 플라스틱 폐기물 발생량은 지난 20년간 약 두 배 이상 증가했으며, 그중 절반 이상이 적절히 처리되지 못하고 있다.
>
> 이러한 복잡한 문제를 해결하기 위해 최근 주목받는 기술이 바로 인공지능(AI)이다. AI는 방대한 데이터를 신속하게 분석하고, 이미지 인식이나 패턴 탐지를 통해 인간이 놓치기 쉬운 환경 변화를 감지할 수 있다는 점에서 큰 잠재력을 가진다.
>
> 특히 쓰레기 재활용 분류 분야에서는 AI가 카메라와 센서를 이용해 폐기물을 자동으로 식별하고 분류함으로써 재활용률을 향상시키는 기술로 활용되고 있다. 예를 들어, 영국의 환경 기술 기업 Greyparrot은 AI 기반 폐기물 인식 시스템을 통해 플라스틱·유리·금속 등을 실시간으로

분석하고, 재활용 가능한 자원을 자동 분류하는 기술을 개발했다. 이 시스템은 폐기물 처리 공정에서 인간의 오분류를 줄이고, 자원 낭비를 최소화하는 데 기여하고 있다.

따라서 AI는 단순히 데이터를 처리하는 기술을 넘어, 지속 가능한 순환 경제(sustainable circular economy)를 촉진하는 핵심 도구로 발전하고 있음을 보여준다. (출처: World Economic Forum, 2024)

◎ 본론

이러한 배경 속에서, AI 기반 재활용 분류 기술은 환경 오염 저감, 자원 관리 효율화, 그리고 기후 변화 대응이라는 세 가지 측면에서 실질적인 효과를 발휘하고 있다. 나아가 이러한 기술은 미디어콘텐츠학과 전공과도 깊은 연관성을 가진다.

아래에서는 각각의 영역에서 AI 기술이 어떤 방식으로 기여하고, 그 과정이 어떻게 콘텐츠 전공과 융합될 수 있는지를 살펴본다.

1. 환경 오염 측면

우선, 기존의 폐기물 처리 방식은 분리수거의 정확도가 낮고, 오염된 자원이 재활용되지 못하는 경우가 많았다. 그러나 AI 이미지 인식 기술이 이를 자동으로 구분함으로써 매립지와 해양으로 유입되는 오염 물질을 줄일 수 있다. 예를 들어, 2024년 영국의 Greyparrot 시스템은 약 1억 개 이상의 폐기물 이미지를 분석해 재활용 효율을 30% 이상 향상시켰다는 보고가 있다.

한편, 미디어콘텐츠학 전공의 관점에서는 이러한 기술의 효과를 영상 콘텐츠, 인포그래픽, 인터랙티브 웹 콘텐츠 등으로 시각화하여 대중에게 이해하기 쉽게 전달할 수 있다. 즉, AI 기술의 성과를 '콘텐츠로 재해석'해 시민 참여형 환경 캠페인을 기획할 수 있다. 이는 기술의 발전이 곧 환경 인식 확산의 문화적 변화로 이어질 수 있음을 보여준다.

2. 자원 관리 측면

다음으로, AI 재활용 시스템은 센서 데이터를 분석해 재활용 가능한 자원을 선별·집계함으로써 자원 순환 효율을 극대화한다. 예컨대, 유럽연합(EU)은 2030년까지 AI 기반 스마트 폐기물 관리 시스템을 모든 주요 도시로 확대할 계획을 세우고 있으며, 이는 연간 약 1,000만 톤의 자원 절약 효과를 가져올 것으로 전망된다.

이러한 흐름 속에서 미디어콘텐츠학과는 데이터를 단순히 수집·분석하는 데 그치지 않고, 이를 기반으로 데이터 스토리텔링 콘텐츠를 제작할 수 있다. 예를 들어, 폐기물의 이동 경로를 시각화한 다큐멘터리나, 시민들이 직접 참여해 재활용 현황을 확인할 수 있는 인터랙티브 미디어 플랫폼을 개발할 수 있다. 이처럼 콘텐츠는 기술적 데이터를 사회적 메시지로 전환하는 중요한 매개체가 된다.

3. 기후 변화 대응 측면

마지막으로, 폐기물의 감축은 곧 온실가스 배출 저감으로 이어진다. AI 기술을 통해 재활용률이 높아질수록 새로운 원자재 생산이 줄어들고, 이는 탄소 배출 감소와 에너지 절약으로 직결된다. 실제로 세계경제포럼(WEF)에 따르면, AI 기반 자원 관리 시스템이 전 세계적으로 상용화될 경우 연간 45억 톤 이상의 탄소 배출 감축이 가능하다고 분석한다.

따라서 미디어콘텐츠 전공자는 이러한 인과관계를 대중에게 알리는 스토리텔링 콘텐츠를 기획할 수 있다. 예를 들어, "AI가 분리수거를 도와주는 미래 도시"를 주제로 한 애니메이션, 광고 캠페인, 혹은 전시 콘텐츠를 제작함으로써, AI 기술이 만들어낼 친환경 사회의 비전을 제시할 수 있다.

◎ 결론

결론적으로, AI는 환경 문제 해결에 있어 혁신적인 도구로 자리 잡고 있다. 특히 쓰레기 재활용 분류와 같은 분야에서는 데이터 분석과 이미지 인식 기술을 통해 인간의 한계를 보완하고, 자원의 선순환을 이끌어내며, 기후 변화 완화에도 긍정적인 영향을 미치는 기술적 진보를 보여준다. 그러나 이러한 가능성에도 불구하고 AI 활용에는 몇 가지 한계와 윤리적 문제가 존재한다. 우선, AI 모델을 학습시키는 과정에서 대량의 전력과 연산 자원이 필요하다는 점은 역설적으로 또 다른 환경 부담을 초래할 수 있다. 또한, AI 시스템이 수집·분석하는 데이터의 편향성이나 개인정보 침해 문제, 기술 접근성의 격차는 여전히 해결해야 할 과제다.

따라서 AI가 진정으로 환경을 구하는 기술이 되기 위해서는, 그 자체가 환경적으로 지속 가능한 방식으로 설계·운용되어야 하며, 미디어콘텐츠 전공자는 AI의 기술적 성과를 윤리적이고 책임감 있는 콘텐츠로 재해석하고 확산하는 역할을 맡아야 한다. 결국 기술과 콘텐츠가 함께 작동할 때, 우리는 진정한 의미의 지속 가능한 환경 보호 사회에 더 가까워질 수 있을 것이다.

참고문헌

World Economic Forum (2024). How AI can help combat climate change.

Greyparrot (2024). AI Waste Recognition System for Recycling Efficiency.

MIT News (2025). Explained: The environmental impact of generative AI.

...〈이하생략...〉

리포트 내용이 충분히 정리되었다면, 이제 이를 제출 가능한 문서 형식(.docx 또는 .pdf)으로 변환하는 과정을 진행해야 한다. ChatGPT는 초안 작성에는 매우 유용하지만, 무료 버전에서는 문서를 바로 Word 파일로 다운로드하는 기능이 제공되지 않기 때문에, 학생은 작성된 내용을 기반으로 직접 문서 파일을 만들어야 한다.

이때 ChatGPT에게 "어떻게 저장해야 하는지"를 물으면, Word · Google Docs · Notion 등에서 파일을 변환하는 절차를 단계별로 안내받을 수 있다.

[프롬프트 예시] 문서 변환 요청

이 리포트를 Word(.docx) 파일로 저장하는 방법을 단계별로 안내해줘.

만약 저장 과정에서 한글이 깨지는 등의 문제가 발생하면 다음과 같이 물어볼 수 있다.

[프롬프트 예시] 문제 해결법 요청

한글이 깨지지 않도록 저장하려면 어떻게 해야 해?
UTF-8 인코딩 문제를 해결하는 방법을 알려줘.

ChatGPT는 저장 과정을 '도와주는 역할'까지 수행하며, 실제 변환 작업은 학생이 직접 문서 프로그램에서 진행해야 한다.

아래는 수업에서 가장 많이 사용하는 세 가지 도구에서 리포트 초안을 .docx 또는 PDF 파일로 저장하는 실제 절차이다.

① MS Word에서 저장하기

1. 상단 메뉴에서 파일 → 다른 이름으로 저장을 클릭하자.
2. 파일 형식을 Word 문서(.docx)로 설정하자.
3. 파일 → 내보내기 → PDF 만들기를 눌러 PDF 버전도 함께 생성하자.

② Google Docs에서 저장하기

1. 상단 메뉴에서 파일 → 다운로드 → Microsoft Word(.docx)를 선택하자.

③ Notion에서 내보내기

1. 우측 상단 · · · → Export를 클릭하자.
2. 형식을 HTML/Markdown 또는 PDF로 선택하되, 학교 지침에 맞게 PDF로 제출하자.
3. Word 파일이 필요하면 Google Docs로 불러와 파일 → 다운로드 → .docx로 변환하자

유료(ChatGPT Plus) 이상에서는 "이 문서를 Word(.docx) 파일로 변환해줘"라고 요청하면 문서를 직접 내려받을 수 있는 다운로드 버튼이 자동으로 생성되기도 한다. 다만, 이는 일부 사용자에게만 제공되는 기능이며 무료 버전에서는 지원되지 않을 수 있다. 따라서 본 수업에서는 무료 기준의 문서 변환 방식을 기본 절차로 안내했다.

이와 같은 과정을 거치면 ChatGPT로 작성한 리포트 초안을 제출 형식에 맞는 문서로 정리할 수 있으며, 결과물을 Word 또는 PDF 형태의 출력물로 확보할 수 있다.

[오늘의 실습 과제 1] 리포트 초안 작성하기

주제: AI와 환경

다음 조건에 맞게 리포트 초안을 작성하시오. 필요할 경우 ChatGPT를 활용해도 좋습니다.

1. 아래 주제 중 하나를 선택한다.
   ① 대학생의 카페인 섭취가 수면의 질에 미치는 영향
   ② AI 기술이 캠퍼스 에너지 절감에 기여할 수 있는 방법

2. 선택한 주제를 기준으로, A4 2매 이내 리포트 작성 지침을 스스로 정리하시오.
   - 반드시 포함할 항목:
   - 서론에 들어갈 내용(중요성, 간단한 사례 등)

- 본론에 들어갈 내용(자신의 전공과의 연계 포함)
- 결론에 들어갈 내용(한계, 윤리·문제점, 나의 의견 등)
- 참고문헌 최소 개수, 글자 크기, 줄 간격 등 형식

3. ChatGPT를 이용하여, 위에서 정리한 작성 지침을 표 형태(구분·핵심 내용)로 정리해 보시오.

4. 정리한 지침과 표를 바탕으로,
   - 서론 1단락과
   - 본론의 소단락 1개(전공과 연계된 부분)의 초안을 작성하시오.

5. 마지막으로 ChatGPT에게
   - "이 글이 내가 정한 작성 지침을 잘 충족하는지 점검해줘."

   라고 요청하고, 필요한 수정 사항을 반영하여 문장을 한 번 더 다듬어 보시오.

3-3. 실습 2: 기획서 및 발표 준비

앞선 실습에서 우리는 ChatGPT의 캔버스 기능을 활용해 간단한 기획서 초안을 만들고 직접 수정하는 연습을 해 보았다. 당시에는 '양식 생성'과 '편집 도구 활용'을 중심으로 기능을 익히는 단계였다면, 이번에는 한 단계 더 나아가 실제 상황에 적용할 수 있는 '진짜 기획서'를 설계하는 실전 과정을 다룬다.

기획서는 단순히 아이디어를 나열한 문서가 아니라, 목표·전략·실행계획을 논리적으로 구성해 전달하는 설계도이다. 좋은 기획서는 '왜(Why)', '무엇을(What)', '어떻게(How)'를 명확히 제시하여, 보는 사람이 기획의 필요성과 실행 가능성을 한눈에 이해할 수 있게 한다.
이번 실습에서는 이러한 기획의 기본 원리를 바탕으로, 국내 주요 베이커리 브랜드의 명절 선물세트를 분석한 후 '건강 선물세트 기획'이라는 주제의 신제품 제안서를 작성한다. '건강한 재료로 가볍게 마음을 표현할 수 있는 베이커리 선물'을 기획 주제로 삼아, ChatGPT와 함께 아이디어를 구상하고, 제품 콘셉트·구성·타깃 전략·브랜딩 메시지를 단계적으로 완성하는 과정을 실습해 보자.

3-3-1. 기획서란 무엇인가?

기획서는 "왜 이 기획이 필요한가(배경)", "무엇을 제안하는가(내용)", "어떻게 실행할 것인가(방법)"를 한눈에 보여주는 설계 문서이다. 좋은 기획서는 다음 질문에 명확히 답할 수 있어야 한다.

- 왜 지금 이 제품/프로젝트가 필요한가?
- 누구를 위해 만드는가?
- 무엇을 어떻게 제공할 것인가?
- 실제로 실행 가능한가?
- 기대되는 효과는 무엇인가?

이제 이 기본 개념을 ChatGPT에게 직접 묻고, 스스로 정리해 보자.

[프롬프트 예시] 기획서

1. 정의요청
   "기획서가 무엇인지 정의해줘."
2. 구성·절차 요청
   "기획서 작성의 기본 구성(필수 항목)과 작성 절차를 단계별로 설명해줘."
3. 난의도·톤 지정
   "대학생 과제 제출용 수준으로 간단하고 명확하게 정리해줘."
4. 전공 연계 요청
   "호텔베이커리과 전공자가 이해하기 쉽게, 실제 제품 기획 예시를 함께 제시해줘. "

[프롬프트 응답예시]

ChatGPT가 제시하는 답에는 보통 다음과 같은 요소가 포함된다.

(1) 기획서 기본 구성

① 기획 배경 / 문제 인식
② 목표 및 타깃
③ 제안 내용(제품/서비스 콘셉트)
④ 실행 계획(운영 방식, 일정, 마케팅 전략 등)
⑤ 기대 효과 및 결론

(2) 작성 절차(작성 순서)

① 문제를 파악하고 필요성을 정의한다.
② 대상(누구를 위한 것인지)을 명확히 한다.
③ 해결할 아이디어(제품/서비스 콘셉트)를 설계한다.
④ 실행 방법(운영 방식, 마케팅, 자원 등)을 구체화한다.
⑤ 기대 효과를 정리하고 문서를 마무리한다.

ChatGPT의 설명을 요약 정리해 보며, 스스로 기획서를 어떻게 작성할지 단계별 작업 순서를 정리하고 순차적으로 이해해 보자.

3-3-2. 시장 분석: 국내 베이커리 명절 선물세트 사례

국내 주요 베이커리 브랜드의 명절 선물세트를 살펴보면, 최근에는 "전통의 감성 + 현대적 디자인 + 건강함"이 핵심 가치로 잡히는 흐름을 보이고 있다.

- 프리미엄 디저트형 세트: 통밤 케이크, 호두파이처럼 고급 원재료를 강조하며 '정성과 품질'을 내세운다. → 중장년층에게 선물로 인기가 높다.
- 전통 재해석형 세트: 전병, 약과, 만주 등 전통 과자를 현대적으로 재구성하고 세련된 파스텔톤 패키지로 구성된다. → 전 세대가 부담 없이 즐길 수 있는 감성형 선물로 자리 잡고 있다.
- 트렌디 디저트형 세트: 미니 파운드나 웨이퍼 샌드처럼 간편하게 나눠 먹을 수 있는 구성으로, 젊은 세대의 취향을 반영한다. → 디자인은 단순하지만 감각적이며, 커피·티타임용 간식으로도 활용된다.
- 건강 실용형 세트: 도라야끼나 피넛버터 세트처럼 영양과 실용성을 강조해 가족 중심의 웰빙 소비 흐름을 반영한다.

종합적으로 볼 때, 국내 베이커리 브랜드의 명절 선물세트는 '전통의 감성 + 현대적 디자인 + 건강함'을 핵심 가치로 삼고 있으며, '가볍지만 정성스러운 선물', '누구에게나 어울리는 실용형 구성'을 지향하는 방향으로 발전하고 있다.

이제 이러한 시장 분석을 토대로, 기존 제품이 가진 한계를 개선하고 새로운 가치를 제안하는 30~40대를 대상으로 건강한 재료로 가볍게 마음을 표현할 수 있는 베이커리 신제품 제안' 기획서를 단계별로 완성해 보자.

① 기획서 초안 작성

기획서의 초안 작성의 목적은 "문서의 뼈대"를 세우는 것이다. 즉, 기획서가 어떤 흐름(서론 – 본론 – 결론)으로 전개될지 정의하고 각 장(章)에 어떤 내용을 담을지를 설계한다.

[프롬프트 예시] 기획서 개요

위와 같은 국내 베이커리 명절 선물세트 시장 상황을 전제로, '30~40대를 대상으로 건강한 재료로 가볍게 마음을 표현할 수 있는 베이커리 신제품 제안'이라는 주제를 가진 기획서의 목차를 만들어줘.
서론–본론–결론 구조로 정리하고, 각 항목에 어떤 내용이 들어가야 할지 한두 문장씩 설명해줘.

[프롬프트 응답예시]

『30~40대를 대상으로 한 건강 베이커리 신제품 제안』
— 서론·본론·결론 구조 기획서 —

Ⅰ. 서론
기획 배경: 최근 국내 베이커리 명절 선물세트 시장은 '전통의 감성 + 현대적 디자인 + 건강함'을 핵심 가치로 삼고 있다. 특히 30~40대 소비자들은 실용적이면서도 정성이 담긴 '가볍지만 의미 있는 선물'을 선호하는 경향이 강하다. 이러한 흐름 속에서 새로운 건강 베이커리 제품 제안의 필요성이 제기된다.
기획 목적 및 목표: 본 기획은 30~40대 소비자층을 중심으로 건강한 재료를 사용한 '가벼운 프리미엄 선물세트'를 개발하고, 브랜드 차별화 및 재구매 유도를 목표로 한다.
타깃 요약
– 연령대: 30~40대 직장인 및 가족 중심 소비자
– 특징: 건강 관심도 높음, 합리적 소비 지향, 디자인·감성 요소 중시
– 구매 성향: 선물용과 자기 소비용을 겸한 실용 제품 선호

Ⅱ. 본론
시장 분석(SWOT 요약)
– 강점: 프리미엄 원재료와 건강 트렌드 확산
– 약점: 고물가로 인한 가격 부담
– 기회: 명절·기념일 선물 다양화, 온라인 판매 확대
– 위협: 경쟁 브랜드의 유사 제품 증가
소비자 인사이트

– 30~40대는 '가벼움 + 정성'을 중시하며, 건강하고 실용적인 구성을 통해 마음을 표현할 수 있는 선물을 선호한다.

제품 콘셉트 제안

– 콘셉트: "웰빙 미니 디저트 기프트"

– 한입 크기의 간편한 구성

– 통곡물, 견과류, 저당 등 건강 원료 사용

– 전통 재료를 현대적으로 재해석한 라인업

제품 라인업

– 프리미엄 6종 세트: 통밤 케이크, 호두파이 등

– 감성 전통 세트: 약과, 만주, 전병 등

– 트렌디 미니 세트: 미니 파운드, 웨이퍼 샌드 등

– 웰빙 실용 세트: 도라야끼, 피넛버터 쿠키 등

– 원재료 및 영양 포지셔닝

– 건강 포인트: 통밀, 아몬드, 천연감미료, 저당 레시피

– 식품표시법에 따른 알레르기 및 영양성분 표기 강화

패키지·디자인 전략

– 모던하고 미니멀한 파스텔톤 디자인

– 재활용 가능한 친환경 소재 활용

– 개봉 시 감성적 만족감을 주는 언박싱 경험 강조

가격·유통 전략

– 가격대: 중고가(3만~5만 원대 중심)

– 유통 채널: 백화점·자사몰·온라인 사전예약 중심

– 한정판 전략으로 희소성과 선물 가치를 강화

마케팅·커뮤니케이션 전략

– SNS 감성 캠페인("정성은 가볍게, 마음은 깊게")

– 인플루언서 및 브랜드 협업

– 오프라인 시식·체험형 팝업 운영

생산 및 운영 계획

– 소량 다품종 생산으로 신선도 확보

– 냉장 보관 및 단기 유통 시스템 구축

– 사전예약 기반 생산으로 재고 리스크 최소화

재무 예측 (간단한 수익 구조)

– 1년차 목표 매출: 약 ○○억 원

– 원가율: 약 55% 수준

– 손익분기점(BEP): 약 ○○세트 판매 시 달성

리스크 및 대응 방안

– 원재료 가격 변동 → 대체 원료 확보

– 유통 채널 포화 → 차별화된 패키지 및 콘셉트 유지

– 품질 문제 → 철저한 위생 관리 및 품질 점검

Ⅲ. 결론

요약 및 기대효과

– 본 신제품은 건강·감성·실용성을 모두 갖춘 '가벼운 프리미엄 선물'로, 30~40대의 선물 선택 폭을 넓히고 브랜드 이미지를 고급화할 것으로 기대된다.

실행 로드맵

– 1단계: 제품 콘셉트 확정 및 시제품 제작

– 2단계: 테스트 마켓 및 소비자 피드백 반영

– 3단계: 명절 시즌 전 정식 출시 및 홍보 캠페인 전개

최종 권고 (Next Step)

– 제품 레시피 및 원재료 확정

– 패키지 디자인 시안 제작

– 백화점 및 온라인 MD 미팅 추진

참고 출처

《서울경제》, "명절 선물 트렌드, 가성비보다 가치소비" (2024)

《매일경제》, "백화점 디저트 선물세트, 건강+감성 공략" (2024)

《머니투데이》, "유통업계 명절 선물 키워드: 스몰프리미엄·웰니스" (2024)

※ 이 부분은 예시이므로, 실제 수업에서는 목차의 큰 틀만 참고하고, 세부 항목과 내용은 아이디어에 맞게 조정해 사용한다.

② 세부 내용 구성

이제 본격적으로 내용을 채워 넣는 단계이다. 이 단계에서는 ChatGPT를 단순히 '글을 대신 써 주는 도구'가 아니라, 시장 분석자이자 보조 기획자처럼 활용한다.

먼저 현재 시장이 강조하는 가치(전통·감성·건강)를 정리한다. 그 안에서도 여전히 해결되지 않은 문제(부담스러운 가격/부피, 과도한 단맛, '어른 선물' 이미지)를 명확히 적는다. 그 문제를 해결할 수 있는 대안으로서 '30~40대를 위한 건강한 재료의 가벼운 마음 선물' 콘셉트를 정의하고, 제품 구성·패키지 방식·타깃 상황(언제 누구에게 주는가)을 구체화한다. 각 제안이 기획서 어디에 들어갈지 표시한다.

[프롬프트 예시] 세부 내용 정리

국내 베이커리 브랜드 명절 선물세트의 특징을 건강성, 실용성, 감성(디자인) 관점에서 요약해줘. 그다음 '우리 제품이 해결할 문제'와 '차별화 포인트'를 표로 정리해줘."

[프롬프트 응답예시]

아래는 국내 주요 베이커리 브랜드 명절 선물세트의 특징을 '건강성·실용성·감성(디자인)' 세 가지 관점에서 정리한 요약표와, 그 분석을 토대로 도출한 '우리 제품이 해결할 문제'와 '차별화 포인트' 표예요. (2024~2025년 국내 유통 및 베이커리 업계 기사 기반으로 정리했습니다. 출처는 하단 참고에 표시했어요.)

1. 국내 베이커리 브랜드 명절 선물세트 특징 요약

구분	건강성 관점	실용성 관점	감성(디자인) 관점
프리미엄 디저트형 세트	고급 원재료(통밤, 견과류 등)를 사용하여 '품질' 강조	중장년층 선호, 소량 구성으로 낭비 적음	클래식한 고급 패키지(골드·딥브라운 계열)
전통 재해석형 세트	약과·만주 등 전통 재료를 저당·저유로 리뉴얼	온 세대가 나눠먹기 좋은 구성	파스텔톤·모던 감성 포장으로 세련된 인상
트렌디 디저트형 세트	건강보다는 '간편함' 중심, 가벼운 간식류 구성	미니 사이즈·개별 포장으로 휴대성 높음	심플하고 감각적인 미니멀 디자인
건강 실용형 세트	통곡물·천연감미료·단백질 등 영양 강조	가족 단위 소비자 중심의 실속형 구성	내추럴톤 패키지로 신뢰·안정감 전달

종합 요약: 최근 베이커리 선물세트는 "전통의 감성 + 현대적 디자인 + 건강함"을 기본 가치로 삼고 있으며, '가볍지만 정성스러운 선물', '누구에게나 어울리는 실용형 구성'을 지향하는 흐름으로 발전하고 있음 (출처: 매일경제·서울경제·머니투데이·현대백화점그룹 보도자료, 2024~2025)

2. '우리 제품이 해결할 문제' & '차별화 포인트'

구분	현재 시장의 한계(해결할 문제)	우리 제품의 차별화 포인트
건강성 측면	일부 제품은 "건강함"을 강조하지만 실제 당·지방 함량이 높거나, 기능성 원재료 사용이 제한적임	천연감미료, 통곡물, 식이섬유 강화 등 영양 균형형 베이커리로 진짜 건강함 실현
실용성 측면	명절 이후 남는 양, 보관 불편, 단조로운 구성 등 불편함 존재	'한입 크기·개별 포장·냉장보관 불필요'로 간편함과 휴대성 강화
감성(디자인) 측면	패키지가 '전통' 또는 '고급' 중 하나에 치우쳐 젊은 감각 부족	미니멀 & 감성 컬러톤 패키지로 30~40대 라이프스타일과 조화
가격·가치 측면	고급 세트는 가격 부담, 가성비 세트는 선물용 가치 낮음	'스몰 프리미엄(소확행 선물)' 콘셉트로 합리적 가격에 프리미엄 감성 제공
브랜드 경험 측면	단순한 '제품 전달형 선물'에 머무름	스토리텔링형 브랜드 경험(건강한 재료·정성 제작 과정·감성 메시지 카드 동봉)으로 정서적 연결 강화

출처 요약

매일경제(2024.9)「명절 선물 트렌드, 건강·실속형 선물 인기」
서울경제(2024.10)「프리미엄 디저트 선물세트 '스몰 럭셔리'로 성장」
머니투데이(2024.9)「유통업계 '웰니스 선물세트' 열풍」
현대백화점그룹 공식보도(2024 추석)「건강 디저트·전통 과자 세트 매출 전년比 27% 증가」

③ 상품 마케팅 및 실행

이제, 기획서를 실제로 "전달 가능한 형태"로 완성한다. 즉, 마케팅 전략을 설계하고, 시각 자료(이미지·슬라이드)를 준비하고, 발표할 수 있는 상태까지 만든다.

③-1. 마케팅 메시지 설계

ChatGPT에게 캠페인명, 핵심 메시지, 홍보 채널, 예상 효과를 요청해본다.

[프롬프트 예시] 마케팅

30~40대를 대상으로 건강한 재료로 가볍게 마음을 표현할 수 있는 베이커리 신제품'을 주제로 한 마케팅 전략을 작성해줘.
명절뿐 아니라 '고맙다', '수고했어', '힘내' 같은 일상적 감사 표현 상황까지 고려해줘.
온라인 카카오톡 선물하기 중심의 홍보 방식을 포함해, 캠페인 이름, 슬로건, 홍보 채널, 예상 효과를 표로 정리해줘.

[프롬프트 응답예시]

이번에는 '30~40대를 대상으로 건강한 재료로 가볍게 마음을 표현할 수 있는 베이커리 신제품'이라는 주제에 맞춰, 명절 선물 + 일상 감사 선물("고맙다", "수고했어", "힘내")까지 아우르는 마케팅 전략을 제안드릴게요.
특히 온라인·모바일 선물 플랫폼(카카오톡 선물하기 중심)을 중점으로 한 실제 홍보 전략 형태로 구성했어요.

🗂 베이커리 신제품 마케팅 전략 요약

항목	내용
캠페인 이름	"마음 한 입(HANIP) 캠페인" → '한입' 크기의 건강 베이커리로 '한입에 마음을 전한다'는 의미
슬로건 (Slogan)	"가볍게 전해도, 마음은 깊게." – 일상 속 감사와 응원을 간단히 표현할 수 있는 감성형 문구
핵심 콘셉트	건강한 재료(통곡물·천연감미료·견과·식이섬유)로 만든 미니 베이커리를 통해 30~40대가 부담 없이 감사의 마음을 전할 수 있는 '스몰 프리미엄 선물' 제안
핵심 타깃	① 직장인(30~40대) – 동료, 부하직원, 상사에게 '작은 선물' ② 부모 또는 친구에게 일상적인 감사 표현을 전하려는 소비자
제품 포인트	– 한입 크기의 미니 파운드·약과·호두쿠키 등 개별 포장 – 보관 간편, 저당·저유 설계, 친환경 패키지 – 메시지 카드("오늘도 수고했어요") 기본 포함
대표 선물 상황	명절·생일뿐 아니라 "고맙다", "수고했어", "힘내" 등의 일상적 감사 메시지용 선물로 제안

홍보 채널 및 전략	① 카카오톡 선물하기 메인 채널 → '감사·응원 선물 카테고리' 배너 노출 / '메시지형 선물' 기능 활용 ② 인스타그램 & 유튜브 숏폼 → #한입의마음 #수고했어세트 #가벼운정성 해시태그로 감성형 숏폼 캠페인 진행 ③ 브랜드 자사몰 + 네이버 쇼핑 → 검색 키워드 "건강 디저트 선물", "저당 쿠키 선물세트" 연동 광고 ④ 오프라인 팝업 스토어(카페 제휴) → 명절 및 프로모션 시즌, 한정판 시식 팝업 운영
소비자 참여형 이벤트	"오늘의 마음을 전해 보세요" 이벤트 → 소비자가 카카오톡으로 보낸 선물 메시지를 캡처 후 SNS 공유 시, 추첨을 통해 무료 세트 증정
비주얼 콘셉트	파스텔·내추럴톤 컬러(라이트 베이지, 코코아 브라운) + 감성 일러스트(한입 크기 디저트와 손편지 느낌)
캠페인 일정 예시	① 파일럿 런칭: 11월(수능·감사 시즌) ② 명절 집중 캠페인: 설·추석 시즌 ③ '감사 주간(Thank Week)': 매년 5월(가정의 달) 정기 운영
예상 효과	– 브랜드 인지도 향상: 카카오톡 선물하기 노출을 통한 신규 유입 증가(약 +40%) – 재구매율 상승: 일상용 선물 수요 창출로 명절 외 시즌 매출 유지 – 브랜드 이미지 제고: '건강 + 감성 + 실용' 3요소 결합으로 30~40대 충성 고객층 확보
참고 키워드	#스몰프리미엄 #웰빙디저트 #한입의마음 #건강베이커리 #카톡선물하기

📊 핵심 요약 포인트

– 기존 명절 한정 선물세트 → 일상형 감성 선물세트로 확장

– 고가 프리미엄 → 스몰 프리미엄(3만 원 이하) 전략

– '건강' + '감성' + '간편함'의 교차지점 공략

– 온라인 중심(O2O) 판매로 접근성 극대화

📚 참고 출처

《머니투데이》(2024.09), 「유통업계 '스몰 프리미엄'·'웰니스 선물세트' 확산」

《매일경제》(2024.10), 「카카오톡 선물하기, 30~40대 일상형 선물 구매 증가」

※ 위 마케팅 전략은 하나의 '완성 예시'이므로, 그대로 복사하기보다는 구조와 표현 방식을 참고하여 콘셉트에 맞는 캠페인 이름과 슬로건, 홍보 채널을 새롭게 구성해 보는 실습을 진행한다.

③-2. 시각 콘셉트 제시(AI 제품 이미지 생성)

DALL·E, Canva, Notion AI 등 이미지 생성 기능을 이용하여 제품 시안을 만든다.

[프롬프트 예시] 시각 콘셉트

> 작고 부담 없는 포장 안에 저당 스콘, 곡물 쿠키, 단호박 구움과자처럼 '건강한 재료'를 담은 베이커리 신제품 선물세트 콘셉트 이미지를 만들어줘.
> 카드에는 '고맙고, 수고했어'처럼 가볍게 마음을 전하는 짧은 문구가 보이게 해줘.
> '30~40대 직장인·가정 소비자'를 주요 타깃으로, 온라인 카카오톡 선물로 주고받는 장면이 자연스럽게 느껴지게 표현해줘."

[프롬프트 응답예시]

생성된 이미지는 기획서 본문이나 발표자료에 '제품 시안(Mock-up)' 형태로 삽입할 수 있다.

③-3. 발표 자료 제작

ChatGPT로 슬라이드 구조를 설계하고, Gamma나 Tome으로 시각화한다.

[프롬프트 예시] 슬라이드 구조 설계

지금까지 정리한 기획서를 7장 이내 발표용 슬라이드 구조로 정리해줘.
각 슬라이드마다 제목, 핵심 키워드 3~5개, 짧은 설명 문장을 포함해줘.
이 구조를 Gamma에 붙여 넣을 예정이야.

[프롬프트 응답예시]

7장 이내 발표용 슬라이드 구조예요. 바로 Gamma에 붙여 넣어 사용할 수 있도록 간결한 형식으로 정리했습니다.

[슬라이드 1] 시장 분석: 베이커리 선물세트 트렌드

키워드: 전통 감성 / 현대 디자인 / 건강 중심 / 실용성 / 세대 확장설명: 국내 베이커리 브랜드는 '전통의 감성 + 현대적 디자인 + 건강함'을 핵심 가치로 삼고 있으며, '가볍지만 정성스러운 선물'로 발전 중이다.

[슬라이드 2] 소비자 타깃: 30~40대 실속형 감성 소비층

키워드: 직장인 / 가정 중심 / 가치 소비 / 간편 선물 / 진정성설명: 명절뿐 아니라 '고맙다', '수고했어' 같은 일상적 감사 표현을 중요하게 여기는 30~40대의 실용적이면서 감성적인 소비 성향에 주목한다.

[슬라이드 3] 기존 제품의 한계

키워드: 고가 중심 / 한정된 사용 시점 / 진부한 패키지 / 건강 불균형설명: 프리미엄 제품은 중장년층 중심, 전통형 제품은 트렌디함 부족, 트렌디형은 건강·실용성 면에서 아쉬움이 있다.

[슬라이드 4] 신제품 콘셉트 제안

키워드: 건강한 재료 / 작고 가벼운 선물 / 저당·곡물·천연 / 감성 포장설명: '저당 스콘, 곡물쿠키, 단호박 구움과자' 등 건강한 재료를 담은 '마음전하기 베이커리 세트'로 일상 속 감사 표현을 제안한다.

[슬라이드 5] 차별화 포인트

키워드: 건강성 / 실용성 / 감성 디자인 / 카카오톡 선물 연계설명: 온라인 선물하기에 적합한 크기와 가격, 감각적 패키지와 짧은 메시지 카드("고맙고, 수고했어")로 감성 전달 강화.

[슬라이드 6] 마케팅 전략

키워드: 카카오톡 선물 / 디지털 캠페인 / SNS 공유 / 실시간 피드백설명: – 캠페인명: "마음 한 스콘" – 슬로건: "가볍게, 따뜻하게 마음을 전하다." – 홍보 채널: 카카오톡 선물하기, 인스타그램 릴스, 브랜드 공식몰 – 예상 효과: 브랜드 호감도 + 실용적 건강 디저트 이미지 강화

[슬라이드 7] 기대 효과 및 결론

키워드: 시장 확장 / MZ·30~40대 공감 / 지속 구매 / 브랜드 이미지 제고설명: '건강·감성·실용성'을 모두 잡은 새로운 베이커리 선물세트로명절뿐 아니라 일상 선물 시장까지 확장 가능성을 높인다.

※ 위 슬라이드 구성안은 '예시 템플릿'이므로, 실제 발표에서는 이 구조를 참고하되 기획 내용에 따라 슬라이드 수나 제목, 키워드를 자유롭게 조정해 사용한다.

슬라이드 구성안이 준비되어 있다면, ChatGPT를 비롯한 다양한 생성형 AI 도구(Gamma, Tome 등)를 활용하여 실제 발표용 PPT 파일로 보다 빠르게 변환할 수 있다. 별도의 디자인 프로그램이 없어도 "슬라이드 제목 + 핵심 키워드 + 요약 문장"만 준비되어 있다면, 일부 비전 및 환경에서는 ChatGPT 프롬프트 한 줄로 PPT 초안을 자동으로 생성해 주기도 한다.

[프롬프트 예시] 슬라이드 생성

아래 구성안을 실제 발표용 PPT 파일로 만들어줘.
각 슬라이드에 제목·요약·키워드가 자동으로 들어가게 구성하고,
표지와 마지막 감사 인사 슬라이드도 추가해줘.

일부 버전(또는 유료 플랜)과 환경에서는 위와 같은 프롬프트를 실행했을 때 ChatGPT가 PPT 파일 초안을 생성하고, pptx 파일을 내려받을 수 있는 버튼을 제공하기도 한다. 다만 이 기능

은 모든 계정에서 동일하게 지원되는 것은 아니므로, 수업에서는 주로 슬라이드 구조 설계와 내용 구성 기능을 중심으로 활용하고, 파일 생성 기능은 '가능한 경우에 선택적으로 활용할 수 있는 옵션'으로 이해하는 것이 안전하다.

기본적으로 자동 생성된 슬라이드는 텍스트 중심이기 때문에 디자인 구성은 다소 단순할 수 있다. 이러한 경우, 학교·기관 환경에서 접속이 가능하다면 Gamma(감마)나 Tome 같은 시각화 중심 AI 도구를 함께 활용할 수 있다. 이들 플랫폼에서는 ChatGPT에서 만든 슬라이드 구조를 그대로 옮겨와 디자인 테마, 색상, 이미지까지 자동으로 보강하여 보다 완성도 높은 결과물을 만들 수 있다.

ChatGPT 외에도 Gamma(감마)는 텍스트 기반 AI 발표 도구로, ChatGPT가 제시한 슬라이드 구조를 그대로 붙여 넣으면 자동으로 시각적 PPT 형태로 구성해준다.

[Gamma 활용 절차]

1. ChatGPT에서 생성된 발표용 슬라이드 구조(제목, 핵심 키워드, 요약 문장)를 복사한다.

2. https://gamma.app에 접속하여 새 프레젠테이션을 생성한다.

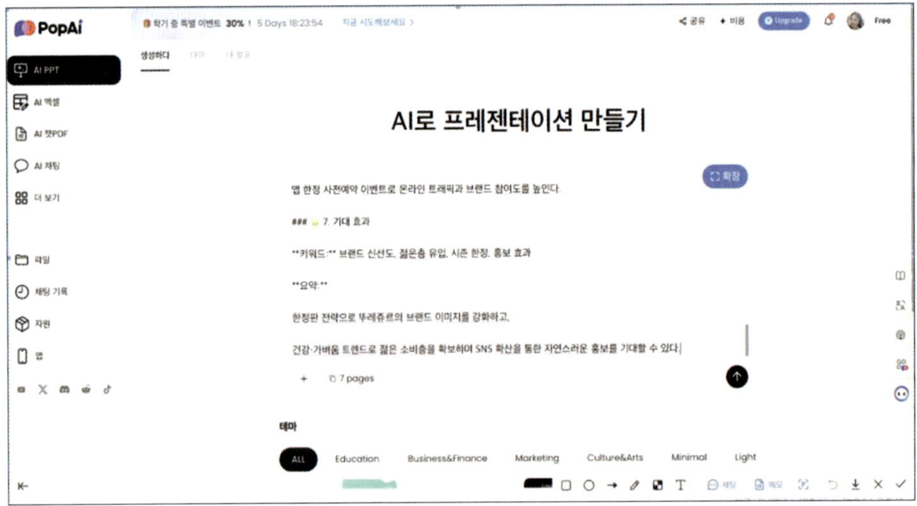

3. "Paste your content" 영역에 ChatGPT 결과를 붙여넣으면, 자동으로 PPT 형식의 슬라이드가 생성된다.

4. 테마 색상(따뜻한 베이지/브라운 계열)과 폰트(가독성 높은 산세리프체)를 선택해 브랜드 이미지와 통일감을 준다.

5. 필요 시 제품 시안 이미지(Mock-up)와 ChatGPT가 만든 표, 핵심 문장을 삽입한다.

6. 최종 슬라이드를 PF로 내보내어 제출하거나, 발표 시 Gamma 링크를 바로 공유할 수도 있다.

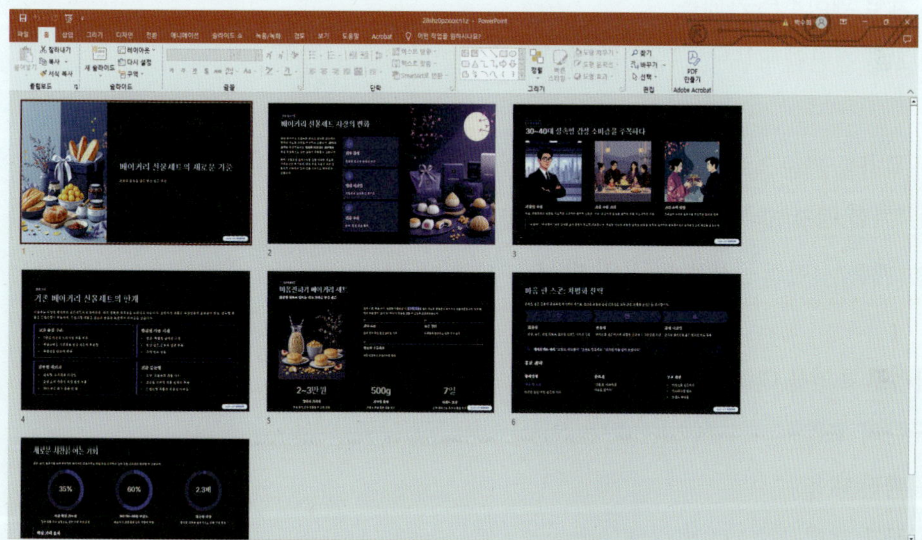

※ 학교나 기관의 PC에서는 방화벽이나 계정 정책에 따라 Gamma, Tome 등의 접속이 제한될 수 있으므로, 수업에서는 담당 교수자의 안내에 따라 사용할 수 있는 경우에만 선택적으로 활용한다.

[오늘의 실습 과제 2] 제로 웨이스트 팝업 카페 기획서

주제: 우리 대학 '제로 웨이스트 팝업 카페' 기획

다음 조건에 맞게 기획서 초안을 작성하시오.

1. 다음 내용을 포함하는 기획서 목차를 작성하시오.

① 기획 배경 및 문제 인식(캠퍼스 일회용품·쓰레기 문제 등)

② 목표 및 타깃(누구를 위한 팝업 카페인지)

③ 제안 내용(메뉴, 운영 방식, 친환경 요소 등)

④ 마케팅·홍보 전략

⑤ 기대 효과

2. ChatGPT를 활용하여,

– 기존 카페/편의점과

– 제로 웨이스트 카페를

비교한 간단한 표(구분·특징)를 작성하시오.

3. 위 목차를 기준으로, 아래 두 부분의 본문 초안을 작성하시오.

①「기획 배경 및 목표」

②「제품/서비스 콘셉트 및 운영 방식」

4. 작성한 초안을 ChatGPT에 입력하여,

– 논리 흐름

– 빠진 내용

– 문장 표현

에 대한 피드백을 받은 뒤, 필요한 부분을 수정·보완하시오.

5. 마지막으로, 위 기획서를 5~7장 분량 발표용 슬라이드 구조로 정리하시오.

– 각 슬라이드에는 제목 1개,

– 핵심 키워드 3~5개를 포함할 것.

3-4. 실습 3: 창의적 콘텐츠 제작

이번 실습에서는 ChatGPT를 활용해 창의적인 디지털 콘텐츠를 기획하고 제작하는 과정을 단계별로 실습한다. 기획서 중심의 2차 실습이 '논리적 구성력'을 길렀다면, 이번 실습에서는 '창의적 표현력'을 연습해 보자. 실습에서는 블로그용 글, 이미지, 영상(쇼츠) 등 다양한 형태의 콘텐츠를 AI와 협력하여 제작하며, 다음 세 가지 실습을 진행한다.

- 블로그용 글 초안 또는 시리즈 구성하기
- 이미지 생성용 텍스트 프롬프트 작성하기
- 영상(쇼츠) 기획안 및 대본 초안 작성하기

실습 과정에 제시된 '프롬프트 예시는 학생이 직접 입력하여 수행하는 연습 단계이며, 'ChatGPT의 답변 예시'는 이해를 돕기 위한 참고 답변 사례이다. 실제 실습을 진행할 때는 자신의 주제와 표현 방식에 맞게 내용을 재구성하여 활용하도록 한다.

3-4-1. 블로그용 글 초안 또는 시리즈 구성하기

ChatGPT를 활용해 블로그용 콘텐츠의 주제, 구성, 그리고 시리즈 흐름을 기획한다. 자신이 관심 있는 주제를 선택해 ChatGPT와 대화를 나누며 콘텐츠 방향을 구체화한다.

[프롬프트 예시] 블로그 기획안

> 건강한 라이프스타일'을 주제로 3편짜리 블로그 시리즈 기획안을 만들어줘. 각 편의 제목, 소주제, 핵심 키워드를 표로 정리해줘.

[프롬프트 응답예시]

> 아래는 "건강한 라이프스타일"을 주제로 한 3편짜리 블로그 시리즈 기획안입니다. 각 편은 대학생부터 직장인까지 폭넓게 공감할 수 있도록, 식습관 – 마음 – 일상 루틴의 세 영역으로 구성했어요.

♡ 블로그 시리즈 기획안: 건강한 라이프스타일 3부작

회차	제목	소주제	핵심 키워드
1편	"하루 한 끼의 변화, 건강이 달라진다"	– 가공식품 대신 '진짜 음식' 먹기– 저당·고식이섬유 식단 실천법– 간편하면서도 건강한 한 끼 레시피 제안	#균형잡힌식단 #저당식습관 #홈메이드푸드 #건강간편식
2편	"마음도 근육처럼 단련된다"	– 디지털 디톡스와 마인드풀니스– 스트레스 관리 루틴 만들기– 작은 감사 습관의 심리적 효과	#마인드풀니스 #감정관리 #감사습관 #멘탈헬스
3편	"아침 1시간이 삶을 바꾼다"	– 모닝 루틴 만들기의 힘– 규칙적인 수면·운동·독서 루틴– 하루를 효율적으로 여는 실천 팁	#모닝루틴 #자기관리 #시간관리 #하루의시작

✐ 기획 의도 요약:

"건강한 라이프스타일"을 단순한 운동·식단 관리가 아닌 몸, 마음, 생활의 균형 잡힌 변화로 확장하여, 누구나 실천 가능한 '작은 루틴의 힘'을 보여주는 시리즈.

ChatGPT가 제안한 결과를 참고하여, 자신의 글쓰기 스타일에 맞게 글 초안을 수정·보완한다. 이 과정에서 문장 다듬기, 키워드 최적화(SEO), 독자 참여 유도 문장 등을 ChatGPT에게 함께 요청할 수 있다.

3-4-2. 이미지 생성용 텍스트 프롬프트 작성하기

ChatGPT와 함께 시각적 아이디어를 문장으로 표현하는 능력을 연습해 보자. 자신의 콘텐츠 주제에 맞는 이미지 콘셉트를 정의하고, AI 이미지 생성 도구(DALL·E, Canva 등)에 입력할 수 있는 구체적 프롬프트를 작성한다.

[프롬프트 예시] 이미지 생성

건강한 하루 루틴을 주제로 한 블로그 헤더 이미지를 만들고 싶어.
따뜻한 색감, 미니멀한 인테리어 배경, 아침 햇살이 들어오는 장면으로 묘사해줘.

[프롬프트 응답예시]

ChatGPT가 제시한 프롬프트를 기반으로, 직접 이미지 생성 도구에 입력해 결과물을 비교·평가하며 자신만의 스타일로 수정한다. 이를 통해 AI에게 시각적 의도를 정확히 전달하는 언어적 기술을 익힌다.

3-4-3. 영상(쇼츠) 기획안 및 대본 초안 작성하기

ChatGPT를 활용해 짧고 임팩트 있는 영상 콘텐츠를 설계해 보자. 쇼츠, 릴스, 틱톡 등 1분 내외의 콘텐츠를 대상으로 기획안·시나리오·자막 문구를 작성해본다.

[프롬프트 예시] 영상 기획안 및 대본

하루 5분 스트레칭 루틴'을 주제로 한 유튜브 쇼츠 대본을 작성해줘.
인트로, 전개, 아웃트로 구조로 나누고, 각 장면에 들어갈 자막과 배경음악 아이디어도 함께 제시해줘."

[프롬프트 응답예시]

아래는 "하루 5분 스트레칭 루틴"유튜브 쇼츠 대본을 텍스트 형식으로 정리한 버전입니다. 자막, 장면 설명, 배경음악 아이디어를 모두 포함하되, 단락 형태로 구성했습니다.

– 제목: 하루 5분 스트레칭 루틴

– 형식: YouTube Shorts

– 구성: 인트로 → 전개 → 아웃트로

– 전체 길이: 약 1분

인트로(0:00~0:10)

아침 햇살이 비치는 창가에서 한 사람이 하품하며 기지개를 켠다. 화면이 전환되며 "단 5분이면 하루가 달라집니다!"라는 문구가 뜬다.

내레이션:

"하루의 시작, 단 5분이면 몸이 가벼워집니다. 오늘은 '하루 5분 스트레칭 루틴' 함께 해볼까요?"

자막:

0:00 "5분이면 충분해!"

0:05 "아침을 깨우는 스트레칭 루틴"

배경음악:

경쾌한 어쿠스틱 기타와 잔잔한 새소리, 예: "Morning Light", "Acoustic Sunrise"

전개(0:10~0:50)

총 다섯 가지 동작으로 구성된 스트레칭 루틴을 보여준다.

각 동작은 약 8~10초씩, 템포는 자연스럽게 이어진다.

목 스트레칭: 고개를 좌우로 천천히 돌리며 목의 긴장을 푼다.

– 자막: "목의 긴장을 풀어요 - 왼쪽↔오른쪽 3회씩"

– 배경음악: 템포 약간 업된 리듬감 있는 비트

어깨 회전: 어깨를 천천히 뒤로 돌리며 숨을 고른다.

– 자막: "어깨를 부드럽게 - 긴장 완화 효과 UP!"

옆구리 늘리기: 양손을 머리 위로 올리고 좌우로 천천히 기울인다.

– 자막: "옆구리리 스트레칭 - 허리 라인 교정 효과"

다리 뒤 근육 늘리기: 벽이나 의자에 손을 짚고 상체를 숙이며 다리 뒤쪽 근육을 이완시킨다.

– 자막: "다리 뒤 근육 풀기 - 하체 피로 OUT!"

발목 돌리기 및 마무리 호흡: 발목을 천천히 돌리고 깊게 호흡하며 마무리한다.

– 자막: "발끝까지 이완 - 깊게 숨 들이마시고~ 내쉬세요"

아웃트로(0:50~1:00)

스트레칭을 마친 인물이 웃으며 커피 한 모금을 마신다. 화면에는 "매일 5분, 나를 위한 시간"이라는 문구가 뜬다.

– 내레이션: "오늘도 잘 움직이셨어요. 작은 루틴이 큰 변화를 만듭니다. 내일도 5분, 약속!"

– 자막: "하루 5분, 내 몸이 리셋된다!", "구독 & 좋아요로 내일 루틴 함께해요"

– 배경음악: 잔잔한 피아노와 팝 리듬이 어우러진 희망적인 마무리 음악
(예: "Positive Vibes", "Good Day Theme")

톤앤무드 제안

– 컬러 톤은 밝은 파스텔 계열(화이트, 민트, 옐로 포인트).

– 편집 리듬은 텍스트가 음악 비트에 맞춰 톡톡 등장하는 방식으로 구성.

– 전환 효과는 "딩~", "슥~" 등의 가벼운 효과음을 사용해 리듬감 있게 편집한다.

원하신다면 위 내용을 기반으로 00:00~00:10단위로 자막 타이밍까지 맞춘 타임라인 버전 대본으로 변환해드릴 수 있습니다. 원하시나요?

일부 영상 생성 AI 도구(Bruno.ai, Pictory, Runway 등)는 텍스트 대본을 기반으로 장면 구성·자막 등을 자동으로 제안해주는 기능을 제공하기도 한다. 다만 무료 플랜 또는 학교 환경에서는 기능이 제한되거나 접속이 어려울 수 있으므로, 본 실습에서는 도구 소개 및 선택적 활용을 중심으로 진행한다.

[활용 가능한 영상 생성 AI]

– Bruno.ai: 텍스트 대본을 입력하면 장면 전환, 나레이션, 자막이 포함된 영상 초안을 자동으로 생성해준다.

– Pictory, Runway, Synthesia: ChatGPT에서 만든 쇼츠 대본을 업로드하면 인물형 영상이나 나레이션형 영상을 구현할 수 있다.
– Canva Video: 자막·음악·이미지 요소를 손쉽게 추가하여 블로그, 인스타그램, 유튜브용 영상으로 완성할 수 있다.

[프롬프트 예시] 영상 생성

위의 쇼츠 대본을 1분 영상으로 만들어줘. Canva Video를 활용해 제작할 예정이야. 각 장면에 적절한 이미지와 자막을 넣고, 잔잔한 배경음악을 추가해줘. 영상은 세로형(9:16) 비율로 구성해줘.

이처럼 어떤 프로그램을 사용할지 프롬프트 안에서 미리 명시하면, ChatGPT가 그 도구에 맞는 구성과 스타일로 결과를 제안한다. 즉, 'Canva Video를 활용할 예정이야'처럼 도구 이름과 형식을 함께 입력하는 것이 중요하다.

ChatGPT에서 작성한 초안은 영상 제작 도구와 연동하면 보다 쉽게 콘텐츠로 발전시킬 수 있으며, 이 과정을 통해 AI가 아이디어·구성·기본 편집을 도와주는 보조 도구로서 작동한다는 점을 직접 경험해 볼 수 있다.

[오늘의 실습 과제 3] '자기 전 10분 독서 루틴' 콘텐츠 패키지

주제: 「자기 전 10분 독서 루틴 챌린지」 홍보 콘텐츠 만들기

1. 다음 조건에 맞게 블로그 – 이미지 – 영상을 하나의 패키지로 기획하시오.
ChatGPT를 활용하여, '자기 전 10분 독서 루틴'을 주제로 한 3편짜리 블로그 시리즈 기획안을 작성하시오.
  – 표에는 다음 항목을 포함할 것.
  – 회차, 제목, 소주제, 핵심 키워드(해시태그)

2. 블로그 1편에 사용할 헤더 이미지를 가정하고, DALL·E 또는 Canva에 넣을 수 있는 이미지 생성용 프롬프트를 스스로 작성하시오.

   – 장면(언제, 어디), 분위기, 색감, 타깃(대학생/직장인 등)을 구체적으로 포함할 것.

3. 위 2번에서 작성한 프롬프트를 ChatGPT에 입력하여, "프롬프트를 더 구체적이고 명확하게 수정해줘." 라고 요청하고, 수정 전·후 프롬프트를 나란히 정리하시오.

4. 같은 주제로 1분 이내 유튜브 쇼츠 대본 초안을 작성하시오.

   – 인트로 – 전개 – 아웃트로 구조를 따를 것.

   – 각 장면에 들어갈 자막 문구를 함께 적을 것.

5. 작성한 대본을 ChatGPT에 입력하여, 배경음악 분위기, 화면 전환 아이디어, 강조하면 좋을 문장(HOOK) 에 대한 제안을 받은 뒤, 최종 대본을 한 번 더 다듬어 완성하시오.

4. 생성형 AI 활용 실습 3

4-1. 개요

수업 형태	실습
수업 내용	생성형 AI 활용 실습 3
학습 목표	o 생성형 AI를 활용해 실생활 또는 학업 과제를 해결 o 목적에 맞는 프롬프트를 설계하고 응용 o 생성된 결과를 판단하고 필요시 수정
주요 학습 내용	o ChatGPT를 활용한 작사·작곡 프롬프트 실습 o Suno.ai로 음악 생성 및 편집 o ChatGPT + DALL·E / Canva를 활용한 포스터 제작
교수 방법	o 기타 : 강의 및 실습 o 강의 종료 전 간단한 wrap-up 퀴즈 풀이
과제물	o 과제: 수업내 [오늘의 실습 과제 1], [오늘의 실습 과제 2] 산출물 제출

멀티미디어 콘텐츠 제작은 오랫동안 전문가의 영역으로 여겨졌다. 음악을 만들기 위해선 작곡 프로그램을 배워야 했고, 포스터를 디자인하려면 그래픽 도구의 사용법을 익혀야 했다. 하지만 이제는 달라졌다. 생성형 AI의 등장으로 누구나 상상만으로도 창작물을 만들어낼 수 있는 시대가 열린 것이다.

이 장에서는 AI를 활용해 음악, 이미지(포스터)를 만들어보는 실습을 진행한다. 앞서 학습한 프롬프트 설계와 비판적 활용 태도를 바탕으로, 이제는 AI와 협업하여 나만의 창의적인 결과물을 완성해 보자. 핵심은 "AI에게 일을 시키는 것"이 아니라, AI와 함께 사고하고 창조하는 경험을 체험하는 것이다.

4-2. 실습 1: 작사·작곡하기

AI는 텍스트뿐 아니라 음악의 언어도 이해하고 생성할 수 있다. 이번 실습에서는 ChatGPT

로 가사를 만들고, Suno.ai와 같은 AI 음악 생성기를 활용해 실제 음원을 완성해본다. 이 과정은 단순히 음악을 업으로 판매하기 위한 것이 아니라, 자신의 영상이나 발표 자료, 혹은 개인 SNS·유튜브 채널 콘텐츠에 어울리는 배경음악을 직접 제작해 삽입할 수 있다는 점에서도 의미가 있다. 즉, 기존의 음원을 찾아 쓰는 것을 넘어 AI를 활용해 스스로 필요한 음악을 창작하고 활용하는 능력을 길러보는 것이다.

① 주제 정하기

음악이 필요한 순간을 하나 선택한다. 예를 들어, 밤샘 과제를 할 때 집중을 도와줄 음악, 발표 자료에 어울리는 배경음악, 과제 영상을 위한 짧은 오프닝 사운드 등 학습·작업 상황에 맞는 주제를 정한다.

② ChatGPT로 가사 만들기

주제를 정했다면 ChatGPT에 다음 프롬프트를 입력한다.

[프롬프트 예시]

> "당신은 감성적인 작사가입니다. 대학생의 일상을 주제로 한 1절 분량의 가사를 만들어주세요. 잔잔한 발라드 분위기, 공감 가는 표현을 사용해주세요."

AI가 제시한 가사를 검토하고, 표현이 평범하면

[프롬프트 예시 – 추가요청]

> "은유적이고 시적인 표현으로 수정해줘."

리듬감이 부족하면

[프롬프트 예시 – 추가요청]

> "4행씩 운율이 느껴지게 정리해줘."

라고 요청한다. 조금 더 구체적인 상황을 설정하면 가사를 발전시킬 수 있다. 예를 들어,

– 중간고사 후 예상과 달라 황당한 점수를 받은 학생의 마음,

– 하이파이브 수업에서 이상형을 만나 두근거리는 순간,

– 밤샘 프로젝트를 끝내고 새벽 캠퍼스에서 느끼는 여운처럼 구체적인 상황을 제시하면 생생하고 공감 가는 가사를 만들 수 있다.

단순히 AI에게 가사를 맡기는 것이 아니라, AI가 제시한 아이디어를 바탕으로 스스로 발전시키며 창의적인 결과물을 만들어가는 과정이다. AI가 제안한 가사에 나의 경험과 감정을 더해 보자. 예상치 못한 아이디어가 새로운 가사로 이어질 수 있다.

[실습 1] ChatGPT로 상황 기반 카피라이팅하기

위 예시를 참고해 나만의 상황을 한 줄로 설명하는 프롬프트를 만든다.

ChatGPT가 만든 가사 중, 마음에 드는 구절과 마음에 들지 않는 구절을 구분해 표시한다. 마음에 들지 않는 부분은 직접 수정하거나, ChatGPT에게 "이 부분을 ○○한 분위기로 다시 써줘." 라고 요청해본다.

③ Suno AI 사용자 가입 & 홈화면

이제 가사가 완성되었으니, 직접 음악을 만들어보자.Suno AI는 텍스트로 음악을 생성하는 인공지능 도구로, 간단한 설명 한 줄만 입력하면 멜로디, 보컬, 가사를 모두 포함한 노래를 만들어준다. 복잡한 작곡 지식이 없어도 누구나 쉽게 음악을 만들어볼 수 있다. 지금부터 Suno AI에 가입하고, 노래를 만드는 방법을 단계별로 따라해 보자.

1. 인터넷 검색창에 'Suno AI'를 입력하고 공식 사이트(https://suno.com/)에접속한다.

2. 왼쪽 상단에 있는 [Sign Up] 버튼을 클릭한 뒤, 팝업창에서 구글 계정 아이콘을 선택한다.

3. 학교에서 발급받은 구글(Gmail) 계정을 사용해 가입을 완료하고 로그인(Login)을 진행한다. (다른 종류의 계정이나 휴대전화 번호 인증을 통해 가입해도 된다.)

4. Suno에 로그인하면 가장 먼저 다양한 음악과 테마를 감상할 수 있는 홈 화면이 나타난다.

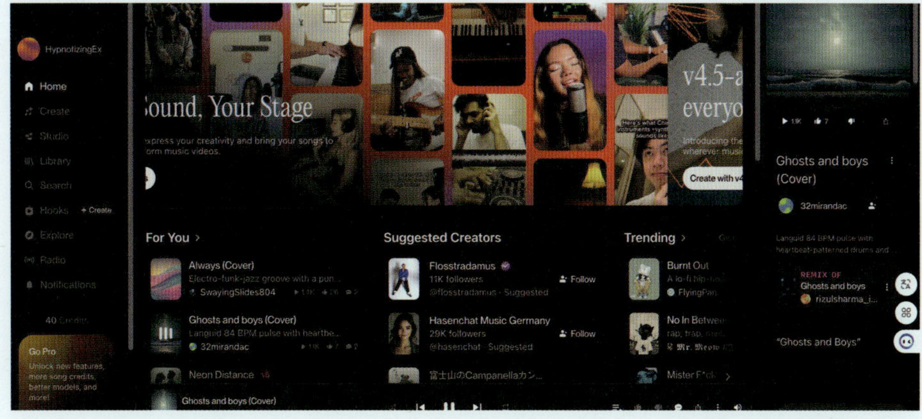

이곳에서는 사용자들이 만든 여러 장르의 음악과 인기 아티스트, 순위별 추천 곡 등을 탐색할 수 있다.

- 프로필 아이콘: 내 계정 정보와 설정을 관리할 수 있다.
- 홈(Home): Suno의 메인 페이지로, 다양한 테마의 음악을 둘러볼 수 있다.
- 크레딧(Credit): 음악을 생성할 때 사용되는 포인트 단위이다.

Suno에서는 노래 한 곡을 생성할 때 10크레딧이 소모된다. 무료 이용자는 하루 50크레딧을 기본으로 제공받으며, 유료 플랜을 이용하면 더 많은 크레딧을 사용할 수 있다. 예를 들어, 프로 플랜(Pro)은 월 약 10달러로 250곡(약 2,500크레딧)을 제공하며, 프리미엄 플랜(Premium)은 월 약 30달러로 2,500곡(약 25,000크레딧)을 사용할 수 있다.
학생들은 홈 화면 상단의 크레딧 아이콘을 눌러 현재 보유량을 확인하거나 충전할 수 있다. (※ 금액·조건은 서비스 정책에 따라 변경될 수 있으며, 이 내용은 참고용 안내이다.) 홈 화면에서 보이는 앨범 커버(Album Cover)는 각 생성 곡의 대표 이미지이다. 원하는 곡의 커버를 클릭하면 음악을 곧바로 감상할 수 있어, 생성된 결과물을 빠르게 확인하는 데 유용하다.

④ Suno로 음악 만들기(Simple 모드 / Custom 모드)

ChatGPT로 만든 가사를 바탕으로 이제 실제 음악을 만들어보자. Suno의 Simple 모드는 복잡한 설정 없이 간단한 입력만으로 노래를 완성할 수 있는 기능이다. 가사나 분위기를 간단히 입력하면 AI가 자동으로 멜로디와 보컬을 구성해준다. 음악 제작을 처음 시도하는 학생에게 특히 유용한 모드이다.

- Create: 새 음악을 생성하는 버튼으로, 설명 입력 후 클릭하면 노래가 만들어진다.
- Song Description: 만들고 싶은 노래의 분위기나 장르를 간단히 입력한다.
  (예: "밤샘 과제와 함께할 재즈 음악")
- Instrumental: 가사 없이 배경음악만 만들고 싶을 때 사용하는 스위치이다.
- Inspiration: 분위기나 키워드 아이디어를 랜덤으로 추천받을 수 있다.

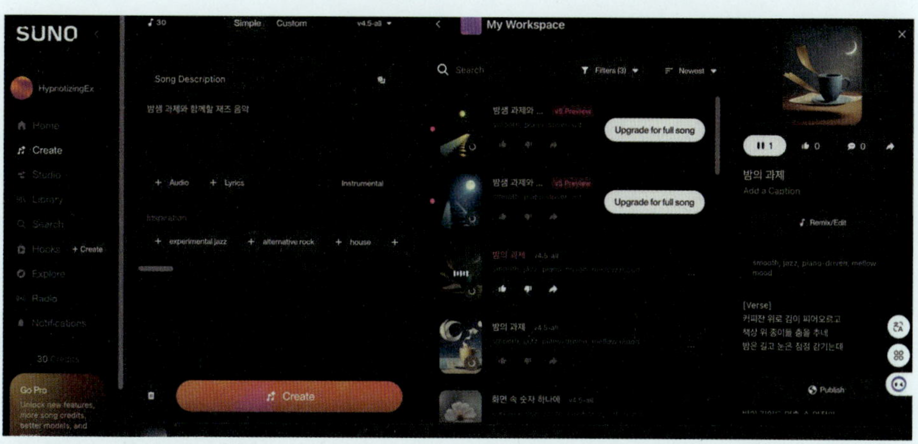

– My Workspace: 생성된 음악이 자동 저장되는 개인 공간이다.

화면에 보이는 [Create]를 클릭하면 약 10초 후 2곡이 생성된다. 곡 썸네일의 재생 버튼으로 오디오를 미리 듣고, 점 3개 아이콘을 눌러 MP3, WAV, Video 형식으로 다운로드할 수 있다.

빠른 만들기(Simple 모드)로 기본적인 노래 제작 과정을 익혔다면, 이제 한 단계 더 깊이 들어가 보자. Custom 모드는 단순히 음악을 자동으로 생성하는 것을 넘어, 자신이 원하는 스타일과 감정을 더 세밀하게 반영할 수 있는 기능이다. 이 단계에서는 ChatGPT로부터 필요한 음악 정보를 구체적으로 얻는 과정이 매우 중요하다. 예를 들어, '밝고 긍정적인 캠퍼스 분위기의 팝송'을 아이유 스타일로 만들고 싶다고 하자. 이때 ChatGPT에 다음과 같이 프롬프드를 입력해 보자. 예를 들어,

[프롬프트 예시]

> 밝고 긍정적인 캠퍼스 분위기의 팝송을 주제로 아이유 스타일의 음악을 수노에서 만들고 싶어. 커스텀에 사용할 정보들을 정리해줘."

이렇게 지시하면 ChatGPT는 음악 제작에 필요한 요소들을 구체적으로 제시해준다. 예시로는 다음과 같은 정보들이 포함될 수 있다.

- 장르: 밝고 경쾌한 팝(Bright Pop)
- 악기 구성: 어쿠스틱 기타, 부드러운 드럼, 신스 패드
- 분위기: 따뜻하고 산뜻한 감성
- 보컬 스타일: 맑고 부드러운 여성 보컬
- 가사 톤: 풋풋한 캠퍼스 감성

이렇게 얻은 정보를 Suno의 Custom 모드 각 항목에 입력하여 음악을 더욱 내가 원하는 방향으로 개선할 수 있다. 실제로 Custom 모드를 사용하다 보면 "무료 버전이라 사용할 수 없는 기능이 있어요."와 같은 제한을 마주할 수도 있다. 그러나 이러한 경험은 오히려 AI의 한계와 가능성을 직접 체험하는 학습 기회가 된다. 제한된 환경에서 가능한 대안을 찾아보고, 프롬프트나 설정을 조정하는 과정에서 창의적인 해결 방법을 발견할 수도 있다. 이렇게 ChatGPT로부터 얻은 음악 정보를 바탕으로, Suno의 Custom 모드 각 항목에 세부 설정을 입력해 보자.

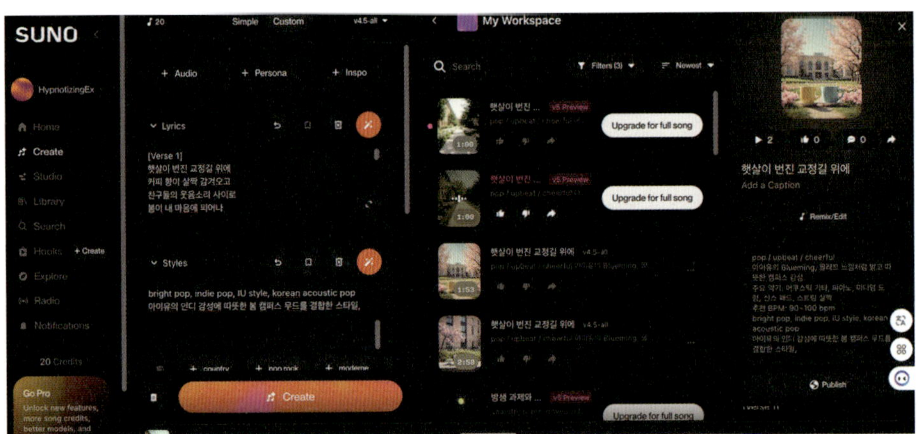

- Audio: bright pop / acoustic guitar / soft drum / light synth
- Persona: female soft vocal, IU-style tone
- Inspo: warm, dreamy, positive campus life
- Lyrics: ChatGPT가 생성한 가사 붙여넣기
- Styles: bright pop, indie acoustic
- Advanced Options: reverb 약하게, beat intensity 중간 수준

– Song Title: Campus Morning Light

– Save to / My Workspace: 저장 위치 선택

– Create: 모든 설정 완료 후 클릭하여 음악 생성

[오늘의 실습 과제 1] 무료 버전으로 만드는 나만의 AI 음악

아래 활동을 차례대로 수행하며 ChatGPT와 Suno의 무료 기능만을 활용해 나만의 음악을 제작해 보자.

1. 가사 만들기

ChatGPT에게 다음과 같이 입력하여 무료로 사용할 가사를 생성하시오.

[프롬프트 예시]

"밝고 긍정적인 캠퍼스 분위기의 팝송을 만들고 싶어. 아이유 느낌의 1절 가사를 써줘."

생성된 가사 중 마음에 드는 부분 1곳을 표시하시오.

수정하고 싶은 부분 1곳을 표시하고, 수정 이유를 간단히 적으시오.

(무료 플랜에서도 가사 수정 요청은 자유롭게 가능함)

2. 음악 아이디어 요약하기

ChatGPT에게 다음과 같이 물어보고, 제시된 내용을 3줄 이내로 정리하시오.

[프롬프트 예시]

"이 가사에 어울리는 음악 분위기(장르·악기·느낌)를 간단히 정리해줘."

예시 정리:

– 밝은 팝 장르

– 어쿠스틱 기타 중심

– 산뜻하고 긍정적인 캠퍼스 감성

(무료 사용자는 Suno Custom 입력이 제한되므로, 요약된 내용을 Simple 모드 설명란에 활용함)

3. Suno Simple 모드로 음악 생성하기

Suno 무료 버전에서 다음 단계를 수행하시오.

Suno 홈페이지에 로그인한다.

Simple 모드(Song Description)에 다음 내용을 입력한다:

[예시] 입력내용

"밝고 긍정적인 캠퍼스 분위기의 팝송. 부드러운 여성 보컬."

ChatGPT가 만든 가사를 Lyrics 칸에 붙여 넣는다.

Create 버튼을 눌러 생성된 두 곡을 감상한다.

4. 생성된 음악 비교하기

생성된 두 곡을 들은 뒤, 아래 질문에 답하시오.

두 곡의 분위기는 어떻게 다른가? (2~3줄)

어떤 곡이 내가 만들고 싶던 느낌에 더 가까웠는가? 이유를 1~2줄로 작성하시오.

가사를 약간 수정해 다시 생성한다면 어떤 부분을 바꾸고 싶은가? (1줄)

5. 무료 플랜의 특징 이해하기

Suno 무료 플랜을 사용하면서 느낀 점을 아래 중 하나를 선택하여 2~3줄로 작성하시오.

– 무료 플랜에서 가능한 기능과 제한되는 기능의 차이

– Custom 모드가 없어도 음악 제작이 가능한 부분

– 하루 50크레딧 제한이 작업 과정에 미친 영향

제출물(무료 기준)

최종 선택한 음악 1곡(MP3 또는 WAV 다운로드 파일), ChatGPT 프롬프트 + 생성된 가사 Suno Simple 모드 입력 화면 캡처 1장, 문제 4~5의 짧은 서술 답변

4-3. 실습 2: 포스터 제작하기

이번 실습의 주제는 AI 음악 홍보 포스터 제작이다. Canva를 활용해 나의 AI 음악을 홍보하는 포스터를 직접 만들어보자. 단순한 시각 디자인 작업이 아니라, ChatGPT를 활용해 핵심 문구·아이디어·콘셉트를 함께 기획하는 과정까지 포함된다.

① ChatGPT로 포스터 내용 구상하기

먼저 ChatGPT에게 아래와 같이 요청해 보자.

[프롬프트 예시]

"캔바에서 포스터를 작성할 거야. 내가 만든 아이유 버전과 같은 AI 음악을 만드는 동아리를 홍보하려고 해. 포스터 안에 들어갈 내용을 제안해줘."

이 요청을 통해 ChatGPT는 포스터의 전체 콘셉트, 문구, 색상 제안까지 함께 제공해준다. 예시 응답을 참고해 아래와 같은 포스터 구성을 만들어보자.

[프롬프트 응답예시]

🎼 포스터 제목(헤드라인)
"AI로 노래하는 감성, 우리가 만드는 새로운 멜로디" 또는 "AI + 감성우리의 캠퍼스 사운드"

🎼 부제목(서브헤드라인)
아이유 스타일 감성음악부터 나만의AI 작곡까지, AI로 음악을 창작하는 동아리 'Suno Beats'

(가칭)

🖊 본문(설명 문구)

– 음악을 사랑한다면, 이젠 악보 대신 프롬프트(prompt) 로 시작하세요.

– ChatGPT로 가사를 쓰고, Suno.ai로 멜로디를 만들고, Canva로 앨범 아트를 디자인하는 우리의 음악 제작 실험실 "가수 대신, AI가 나의 목소리가 되는 순간을 경험하세요."

💡 활동 내용(포스터 하단 섹션 예시)

우리는 이렇게 활동합니다!

– ChatGPT로 작사 실습

– Suno.ai로 작곡 & 보컬 생성

– Canva로 앨범 커버 제작

– 나만의AI 싱글 발표회 개최

📍 참여 안내

– 모집 기간: 2025년3월~

– 장소: 미디어실302호

– 문의: @AI_Music_Club

🎨 디자인 가이드(Canva용)

항목	설정 예시
폰트 조합	제목: Montserrat Bold64pt (#222222) 본문: Noto Sans Light28pt (#444444)
배경색	아이유 감성에 맞는 라벤더(#EEDCF6) 또는 파스텔 핑크(#FBE9E7)
포인트 컬러	코발트블루(#4C6EF5) 또는 반투명 화이트 글자
이미지 요소	🎤 마이크 🎧 헤드폰 🌸 아이유 감성 꽃 💻AI 아이콘 🎼 음악 파형

② Canva에서 디자인 완성하기

아래 단계에 따라 포스터를 실제로 제작해 보자.

1. Canva.com 접속하여 로그인한다. 로그인 할 때는 교내 구글(Gmail) 계정을 사용하면 저장 및 공유가 편리하다.

2. 검색창에 'Poster'를 입력하거나 '포스터 만들기' 메뉴를 선택한다.

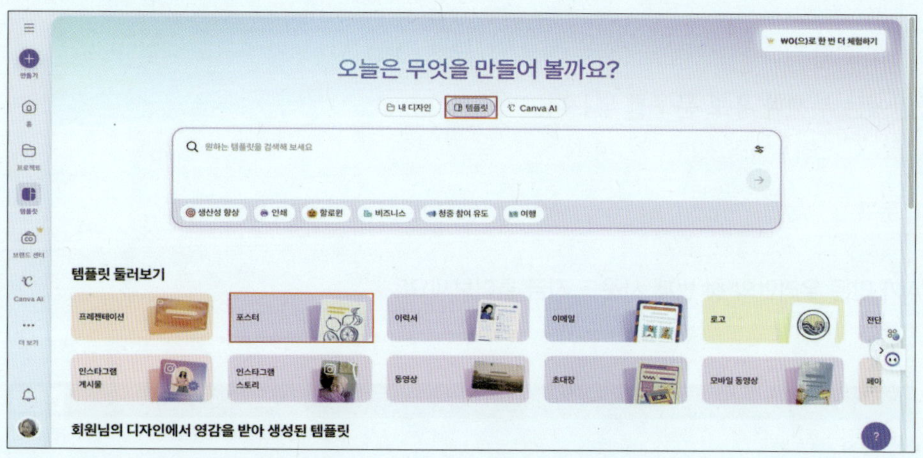

3. 마음에 드는 디자인 템플릿을 선택하고, 내용과 색상을 자유롭게 수정한다.

4. 배경을 클릭해 상단 메뉴에서 색상 조합(밝은 톤·감성 톤·보색 대비)을 선택해 음악의 분위기에 맞게 조정한다.

5. 상단에는 포스터 제목을 크게 입력하고 가운데 정렬한다.

[예시] 제목

AI Music Club

6. 중간에는 부제나 홍보 문구를 넣는다.

[예시] 문구

"AI가 만든 우리만의 첫 번째 사운드 지금 들어보세요!"

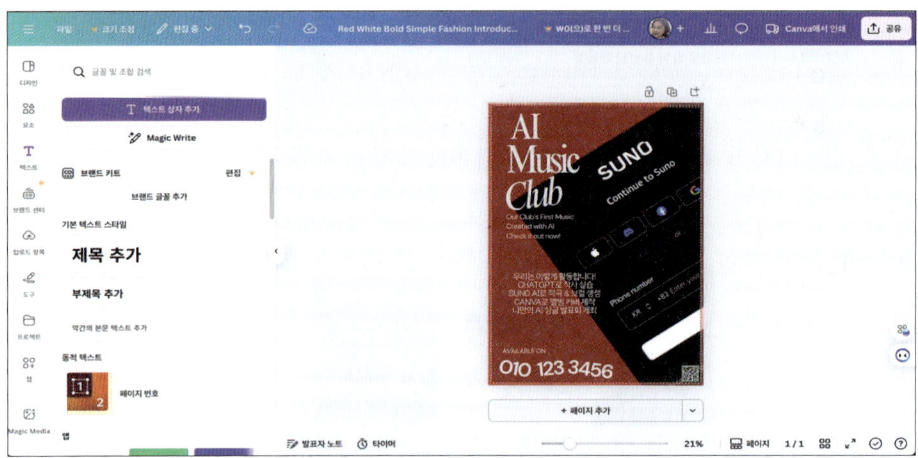

7. 하단에는 QR코드나 동아리 로고를 배치한다.(음악 링크 삽입 또는 홍보용 로고 이미지 추가)

8. 제목에는 굵고 눈에 띄는 폰트, 본문에는 부드러운 폰트를 적용하고, 음악의 장르에 어울리는 색상 팔레트를 조합한다.

[예시] 음악장르별 팔레트 조합

> 밝은 팝 음악 → 노랑·하늘색 계열
> 감성 발라드 → 베이지·브라운 계열
> 재즈풍 음악 → 네이비·골드 계열

포스터의 여백과 요소 간격을 균형 있게 조정해 완성도를 높인 뒤, '공유 → 다운로드' 버튼을 눌러 PDF 또는 JPG 형식으로 저장한다.

[예시] 포스터 제작 문구

> 제목: AI Music Club
> 홍보 문구:
> "AI로 만들어낸 우리 동아리의 첫 번째 음악, 지금 들어보세요!
> (Our Club's First Music Created with AI, Check it out now!)"

③ Canva의 AI 기능으로 디자인 완성도 높이기

포스터의 기본 구성이 완성되었다면, 이제 Canva의 AI 디자인 보조 기능을 활용하여 완성도를 한 단계 더 높여보자. 이 기능들은 복잡한 디자인 기술 없이도 전문적인 결과물을 만드는 데 큰 도움을 주며, 특히 처음 포스터를 제작하는 학생에게 유용하다.

다만 Canva의 AI 기능 중 일부는 무료 버전에서도 사용할 수 있지만, Text to Image나 Style Transfer처럼 특정 기능은 무료 플랜에서 제한되거나 사용 횟수에 제약이 있을 수 있다. 따라서 실습에서는 무료로 활용 가능한 범위 내에서 기능을 체험하는 것을 기본으로 한다.

다음의 네 가지 기능은 Canva에서 자주 활용되는 핵심 도구이며, 무료 버전에서도 기본적인 활용이 가능하거나 제한적이라도 체험할 수 있으므로, 기본적으로 익혀두는 것이 좋다.

Magic Write: 문구 아이디어가 떠오르지 않을 때 활용하는 텍스트 생성 기능.
예: "AI 음악 동아리 홍보용 포스터 문구를 써줘."
(무료 버전에서도 사용 가능하나, 생성 횟수는 제한될 수 있다.)

Text to Image: 문장만으로 이미지를 생성하는 기능.
예: "무대 위에서 연주하는 대학생 밴드."
(무료 버전에서도 사용 가능하지만 이미지 품질·해상도·횟수에 제한이 있다.)

Style Transfer: 선택한 템플릿을 감성적·모던·팝아트 스타일로 전환하는 기능.
(이 기능은 유료 플랜에서만 제공되거나 무료에서 제한될 수 있다.)

Brand Kit: 로고, 대표 색상, 폰트를 설정해 전체 디자인의 통일감을 유지하는 기능.
(무료 버전에서는 대표 색상 정도만 기본 제공되고, 로고·폰트 업로드 등은 유료 기능이다.)

[오늘의 실습 과제 2] 포스터 제작하기

오늘의 실습 과제는 아래의 주제 중 하나를 선택한다.

[선택 주제 예시]

나의 동아리 홍보 포스터 만들기
학교 축제나 공연을 홍보하는 포스터 만들기
AI 기술 체험 행사 포스터 만들기
환경 보호 캠페인 포스터 만들기
AI 프로젝트(음악, 영상 등) 홍보 포스터 만들기

아래 실습 절차는 Canva 무료 버전에서 할 수 있는 기능을 중심으로 구성되었으며, 모든 학생이 동일한 환경에서 실습할 수 있도록 무료 기능만을 활용한다.

1. ChatGPT에게 포스터 구성 요청하기

[프롬프트 예시]

> "캔바에서 포스터를 만들 건데, AI 음악을 홍보하는 내용으로 문구와 색상 아이디어를 제안해 줘."

→ ChatGPT가 제안한 제목, 부제, 문구, 색상 팔레트를 메모해둔다.

2. Canva에서 디자인 템플릿 선택하기

Canva.com 접속 → 로그인후 검색창에 'Poster'를 입력하고 무료 템플릿 중 제안받은 콘셉트에 어울리는 디자인을 선택하고 제목·부제 등을 수정한다. 유료 템플릿은 '왕관 아이콘'이 표시되므로 무료 템플릿만 사용하도록 한다.

3. QR코드 삽입하기

https://qr.naver.com/create에 접속하고 음악 링크 또는 홍보용 링크를 넣고 QR코드 생성 다운로드 후 Canva 포스터 디자인에 삽입한다. → 이 단계는 무료로 모두 가능하다.

4. 완성본 저장 및 공유

완성한 포스터를 PDF 또는 JPG로 저장하고, 수업게시판 또는 SNS에 업로드한다. Canva 무료 버전에서는 일부 고해상도 옵션이 제한되지만, 일반 PDF/JPG 저장은 무료로 가능하다.

5. 생성형 AI 활용 실습 4

5-1. 개요

수업 형태	이론 + 실습
수업 내용	ChatGPT를 활용한 데이터 구조와 엑셀함수 이해
학습 목표	o 비정형 데이터를 표로 구조화하고, 체크리스트나 일정표로 자동 변환 o 기본적인 엑셀 함수와 조건식을 AI의 도움으로 이해하고 적용
주요 학습 내용	o 정보 정리 및 표 생성 실습 o 엑셀 함수 추천 및 자동 계산 실습 o 주간 월간 일정표 자동화
교수 방법	o 기타 : 강의 및 실습
과제물	o 과제 : 수업내 [오늘의 실습 과제] 산출물 제출

우리가 매일 마주하는 정보는 생각보다 훨씬 복잡하고 비정형적이다. 수업 중에 적어둔 조각난 필기, 팀 프로젝트에서 쌓인 메모, 제출 일정이 뒤섞인 과제 목록처럼 대부분이 문장 형태로 흩어져 있어 무엇이 급한 일인지 파악하기 어렵다. 교재의 실습 예시인 "크루아상 10개 아직 포장 안 함", "파운드케이크 재고 부족", "마카롱 내일 오전 배송 예정" 같은 정보도 문장 그대로라면 우선순위를 판단하기 쉽지 않다. 학업 역시 "보고서 마무리", "발표자료 수정", "과제 제출 직전 검토"처럼 메모만 쌓이면 중요한 일부터 처리하기 어렵다.

그래서 생성형 AI를 제대로 활용하려면 비정형 데이터를 먼저 '표'로 구조화해야 한다. 표는 단순히 깔끔해 보이기 위한 형식이 아니라, 정보를 비교하고 필터링하고 일정표로 재구성할 수 있게 하는 핵심적인 틀이다. 예시처럼 제품명, 수량, 마감일, 준비 상태를 나누어 정리하면 오늘 해야 할 일과 이미 완료된 항목이 분명해지듯, 학업에서도 과목, 과제명, 제출일, 진행 상태를 표로 구조화하면 공부 계획을 훨씬 명확하게 세울 수 있다.

이번 수업에서는 흩어진 데이터를 표로 구조화하고, 다시 체크리스트나 주간 일정으로 변환되는지를 단계별로 다룰 것이다. 이를 통해 학생들은 학업, 과제, 프로젝트 정보를 스스로 설계하고, AI를 활용해 효율적으로 관리하는 능력을 자연스럽게 익히게 된다.

5-2. 엑셀 데이터의 기본 개념 이해하기

엑셀(Excel)은 단순히 표를 만들고 계산하는 도구가 아니라, 데이터를 다루는 도구이다. 컴퓨터가 정보를 기억하기 위해 저장 공간이 필요하듯, 엑셀에서도 데이터를 기억하는 공간의 개념으로 '셀(Cell)'이 사용된다.

각 셀은 데이터를 저장하는 작은 기억 단위이며, 이 셀의 위치는 열(Column)과 행(Row)의 조합으로 구분된다. 예를 들어 B3이라는 셀은 B열과 3행이 교차하는 위치에 있다. 이러한 구조 덕분에 엑셀은 체계적으로 정보를 저장하고, 계산하고, 분석할 수 있다.

우리가 일상적으로 사용하는 문서를 작성할 수도 있고, 수많은 데이터를 다루는 데이터 분석 도구로도 활용할 수 있다. 엑셀은 전공 불문하고 실무에서 널리 사용될 수 있는 도구지만 처음 배우는 단계에서는 용어나 개념이 낯설어 어렵게 느끼는 학생들도 많다. 그러나 기본 용어와 개념을 이해하고 ChatGPT와 함께 문제를 해결한다면, 훨씬 쉽게 엑셀을 익히고 실무에서 자유롭게 활용할 수 있다.

이제 셀(Cell), 열(Column), 행(Row) 등 엑셀의 기본 구조를 하나씩 이해해 보자.

[그림 예시] 엑셀 · 데이터베이스 기본 용어 정리

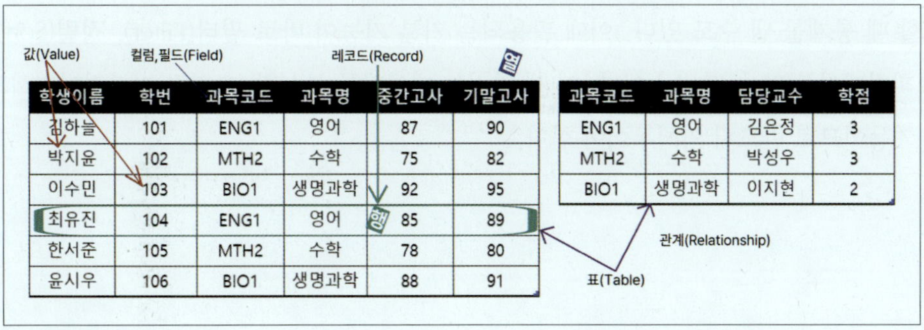

값(Value) 컬럼,필드(Field) 레코드(Record) 열

학생이름	학번	과목코드	과목명	중간고사	기말고사
김하늘	101	ENG1	영어	87	90
박지윤	102	MTH2	수학	75	82
이수민	103	BIO1	생명과학	92	95
최유진	104	ENG1	영어	85	89
한서준	105	MTH2	수학	78	80
윤시우	106	BIO1	생명과학	88	91

과목코드	과목명	담당교수	학점
ENG1	영어	김은정	3
MTH2	수학	박성우	3
BIO1	생명과학	이지현	2

행 관계(Relationship) 표(Table)

용어	설명	예시
셀 (Cell)	데이터를 입력하는 가장 작은 단위로, 하나의 칸을 의미한다.	예: 김하늘 학생의 '중간고사 점수(87)'
행 (Row)	가로 방향으로 나열된 데이터의 한 줄이며, 한 명의 학생에 대한 모든 정보를 포함한다.	예: 최유진 / 104 / ENG1 / 영어 / 85 / 89
열 (Column)	세로 방향으로 구분된 영역으로, 동일한 종류의 데이터를 담는다.	예: 학생이름, 학번, 과목명, 중간고사, 기말고사
레코드 (Record)	하나의 개체(학생)에 대한 모든 정보가 담긴 행 단위 데이터이다.	예: 김하늘 학생의 전체 성적 정보
필드 (Field)	각 레코드를 구성하는 세부 항목으로, 데이터의 속성(열 제목)을 의미한다.	예: 학생이름, 학번, 과목코드 등
테이블 (Table)	동일한 구조(필드)를 가진 여러 레코드의 집합. 하나의 데이터표로 구성된다.	예: "성적 데이터" 표 전체
관계 (Relationship)	서로 다른 테이블 간에 공통된 항목(키)을 기준으로 데이터를 연결하는 구조.	예: 성적 테이블의 '과목코드'와 과목정보 테이블의 '과목코드' 연결

마지막에 소개된 관계(Relationship)는 여러 테이블을 서로 연결하는 개념이지만, 이 장에서는 개념만 간단히 다루고 넘어간다. 실제로 테이블 간 관계를 설정하는 방법을 별도로 깊이 있게 학습하지는 않으며, 이후 노션을 활용하는 과정에서 자연스럽게 익혀 볼 예정이다.

이렇게 표 형태로 데이터를 완성하면, 원하는 자료만 보거나, 원하는 순서대로 정렬하거나, 필요할 때 통계를 낼 수도 있다. 이때 활용되는 기본 기능이 바로 필터(Filter), 정렬(Sort), 그리고 피벗테이블(Pivot Table) 이다. 이 세 가지는 데이터를 분석할 때 가장 기본적이면서도 강력한 기능이므로 반드시 익혀두어야 한다.

기능	설명	활용 예시
필터 (Filter)	원하는 조건의 데이터만 화면에 표시하는 기능. 메뉴 경로: 상단 메뉴 → 데이터(Data) 탭 → 필터(Filter) 클릭	예: '과목이 영어인 학생' 또는 '평균 90점 이상인 학생'만 보기
정렬 (Sort)	특정 기준에 따라 데이터를 오름차순 또는 내림차순으로 재배열하는 기능. 메뉴 경로: 상단 메뉴 → 데이터(Data) 탭 → 정렬(Sort) 클릭	예: '기말고사 점수 높은 순', '이름 가나다순'으로 정렬
피벗테이블 (Pivot Table)	대량의 데이터를 요약·집계하여 통계와 분석표를 자동으로 생성하는 기능. 메뉴 경로: 상단 메뉴 → 삽입(Insert) 탭 → 피벗테이블(PivotTable) 클릭	예: '과목별 평균 점수', '학년별 최고점', '성적 분포표' 자동 계산

5-3. 비정형 데이터를 표로 정리하기

5-3-1. 비정형 데이터의 특징 파악

먼저 비정형 데이터가 무엇인지부터 알아보자. 비정형 데이터란 일정한 형태나 규칙 없이 존재하는 데이터로, 예를 들어 자유롭게 적은 문장, 설문 응답, 이메일 내용, SNS 게시글처럼 표 형식이 아닌 정보를 말한다. 이러한 데이터는 단순히 복사하거나 계산할 수 없기 때문에 분석하기 어렵지만, AI는 이러한 비정형 데이터를 읽고, 공통된 항목을 찾아내어 구조화된 표(Structured Table)로 바꿀 수 있다.

아래 표에는 누군가가 업무를 처리하면서 정리되지 않은 '날것의 정보(raw data)'를 문장 형태로 기록한 사례가 있다.

[예시] 비정형 주문 메모

주문정보	메모
오늘 오전에 주문 들어온 크루아상 10개 아직 포장 안 함	고객 요청사항: 낱개 포장, 스티커 부착
파운드케이크 5개 오후까지 납품 예정	재고 부족, 재료 발주 필요
마카롱 8개 주문 완료, 결제 완료	배송일: 내일 오전 9시
쿠키세트 3박스 시식용 제작 요청	행사 일정 11월 21일, 시식 부스 배정 예정

위 예시처럼 문장과 메모가 뒤섞여 있으면 무엇이 제품명인지, 무엇이 수량, 기한, 상태인지 한눈에 파악하기 어렵다. 이렇게 두면 업무 현장에서 주요 사항을 빠르게 인식하고 처리하기가 힘들다. 놓치는 항목이 생기고, 우선순위가 흐려진다. 그래서 우리는 이 비정형 데이터를 데이터베이스 형식의 표(행=레코드, 열=필드)로 깔끔하게 바꿔야 한다.

5-3-2. 필드(열) 설계

비정형 데이터를 구조화하여 저장하기 위한 첫걸음으로 필드(열) 설계를 고려해 보자. 기준 없이 받아 적은 메모를 표로 깔끔하게 정리하기 위해서는, 먼저 업무에 필요한 필드명(열 이름) 이 무엇인지 생각하고 써보는 것부터 시작해야 한다. 이 단계는 단순히 제목을 정하는 것이 아니라, 어떤 정보를 관리할 것인지 구조를 설계하는 과정이다.

[실습] 나만의 필드(열) 설계하기

위 주문 메모를 기준으로, 관리에 필요하다고 생각하는 열 이름을 직접 적어보자.
예: 제품명 / 수량 / 마감일(납품일) / 상태(준비 완료 여부) / 메모

5-3-3. ChatGPT 구조화 지시

ChatGPT는 비정형 텍스트를 처리하는데 있어 탁월한 성능을 가지고 있기 때문에, 임의의 비정형 텍스트 정보를 구조화된 행과 열로 표현하는데 능숙하다. 이제 ChatGPT에게 표 형태로 구조화하도록 지시해 보자. 열 이름(필드)을 지정하고, 데이터 형식에 대한 기준을 명확히 제

시하면 AI는 문장을 표 형식으로 깔끔하게 정리해준다.

[프롬프트 예시]

" 비정형 문장을 표로 정리해줘. 열은 '제품명, 수량, 마감일, 준비 완료, 메모'야. 숫자는 정수로, 준비 완료는 '예/아니오'로 통일하고, 모호하면 메모에 남겨줘. 표는 Markdown으로."

[프롬프트 응답예시]

다음은 주어진 비정형 주문 메모를 구조화한 표입니다.

제품명	수량	마감일	준비 완료	메모
크루아상	10	오늘 오전	아니오	아직 포장 안 함, 고객 요청: 낱개 포장 + 스티커 부착
파운드케이크	5	오늘 오후	아니오	재고 부족, 재료 발주 필요
마카롱	8	내일 오전 9시	예	주문 및 결제 완료, 배송 예정
쿠키세트	3	11월 21일	아니오	시식용 제작 요청, 행사 부스 배정 예정

ChatGPT가 생성한 표는 비정형 문장 안에 있는 여러 요소를 일정한 기준에 따라 구조화한 것이다. 우선 '마감일'은 문장 속 시간 표현을 그대로 해석해 정리했으며, 예를 들어 '오늘 오전'이나 '내일 오전 9시'와 같은 표현을 표의 날짜 항목으로 옮겼다. '준비 완료' 여부는 각 문장에서 드러나는 상태 정보를 기반으로 판단했는데, '포장 안 함'이나 '발주 필요'와 같은 표현은 준비가 되지 않은 항목으로 보고 "아니오"로 표시했고, '주문 완료', '결제 완료'는 완료된 상태로 간주해 "예"로 정리했다. 또한 포장 방식이나 행사 부스 배정과 같은 부가적인 설명은 모두 '메모' 항목에 따로 모아 기록해, 핵심 정보와 참고 정보를 구분해 볼 수 있도록 했다.

이 해설을 통해 ChatGPT가 문장 내 정보를 어떤 기준으로 구조화했는지 이해하고, 이후 자신이 구조화 작업을 할 때 어떤 원칙을 적용해야 하는지를 파악할 수 있다.

5-3-4. 생성된 표 검수·수정

ChatGPT가 생성한 표는 완벽하지 않을 수 있다. AI가 자동으로 만든 결과라도, 사람이 직접 값을 확인하고 의미를 해석하는 과정이 반드시 필요하다. 빠진 데이터나 불명확한 표현이 있다면 수정하고, 애매한 정보(예: '오늘', '내일' 등)는 정확한 날짜로 변환하여 '메모' 열에 정리한다.

이번 실습에서는 기준일을 2026년 5월 5일(2026-05-05)로 정하고, 날짜 형식을 모두 YYYY-MM-DD 형태로 통일한다. 이 과정을 통해 단순히 표를 '받아 적는' 단계에서 벗어나, AI가 만든 데이터를 사람이 검증하고 완성하는 데이터 관리의 기본 습관을 익힐 수 있다.

[프롬프트 예시]

"오늘 날짜(2026-05-05)를 기준으로 마감일을 YYYY-MM-DD 형식으로 통일하고, 준비 상태를 "예 / 아니오"로 정리한 표를 작성해줘. 또한 "오늘"이나 "내일" 같은 표현은 기준일을 계산해 변환하고, 누락되거나 불명확한 정보는 메모 열에 남겨줘."

[프롬프트 응답예시]

제품명	수량	마감일	준비 완료	메모
크루아상	10	2026-05-05	아니오	아직 포장 안 함, 고객 요청: 낱개 포장 + 스티커 부착
파운드케이크	5	2026-05-05	아니오	재고 부족, 재료 발주 필요
마카롱	8	2026-05-06	예	주문 및 결제 완료, 배송 예정
쿠키세트	3	2026-05-21	아니오	시식용 제작 요청, 행사 부스 배정 예정

[실습] 생성된 표 직접 검수하기

기준일을 바꿔(예: 오늘 실제 날짜) "오늘/내일"을 다시 계산해 보자. 누락된 정보가 있다면 메모 열에 이유를 기록해 보자.

5-3-5. 엑셀로 형식 다듬기

ChatGPT가 생성한 표를 실제 엑셀(Excel) 프로그램으로 옮겨 실무에 맞게 다듬어 보자.

[실습 1] ChatGPT 표를 엑셀에 붙여넣기

① ChatGPT 표 복사하고 열 너비와 행 높이 조정하기

생성된 표 전체를 마우스로 드래그해 복사한 뒤, 엑셀 시트의 A1 셀에 붙여넣는다. 데이터가 잘리지 않도록 모든 열을 선택 후, 열 너비를 자동 맞춤(더블클릭) 한다. 필요하다면 행 높이도 조정하여 표 전체가 보기 좋게 정렬되도록 한다.

	A	B	C	D	E
1	제품명	수량	마감일	준비 완료	메모
2	크루아상	10	2026-05-05	아니오	아직 포장 안 함, 낱개 포장 및 스티커 부착 요청
3	파운드케이크	5	2026-05-05	아니오	재고 부족, 재료 발주 필요
4	마카롱	8	2026-05-06	예	주문·결제 완료, 내일 오전 9시 배송 예정
5	쿠키세트	3	2026-05-21	아니오	시식용 제작 요청, 행사 부스 배정 예정
6					

② 서식 지정하기

	A	B	C	D	E
1	제품명	수량	마감일	준비 완료	메모
2	크루아상	10	2026년 05월 05일	아니오	아직 포장 안 함, 낱개 포장 및 스티커 부착 요청
3	파운드케이크	5	2026년 05월 05일	아니오	재고 부족, 재료 발주 필요
4	마카롱	8	2026년 05월 06일	예	주문·결제 완료, 내일 오전 9시 배송 예정
5	쿠키세트	3	2026년 05월 21일	아니오	시식용 제작 요청, 행사 부스 배정 예정

날짜 열은 yyyy "년" mm "월" dd "일"형식으로 변경한다.(메뉴 경로: 홈 → 표시 형식 → 날짜 형식 사용자 지정) 셀 서식의 맞춤(정렬)과 테두리 를 조정하여 아래 예시처럼 깔끔한 표 형태로 다듬는다.

※ 이 교재는 엑셀 기능 자체를 상세히 다루는 책은 아니지만, 데이터를 다루는 기본 소양으로

서 셀 서식 지정, 열·행 편집, 표로 변환 후 서식 정리 방법, 서식복사 사용방법 정도는 반드시 한 번은 직접 익혀두어야 한다. 이런 기본 조작을 숙달해두면, 이후 AI가 만들어준 표를 수정하거나 분석할 때 훨씬 효율적으로 다룰 수 있다.

③ 필터 기능으로 업무 정리하기

완성된 표에 필터(Filter) 기능을 적용해 보자. 표 안에 임의 셀을 선택하고, 데이터(Data)메뉴 ▶ 필터(Filter)) 버튼을 클릭한다. 준비완료 필드의 필터버튼에서 "아니오" 만 선택하면 오늘 처리해야 할 업무만 깔끔하게 확인할 수 있다.

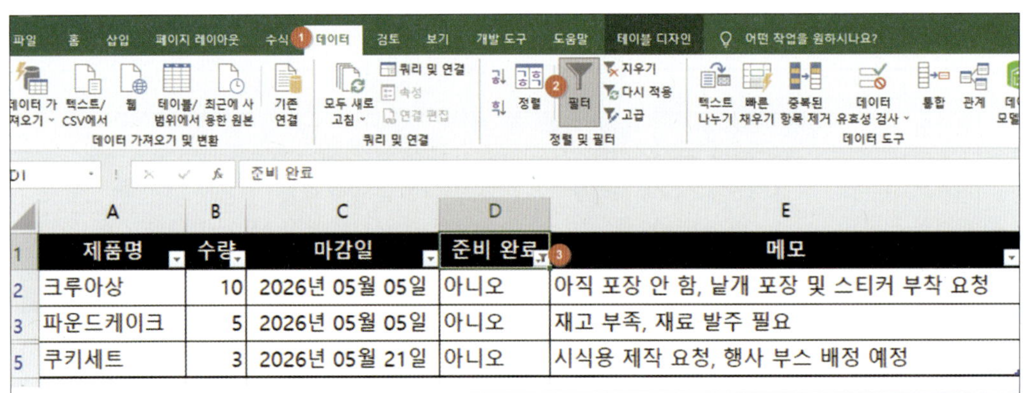

	A	B	C	D	E
1	제품명	수량	마감일	준비 완료	메모
2	크루아상	10	2026년 05월 05일	아니오	아직 포장 안 함, 낱개 포장 및 스티커 부착 요청
3	파운드케이크	5	2026년 05월 05일	아니오	재고 부족, 재료 발주 필요
5	쿠키세트	3	2026년 05월 21일	아니오	시식용 제작 요청, 행사 부스 배정 예정

5-4. 체크리스트·일정표 자동 생성

이전 실습에서 ChatGPT를 이용해 비정형 데이터를 구조화된 표(Structured Table)로 정리하고, 엑셀에서 보기 좋게 편집하는 과정을 실습했다. 이제 완성된 표를 단순히 '정리된 데이터'로 두지 말고, 실제 업무 관리에 활용할 수 있는 형태(체크리스트 · 일정표) 로 변환해 보자.

현장에서는 '해야 할 일(To-Do)'이나 '납품 일정'을 빠르게 파악하는 것이 무엇보다 중요하다. 이번 실습에서는 AI의 도움을 받아, 정리된 표를 자동으로 체크리스트(오늘 할 일)와 일정표(주간 일정)로 변환하는 과정을 실습해 보자.

5-4-1. 일정 관리용 표 변환

① ChatGPT에게 변환 지시하기

비정형 데이터를 정리했던 표를 ChatGPT에 다시 붙여넣고, 이번에는 '업무 일정 관리용' 형태로 변환하도록 지시해 보자. '준비 완료'가 "아니오" 인 항목은 오늘 해야 할 일로, 이번 주(2026-05-05 ~ 2026-05-11) 안에 마감일이 있는 항목은 주간 일정으로 분류한다.

[프롬프트 예시]

"아래 표를 참고해서 '오늘 해야 할 일'과 '이번 주 일정'을 구분한 체크리스트를 만들어줘.
준비 완료가 '아니오'인 항목은 오늘 할 일로, 마감일이 이번 주(2026-05-05~2026-05-11)인 항목은 주간 일정으로 정리해줘.
표 형식으로 보여주되, 첫 번째 열에는 체크박스(□ / V)를 넣어줘."

[프롬프트 응답예시]

구분	체크	제품명	마감일	메모
오늘 할 일	□	크루아상	2026-05-05	포장 및 스티커 부착 필요
오늘 할 일	□	파운드케이크	2026-05-05	재고 발주 필요
이번 주 일정	V	마카롱	2026-05-06	내일 오전 9시 배송 예정
이번 주 일정	□	쿠키세트	2026-05-21	행사 부스 배정 예정

💡 표 해설

- '오늘 할 일'은 마감일이 기준일(2026-05-05)과 같은 항목이다.
- '이번 주 일정'은 기준일부터 7일 이내에 마감일이 포함된 항목이다.
- 체크박스(□ / V)는 업무 진행 상태를 표시하기 위해 추가했다.

작성된 표가 마음에 든다면 엑셀파일 형식으로 한글이 제대로 출력되도록 다운로드를 요청해 보자.

[프롬프트 예시]

"결과표를 엑셀 파일로 다운받게 만들어줘.
파일명은 '실습2_체크리스트.xlsx' 로 저장해줘. 한글이 깨지지 않도록 UTF-8 인코딩을 적용하고, 각 열의 제목(필드명)을 첫 번째 행에 넣어줘.
시트 이름은 '업무체크리스트' 로 설정해줘. 시트 이름은 '업무체크리스트' 로 설정해줘."

[프롬프트 응답예시]

	A	B	C	D	E
1	구분	체크	제품명	마감일	메모
2	오늘 할 일	□	크루아상	2026-05-05	포장 및 스티커 부착 필요
3	오늘 할 일	□	파운드케이크	2026-05-05	재고 발주 필요
4	이번 주 일정	☑	마카롱	2026-05-06	내일 오전 9시 배송 예정
5	이번 주 일정	□	쿠키세트	2026-05-21	행사 부스 배정 예정

파일명, 표안의 내용, 워크시트 이름 모두 정확히 생성되었는지 확인한다. 실제 환경에서 ChatGPT의 파일 생성 기능은 버전·환경에 따라 지원 여부가 다를 수 있으므로, 파일 생성이 되지 않을 경우 표 내용을 복사해 직접 엑셀에 붙여넣어도 된다.

5-4-2. 엑셀에서 동작하는 체크박스 만들기

5-4-2-1. 특수문자 삭제와 체크박스 삽입

이제 ChatGPT가 만든 체크리스트 파일(실습2_체크리스트.xlsx) 을 직접 실행 가능한 형태로 만들어보자. 이 단계는 AI가 아닌 엑셀(Excel) 의 기능만을 이용하여, 데이터를 '작동하는 문서'로 발전시키는 과정이다.

엑셀 상단에 개발도구(Developer) 탭이 보이지 않는다면, 상단 메뉴에서 파일 → 옵션 → 리본 사용자 지정(Customize Ribbon) 으로 이동한 뒤 오른쪽 목록에서 개발 도구(Developer) 항목을 체크하고 확인(OK) 을 누르면 표시된다.

[실습 1] 체크박스 만들기

① 기존 특수문자 체크박스 삭제하기

파일을 열면 B2:B5 셀에 동작하지 않는 특수문자(□,V형태)의 체크박스가 입력되어 있나. 이들은 단순 기호일 뿐, 클릭해도 동작하지 않는다. B2:B5 영역을 마우스로 드래그해 선택한 뒤 DEL 키를 눌러 삭제한다.

② 체크박스 삽입하기

B2 셀을 선택한 상태에서 상단 메뉴의 개발도구(Developer) 탭을 클릭한다. 삽입(Insert) 그룹에서 양식 컨트롤(Form Controls) 을 선택한 후, 체크 상자(Check Box) 를 클릭한다. 커서가 십자 모양으로 바뀌면 B2 셀 안쪽에 마우스로 드래그하여 체크박스를 그리며 삽입한다.

③ 체크박스 편집하기

삽입된 체크박스는 기본적으로 “확인란 2” 등의 텍스트가 붙어 있다. 이 텍스트를 제거하기 위해 CTRL + 클릭 하여 편집 상태로 전환한다. ‘확인란 2’ 글자를 삭제하고, 동작하는 □ 체크박스만 B2 셀 안에 잘 맞게 위치시킨다.

	A	B	C	D	E
1	구분	체크	제품명	마감일	메모
2	오늘 할 일	☑ 확인란 2	크루아상	2026-05-05	포장 및 스티커 부착 필요
3	오늘 할 일		파운드케이크	2026-05-05	재고 발주 필요
4	이번 주 일정		마카롱	2026-05-06	내일 오전 9시 배송 예정
5	이번 주 일정		쿠키세트	2026-05-21	행사 부스 배정 예정
6					

④ 체크박스 복사하기

이제 B2 셀을 클릭하고 셀의 오른쪽 아래 모서리(검은색 점)에 마우스를 올리면 커서가 검은색 십자(+) 모양으로 바뀐다. 이 상태에서 B5 셀까지 드래그하여 아래로 복사하면 B3~B5 셀에도 동일한 체크박스가 자동으로 복사된다.

체크박스는 단순히 클릭만 되는 도형이 아니라, 선택 여부에 따라 TRUE(선택됨)와 FALSE(선택 안 됨)을 반환하는 논리 컨트롤이다. 현재 상태에서는 단순한 도형에 불과하므로 논리값이 기록되지 않는다. 이제 각 체크박스가 실제로 이러한 논리값을 반환하도록 설정해 보자.

5-4-2-2. 체크박스 셀연결

① 컨트롤 서식 열기

B2 셀의 체크박스를 CTRL + 클릭하여 편집 상태로 만든 뒤, 마우스 오른쪽 버튼을 눌러 컨트롤 서식(Format Control) 을 선택한다.

② 기본값 설정하기

확인란의 기본값’은 선택 안 함(Off) 상태로 변경한다.

③, ④ 셀 연결 지정하기

셀 연결(Cell link) 항목에 논리값을 표시할 셀을 입력한다. 예: G2 셀을 지정하면, 체크박스의 상태가 G2 셀에 자동으로 기록된다.

– 체크 시: TRUE

– 체크 해제 시: FALSE

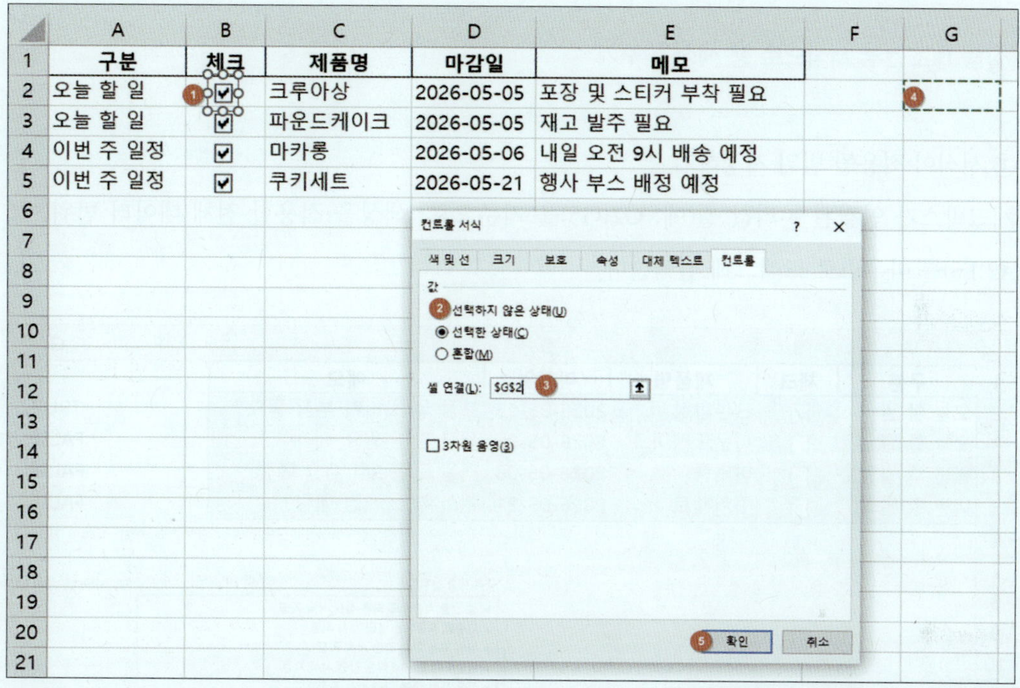

이제 B2 셀의 체크박스를 클릭하면 G2 셀에 TRUE 값이 표시되고, 체크를 해제하면 FALSE 값으로 자동 변경되는 것을 확인할 수 있다. 같은 방법으로 B3~B5 셀의 체크박스도 각 행의 G열(G3~G5)에 연결해준다.

이제 각 행의 체크박스가 개별적으로 TRUE/FALSE 논리값을 반환하도록 완성된다.

	A	B	C	D	E	F	G
1	구분	체크	제품명	마감일	메모		
2	오늘 할 일	☑	크루아상	2026-05-05	포장 및 스티커 부착 필요		TRUE
3	오늘 할 일	☐	파운드케이크	2026-05-05	재고 발주 필요		FALSE
4	이번 주 일정	☐	마카롱	2026-05-06	내일 오전 9시 배송 예정		FALSE
5	이번 주 일정	☐	쿠키세트	2026-05-21	행사 부스 배정 예정		FALSE

5-4-3. 조건부 서식으로 일정 강조하기

이제 TRUE/FALSE 논리값을 이용해, 체크박스를 클릭하면 해당 행 전체의 배경색이 노란색으로 바뀌도록 설정해 보자. 이 과정을 통해 단일 셀뿐 아니라 행 단위로 서식이 자동 적용되는 원리를 이해할 수 있다.

[실습 1] 조건부 서식으로 행 색상 바꾸기

① 서식이 적용될 범위 지정하기

체크박스가 연결된 논리값 셀(예: G2:G5)을 기준으로, 색상을 적용할 전체 데이터 범위(예: A2:E5)를 마우스로 드래그해 선택한다.

	A	B	C	D	E	F	G
1	구분	체크	제품명	마감일	메모		
2	오늘 할 일	☑	크루아상	2026-05-05	포장 및 스티커 부착 필요		TRUE
3	오늘 할 일	☐	파운드케이크	2026-05-05	재고 발주 필요		FALSE
4	이번 주 일정	☐	마카롱	2026-05-06	내일 오전 9시 배송 예정		FALSE
5	이번 주 일정	☐	쿠키세트	2026-05-21	행사 부스 배정 예정		FALSE

새 서식 규칙

규칙 유형 선택(S):

- ► 셀 값을 기준으로 모든 셀의 서식 지정
- ► 다음을 포함하는 셀만 서식 지정
- ► 상위 또는 하위 값만 서식 지정
- ► 평균보다 크거나 작은 값만 서식 지정
- ► 고유 또는 중복 값만 서식 지정
- ► 수식을 사용하여 서식을 지정할 셀 결정

규칙 설명 편집(E):

다음 수식이 참인 값의 서식 지정(O):

=$G2=TRUE

미리 보기: 가나다AaBbCc 서식(F)...

확인 취소

② 조건부 서식 설정하기

상단 메뉴에서 홈(Home) → 조건부 서식(Conditional Formatting) → 새 규칙(New Rule) 을 클릭한다. "수식을 사용하여 서식 지정할 셀 결정" 옵션을 선택한다. 수식 입력란에 아래와 같이 입력한다.

=$G2=TRUE

③ 서식(Format) 버튼을 클릭하고, 채우기(Fill) 탭에서 노란색 배경색을 선택한 후 확인버튼을 클릭한다. 체크박스의 클릭여부에 따라 해당 행의 채우기 색상이 변경되는 것을 확인할 수 있다.

	A	B	C	D	E	F	H
1	구분	체크	제품명	마감일	메모		
2	오늘 할 일	☑	크루아상	2026-05-05	포장 및 스티커 부착 필요		
3	오늘 할 일	☐	파운드케이크	2026-05-05	재고 발주 필요		
4	이번 주 일정	☐	마카롱	2026-05-06	내일 오전 9시 배송 예정		
5	이번 주 일정	☐	쿠키세트	2026-05-21	행사 부스 배정 예정		

※ 최종 사용 시에는 논리값이 표시되는 G열은 숨기기 처리하여 화면을 깔끔하게 정리한다. 수행과정에서 이해가 안된다면 이 과정을 ChatGPT에게 물어보며 작업해도 좋다.

5-5. ChatGPT와 함께 문제 해결하기

지난 실습에서 우리는 비정형 데이터를 구조화하고, 엑셀로 표를 다듬고, 체크리스트 형태로 시각화까지 완성했다. 하지만, 업무에서 진짜 필요한 것은 '데이터를 읽는 힘'이다. 오늘 할 일이 몇 개인지, 완료율은 얼마인지, 이번 주 일정 중 긴급한 업무는 무엇인지 — 이런 질문들에 즉시 답할 수 있어야 한다. 이제부터는 ChatGPT를 조언자로 삼아, 엑셀의 기본 함수와 조건식을 이용해 이 문제들을 직접 해결해 보자.

[문제 상황]

"업무 체크리스트를 관리하다 보니, 하루가 끝날 때마다 해야 할 일 중 몇 개를 끝냈는지, 어떤 제품이 아직 남았는지를 한눈에 보고 싶어요. 자동으로 계산되면 좋겠는데, 어떤 함수를 써야 할지 모르겠어요."

5-5-1. ChatGPT에게 물어보기

먼저, 우리가 ChatGPT에게 어떤 도움을 요청할 것인지부터 분명히 정리해 보자. 아래는 ChatGPT에 첨부할 실제 표 예시이다.

	A	B	C	D	E	F
1	구분	체크	제품명	마감일	메모	F열(완료여부)
2	오늘 할 일	☑	크루아상	2026-05-05	포장 및 스티커 부착 필요	TRUE
3	오늘 할 일	☐	파운드케이크	2026-05-05	재고 발주 필요	FALSE
4	이번 주 일정	☐	마카롱	2026-05-06	내일 오전 9시 배송 예정	FALSE
5	이번 주 일정	☐	쿠키세트	2026-05-21	행사 부스 배정 예정	FALSE

[프롬프트 예시]

"위의 표는 오늘 할 일과 이번 주 일정을 관리하는 체크리스트야.
각 행은 제품 단위의 업무를 나타내고, 체크박스를 누르면 TRUE/FALSE 값이 G열에 기록돼.
TRUE는 완료, FALSE는 미완료야.
이 데이터를 이용해서
① 오늘 할 일 중 완료된 개수,
② 완료율(%),
③ 아직 남은 업무 목록을 자동 계산하려면 어떤 함수를 써야 할까?"

[프롬프트 응답예시]

위와 같이 질문하면 ChatGPT는 이 문제를 풀기 위해 어떤 함수를 쓰면 좋을지 정리해서 알려준다.

분석 항목	추천 함수	설명
오늘 할 일 개수	COUNTIF()	특정 조건을 만족하는 셀의 개수 세기
완료된 건수	COUNTIFS()	조건이 여러 개일 때 사용, TRUE인 행만 계산
완료율	완료건수 ÷ 전체건수	비율 계산
미완료 목록	FILTER()	조건에 맞는 행만 자동 추출

이제 어떤 함수를 쓸지 큰 그림이 보였으니, 조금 숨을 고르고 "함수란 무엇인지"를 간단히 짚고 넘어가자. 엑셀 함수는 엑셀이 미리 만들어 놓은 '작은 프로그램(Program)'이다. 프로그램이라면 당연히 입력(Input) → 처리(Process) → 출력(Output) 구조를 가진다. 엑셀의 함수도 이 구조를 그대로 따른다.

– 어떤 계산을 할지(처리 과정)
– 계산 결과를 어떤 형태로 내보낼지(출력)
– 이 부분은 이미 엑셀 내부에 모두 프로그래밍되어 있다.

우리가 할 일은 이 프로그램이 필요로 하는 입력값을 괄호 안에 정확한 순서로 넣어주는 것뿐이다. 이 입력값을 '인수(Argument)'라고 부른다. 따라서 엑셀 함수는 내가 직접 코드를 작성하지 않아도, 만들어진 프로그램에 필요한 값만 넣으면 자동으로 계산을 수행해주는 도구라고 이해하면 된다.

함수의 기본 형식

```
=함수명(값1, 값2, ...)
```

항상 = 기호로 시작한다. 함수명 뒤에는 괄호 ( )가 따라온다. 괄호 안에는 함수가 필요로 하는 인수를 정해진 순서대로 넣어야 한다. 여기서 중요한 점은 인수의 순서가 잘못되면 함수는 의도한 대로 작동하지 않는다. 이제 실제로 추천된 함수들을 하나씩 적용해 보자.

5-5-2. ChatGPT 제안 받은 함수를 적용하여 해결하기

[실습 1] 함수로 체크리스트 자동 집계하기

① C7셀에 오늘 할 일 전체 개수 계산하기
C7 셀을 클릭하고 아래 함수를 입력한다.

```
=COUNTIF(A2:A5, "오늘 할 일")
```

COUNTIF 설명

COUNTIF(범위, 조건)은 조건을 만족하는 셀의 개수를 센다.

A열(A2:A5)에서 "오늘 할 일"인 행의 개수를 센다.

② C8셀에 '오늘 할 일' 중 완료된 건수 계산하기

C8 셀을 클릭하고 아래 함수를 입력한다.

```
=COUNTIFS(A2:A5, "오늘 할 일", F2:F5, TRUE)
```

COUNTIFS 설명

여러 조건을 동시에 만족하는 행의 개수를 센다.

첫 조건: A열이 "오늘 할 일"

두 번째 조건: F열이 TRUE(완료)

③ C9셀에 완료율(%) 계산하기

C9 셀을 클릭하고 아래 함수를 입력한다.

```
=COUNTIFS(A2:A5, "오늘 할 일", F2:F5, TRUE) / COUNTIF(A2:A5, "오늘 할 일")
```

입력 후 홈 → 표시 형식 → 백분율(%) 로 바꾸면 0~100% 형태로 나타난다.

④ C10셀에 아직 완료되지 않은 업무 자동 추출

C10 셀을 클릭하고 아래 수식을 입력한다. (또는 빈 공간이 넓은 아래쪽을 선택해도 괜찮다.)

```
=FILTER(A2:E5, F2:F5=FALSE, "모두 완료됨")
```

FILTER 설명

조건(G열이 FALSE)에 맞는 행만 아래로 자동 출력한다.

Excel 365 / 2021 이상 버전에서만 지원된다.

5-5-3. 조건식으로 '긴급 / 일반' 자동 분류하기 / 일반' 자동 분류하기

[실습 1] 문제 사항을 정확하게 이해하고 필요한 질문을 통해 문제를 해결

[문제 상황]

"마감일이 오늘(2026-05-05)이고 아직 완료되지 않은 업무는 "긴급", 나머지는 "일반"으로 표시해 보자."

[ChatGPT에 입력할 질문(빈칸 작성)]

Q. 업무의 마감일과 완료 상태를 기준으로 '긴급' 또는 '일반'으로 자동 분류하는 수식을 알려줘.
→ 직접 작성해 보세요: ______________________________

[일반 정보]

입력할 수식 :

```
=IF(AND(D2=DATE(2026,5,5), G2=FALSE), "긴급", "일반")
```

함수 해설 :

함수	역할
IF	조건이 참이면 A, 거짓이면 B 반환
AND	조건 여러 개를 모두 만족할 때 TRUE
DATE	날짜를 직접 만드는 함수

5-5-4. IFERROR로 오류를 깔끔하게 처리하기

[문제 상황]

"FILTER 함수나 조회 함수를 사용하면 종종 #N/A 오류가 발생한다.
보고서에 그대로 노출되면 보기 좋지 않기 때문에 오류가 뜨면 지정한 문구로 바꾸고 싶다."

[ChatGPT에 입력할 질문(빈칸 작성)]

Q. FILTER 함수에서 오류가 발생할 때 '확인 필요'라는 문구로 바뀌도록 하는 수식을 알려줘.
→ 직접 작성해 보세요: ______________________________

[일반 정보]

입력할 수식 :

```
=IFERROR(FILTER(A2:E100, G2:G100=FALSE), "확인 필요")
```

함수 해설 :

IFERROR 설명
수식에 오류(#N/A 등)가 발생하면 지정한 문구로 대체
보고서·과제 문서를 깔끔하게 만들 때 매우 유용

5-5-5. ChatGPT에게 수식 설명 요청하기

[문제 상황]

"함수가 '왜 이렇게 계산되는지' 이해가 되지 않을 때 ChatGPT에게 단계별 설명을 요청해 보자."

[ChatGPT에 입력할 질문(빈칸 작성)]

Q. 아래 수식이 어떤 순서로 계산되는지 단계별로 설명해줘.
=COUNTIFS(A2:A100,"오늘 할 일", G2:G100, TRUE)
→ 직접 작성해 보세요: ______________________________

이 실습을 통해 필요한 함수를 스스로 찾고, 함수가 어떤 논리로 계산되는지를 자연스럽게 이해하게 된다.

[오늘의 실습 과제]

아래 제시된 비정형 데이터 예시 중 1~2개를 선택하거나, 본인의 전공·학교 생활에서 유사한 사례를 직접 선택하여 오늘 배운 방식으로 구조화·정제·자동화 과정을 수행하시오.

[비정형 데이터 예시(선택 가능)]

① "다음 주 화요일까지 PPT 초안 제출해야 함. 팀원이 각자 맡은 부분 아직 미완료."
② "치과기공 실습: 석고 재료 3개 남음, 추가 발주 필요. 금요일 오전까지 준비."
③ "영상콘텐츠 팀 촬영 일정: 조명 담당 결석 예정, 대체 인력 필요."
④ "제과 실습 수업: 마카롱 색소 부족, 크림 재료는 충분. 내일 2교시 평가 있음."
⑤ "호텔 프론트 실습 보고서: 손님 응대 사례 5건 작성해야 함. 목요일 제출."
이 중에서 자신이 구조화하면 의미 있는 데이터를 선택하는 것을 권장한다.

1. 비정형 데이터 선택 및 분석
제시된 예시 중 1~2개를 선택하고, 해당 문장이 비정형 데이터인 이유를 간단히 설명하시오.

2. 데이터 구조 설계하기
선택한 문장을 표로 전환할 수 있도록 필드(열)를 직접 정의하시오.
필드는 데이터의 특성을 기준으로 스스로 판단하여 설계한다.

예: 항목명 / 담당자 / 기한 / 필요 자원 / 상태 / 메모 등
정의한 필드를 ChatGPT에 제시하여 표로 변환하시오.

3. 날짜 형식 통일하기
기준일을 오늘 날짜로 설정한 후, 표의 시간 표현을 모두 YYYY-MM-DD 형식으로 통일하시오.
모호한 표현(예: '다음 주 화요일', '내일 2교시')은 ChatGPT에게 변환을 요청한다.

4. 일정 관리용 체크리스트 만들기
ChatGPT를 활용하여 표의 항목을
- 오늘 해야 할 일
- 이번 주 안에 처리해야 할 일
두 범주로 자동 분류하여 체크리스트 형태로 재구성하시오.

5. 엑셀 관리 시트 구현하기
표를 엑셀로 가져와 다음의 기능을 활용하여 관리 시트를 완성하시오.
- 필터(Filter)
- 체크박스(Form Control) 삽입 및 셀 연결
- 조건부 서식(행 전체 색상 변경)
체크박스를 클릭했을 때 상태가 TRUE/FALSE로 반영되고 색상도 바뀌어야 한다.

6. Notion 이해

6-1. 개요

수업 형태	이론 + 실습
수업 내용	노션 가입 및 기본 사용법
학습 목표	o 노션의 기본 구조와 핵심 인터페이스 이해 o 페이지·블록을 활용한 문서 구성
주요 학습 내용	o 노션 가입 및 기본 환경 설정 이해 o 페이지·블록 구조와 활용법 익히기 o 테이블·보드·캘린더 뷰 전환 실습 o 필터와 정렬을 활용한 정보 탐색 방법 이해 o 주간 월간 일정표 자동화
교수 방법	o 기타 : 강의 및 실습
과제물	o 과제 : 수업내 작성한 완성한 노션 학과소개 페이지 링크 제출

노션(Notion)은 디지털 노트이자 개인·팀의 정보 처리 과정을 하나로 통합해 주는 도구다. 단순히 메모를 적는 공간을 넘어, 자료 저장·정리·일정 관리·작업 추적까지 모두 한 공간에서 이루어지도록 설계되어 있다.

이번 수업에서는 노션을 처음 접하는 학생도 쉽게 따라올 수 있도록 "회원가입 → 기본 페이지 만들기 → 블록 이해하기" 순서로 구성되어 있다. 이를 통해 노션이 어떤 구조로 이루어져 있으며 기본 기능이 어떻게 작동하는지 직접 만들어 보면서 자연스럽게 익힐 수 있다

그렇다면 왜 노션을 배워야 할까? 대학생활에서는 보고서, 과제, 발표 자료, 일정, 팀 프로젝트 등이 계속해서 발생한다. 각각을 다른 앱에 저장하고 관리하면 자료가 흩어져 비효율적이지만, 노션을 사용하면 여러 형태의 정보를 한 곳에서 관리할 수 있어 업무 흐름이 훨씬 단순해진다. 또한 텍스트만 입력해도 페이지가 자동으로 정돈되고, 다양한 블록을 조합해 시각적으로 보기 좋은 문서를 만들 수 있기 때문에 학습·과제·프로젝트 관리에 매우 유용하다.

즉, 오늘 배울 '노션 기본기'는 대학생활 전체에 걸쳐 지속적으로 활용될 수 있는 핵심 도구의 첫 단계라고 할 수 있다.

[왜 노션인가?]

- 정보를 한 곳에 모아 관리할 수 있다.
- 데이터 입력만으로 단시간에 시각적으로 정리된다.
- 일정·메모·프로젝트 관리까지 통합 가능하다.
- 협업 기능을 통해 팀 과제와 프로젝트에도 적합하다.

6-2. Notion 준비

노션을 사용하기 위해 가장 먼저 해야 할 일은 계정을 만드는 것이다. 노션은 이메일로 직접 가입할 수도 있고, 구글·애플 계정을 연동해 간편하게 로그인할 수도 있다. 여러 방식 중 학생들이 가장 빠르고 쉽게 따라올 수 있는 방법은 구글 계정으로 가입하기이므로 이번 수업에서는 이 방식을 사용한다.

노션은 기본적으로 무료 플랜만으로도 충분히 사용할 수 있는 도구다. 문서 작성, 페이지 구성, 기본 데이터베이스 활용 등 오늘 배울 기능들은 모두 무료로 문제 없이 사용할 수 있다. 예전에는 무료 계정에 '블록 제한'이 있었지만 현재는 해제되어 부담 없이 학습할 수 있다. 다만, 팀 단위 협업에서 더 큰 파일 업로드나 고급 권한 관리가 필요할 때는 유료 플랜을 고려하면 된다.

이제 실제로 노션에 가입해 보자.

[실습]

① 웹브라우저(크롬/사파리)에서 Notion 공식 홈페이지(https://www.notion.com/ko)에 접속한 뒤, ② 기존 계정이 있다면 바로 로그인하고 처음 사용하는 경우에는 'Notion 무료로

사용하기'를 눌러 로그인 화면에서 "Continue with Google"을 선택한다.

③ 구글 계정을 선택하고 학교 구글 계정 ④ 이메일과 비밀번호를 입력하여 계정 인증을 완료한다.

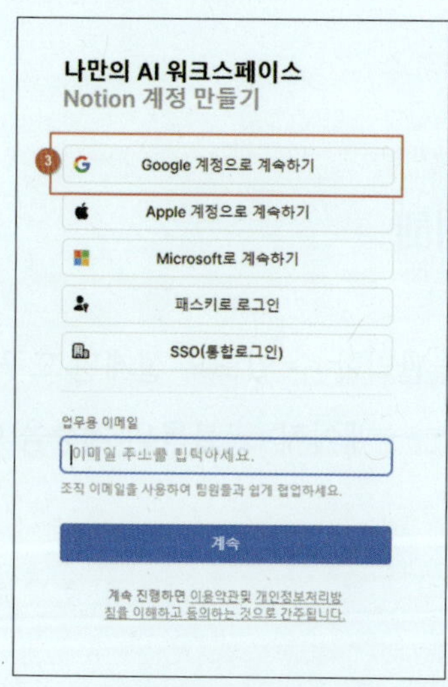

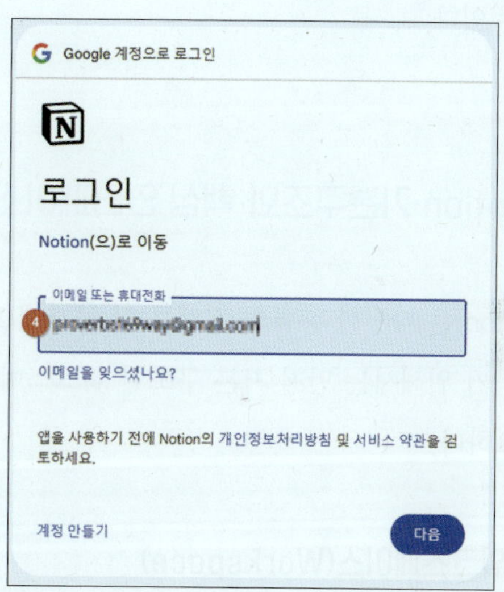

⑤ 처음 사용하는 경우에는 사용 목적이나 워크스페이스 설정 화면이 나타나는데, '개인용'을 선택하고 무료 플랜을 사용하도록 계정을 지정한 뒤, 나머지 항목은 모두 건너뛰어도 된다.

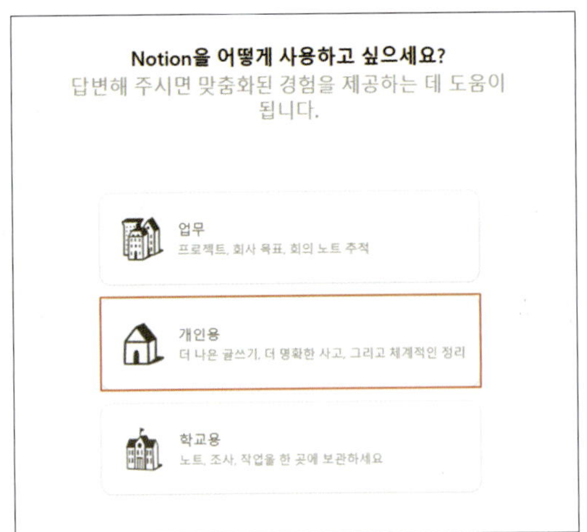

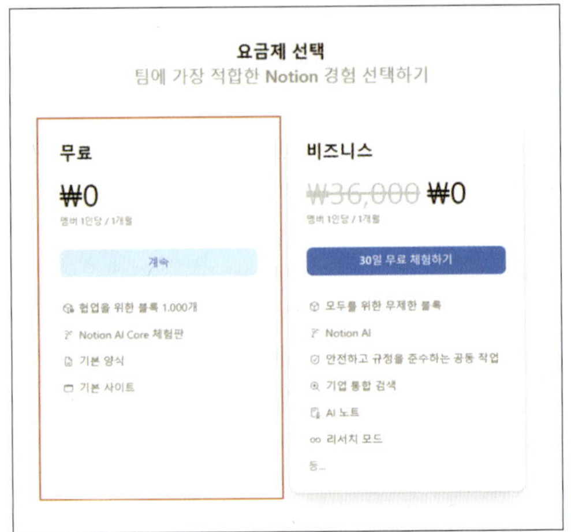

구글 계정으로 로그인하면 자동으로 첫 화면이 생성되며, 여기서부터 노션의 페이지 구성과 블록 기능을 직접 실습하게 된다. 가입을 마친 후에는 언어를 한국어로 설정하여 더 편리하게 사용할 수 있다.

6-3. Notion 기본구조와 핵심 인터페이스 이해

노션(Notion)은 다양한 종류의 정보를 한 공간에 모아 관리할 수 있도록 설계된 도구다. 노션을 이해하기 위해서는 먼저 기본 구조인 워크스페이스 → 페이지 → 블록의 계층을 이해하는 것이 중요하다.

6-3-1. 워크스페이스(Workspace)

노션 계정에 로그인하면 가장 먼저 보이는 왼쪽의 사이드바 전체 영역이 하나의 워크스페이스이다. 워크스페이스는 '큰 폴더' 또는 '내 작업 공간 전체'라고 생각하면 된다. 이 공간 안에서 여러 페이지를 만들고, 필요한 자료를 정리하며, 개인·팀 작업을 모두 진행할 수 있다.

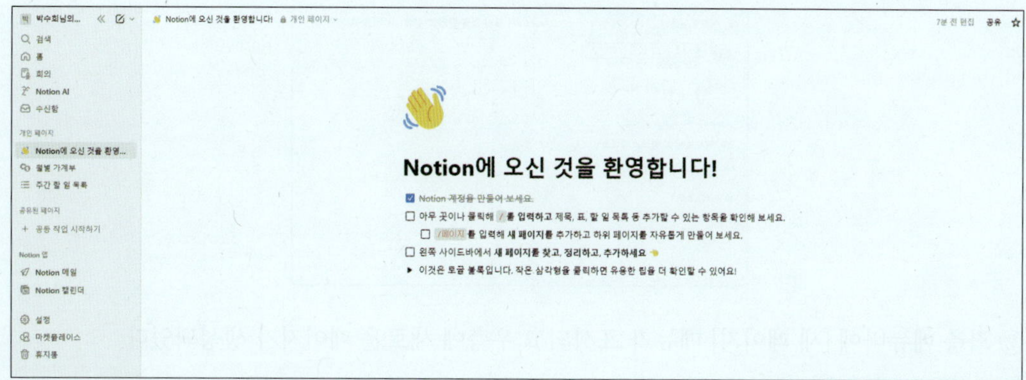

좌측의 "Notion에 오신 것을 환영합니다" 아래 목록들은 워크스페이스 안에 있는 페이지들이다. 이 전체가 "내 노션 공간" 즉, 워크스페이스이다.

6-3-2. 페이지(Page)

워크스페이스 안의 각 항목 하나가 바로 페이지다. 노션의 페이지는 Word 문서나 PowerPoint 슬라이드처럼 정보를 담는 기본 단위이다. 첫 화면에서는 예시로 다음과 같은 페이지가 자동으로 생성되어 있다.

- Notion에 오신 것을 환영합니다!
- 월별 가계부
- 주간 할 일 목록

이 페이지들은 둘 다 노션이 기본 제공하는 템플릿 페이지이며, 페이지 안에 원하는 블록을 자유롭게 추가할 수 있다.

아래 실습을 통해 새로운 페이지를 추가해 보자.

[실습]

① 노션 좌측 사이드바에서 개인 페이지 우측에 + 버튼을 클릭한다.

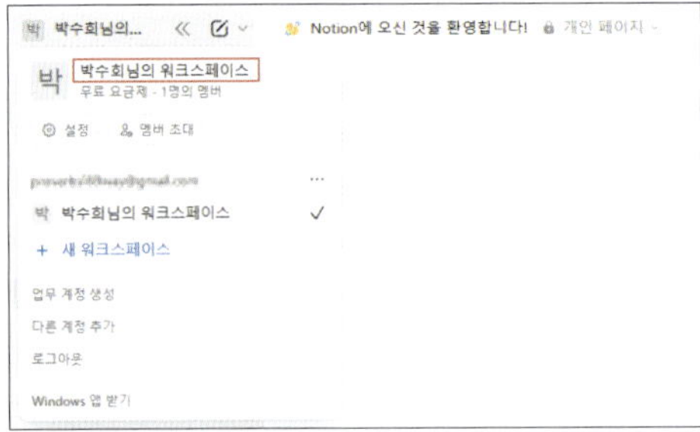

② 좌측 메뉴바에 [새 페이지] 메뉴가 표시되고 우측에 새로운 페이지가 생성되었다.

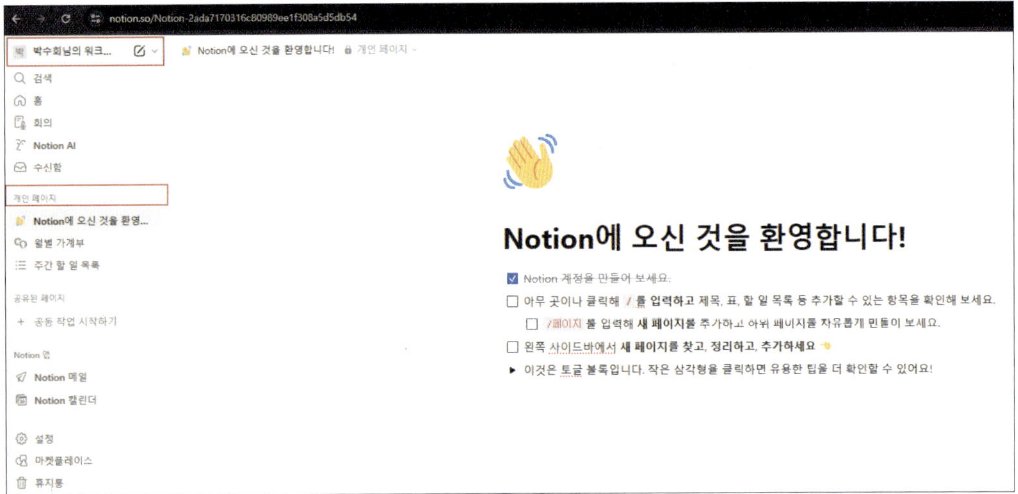

③ 노션의 페이지는 각각 고유한 링크(URL)가 있어 언제든지 다른 사람과 공유할 수 있다. 링크를 받은 사람은 '읽기 전용', '댓글만 허용', '전체 수정 가능' 등 부여된 권한에 따라 페이지를 활용할 수 있다. 이런 구조 덕분에 노션의 페이지는 일반 문서처럼 개인적으로만 사용하는 것이 아니라, 웹페이지처럼 외부에 공개하거나 협업용으로 배포하는 데에도 매우 유용하다.

또한 ④ 페이지 안에는 또 다른 하위 페이지(Subpage)를 만들 수 있어, 큰 주제 안에 세부 문서를 체계적으로 구조화할 때 더욱 유용하다.

6-3-3. 블록(Block)

노션에서 페이지를 구성하는 핵심 요소는 블록(Block)이다. 노션의 모든 페이지는 다양한 종류의 블록들이 모여 이루어지기 때문에, 블록을 이해하는 것이 노션 활용의 첫 단계라고 할 수 있다. 페이지 안에 보이는 텍스트 한 줄, 체크박스 하나, 이미지, 구분선, 데이터베이스 표 전체까지도 각각 하나의 블록으로 취급된다.

즉, 노션은 개별 블록들을 조립하고 배치하여 문서를 만들어가는 '블록 기반 조립형 문서 시스템'이다. 사용자는 필요에 따라 블록을 추가하거나 삭제하고, 위치를 옮기거나 형태를 바꾸면서 자신만의 페이지를 유연하게 구성할 수 있다.

블록은 입력할 수 있는 데이터 형식이 다양하다는 점에서도 특징적이다. 기본적인 텍스트뿐 아니라 이미지, 파일, 체크리스트처럼 단순한 요소부터, 표 형태의 데이터베이스나 유튜브·구글 드라이브·웹 링크를 삽입하는 임베드 콘텐츠까지 폭넓게 활용할 수 있다. 이 덕분에 노션 페이지는 단순히 글을 적는 공간을 넘어 다양한 정보를 한눈에 정리하는 대시보드처럼 사용할 수 있다.

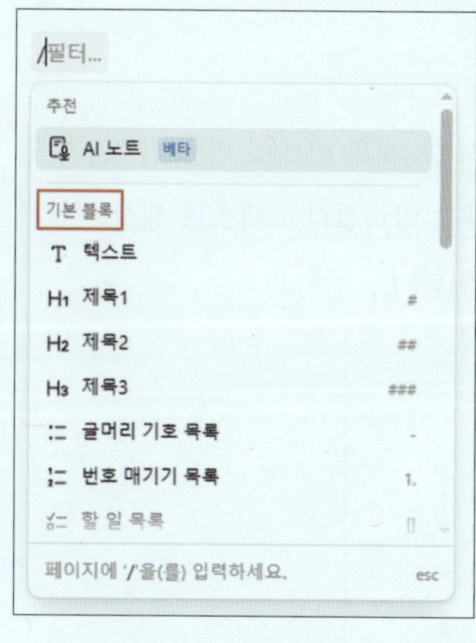

노션에서는 이러한 **블록들을 쉽게 불러올 수 있도록 슬래시(/) 명령어**를 제공한다. 페이지 안에서 슬래시를 입력하면 텍스트, 제목, 체크리스트, 이미지, 데이터베이스, 임베드 링크 등 여러 블록 목록이 나타나며, 사용자는 원하는 요소를 빠르게 선택하여 삽입할 수 있다. 이러한 구조 덕분에 문서 작성이 훨씬 단순해지며, 필요한 요소를 빠르게 배치하고 구성할 수 있다.

아래 표는 노션에서 자주 사용하는 주요 블록 종류를 정리한 것이다.

구분	블록 예시	설명
베이직 블록	텍스트, 제목(H1~H3), 체크리스트, 글머리 기호, 번호 매기기, 토글, 인용, 구분선, 콜아웃	기본 문서 작성과 페이지 구성에 활용
데이터베이스 블록	테이블, 보드, 갤러리, 리스트, 캘린더, 타임라인, 차트	데이터를 체계적으로 정리하고 다양한 방식으로 시각화
미디어 블록	이미지, 비디오, 오디오, PDF, 파일 업로드, Unsplash 사진	다양한 형식의 파일과 시각 자료 삽입
임베드 블록	웹 북마크, 유튜브, 구글 드라이브, 트위터, Figma, Loom	외부 서비스나 링크를 페이지 안에 직접 삽입
어드밴스 블록	토글 리스트, 코드 블록, 수학 수식, 인용문, 버튼, 목차	학습·전문 문서 작성 또는 자동화 기능에 활용
최신 블록	캔버스(Canvas), AI 블록	시각적 구성 강화 및 AI 생성·요약 기능 사용 가능

이제 실제로 간단한 실습을 진행해 보자.

[실습]

① 페이지 상단 제목 입력 칸에 "블록 연습 페이지"라고 하고 제목 아래의 빈 공간 "글자 입력" 텍스트를 입력한 후 슬래시(/)를 입력하고 /빨 이라고 입력한다. "텍스트 색상: 빨강" 옵션이 뜨면 선택하여, 텍스트 색상이 변경되는 것을 확인한다.

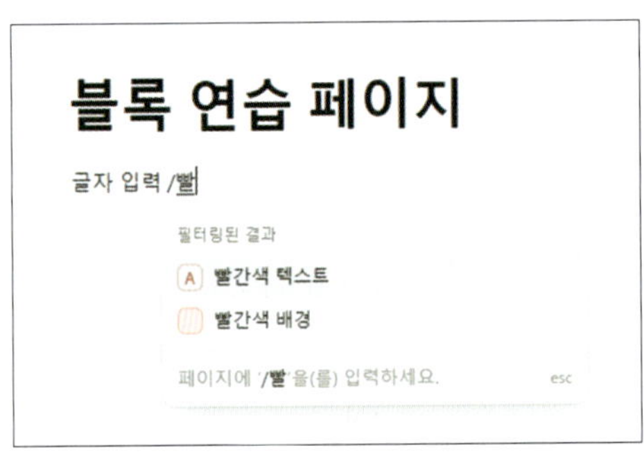

슬래시(/)를 입력하면 색상·배경색 등 여러 서식 명령어를 바로 불러올 수 있다.

② 텍스트 배경을 바꿔보고 싶다면 문장 뒤에 슬래시(/)를 입력한 뒤 '파란색 배경'을 선택해 적용해 보자.

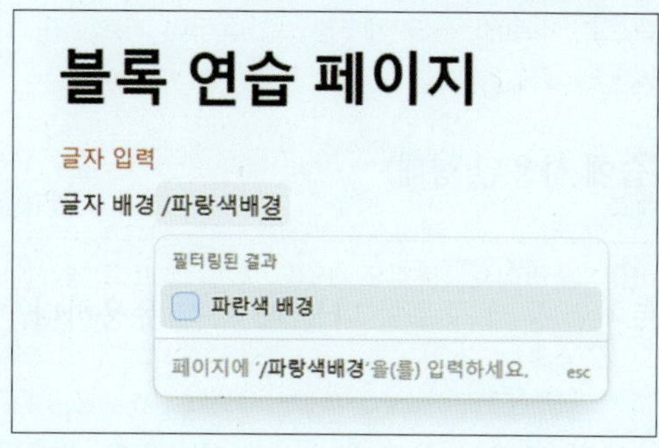

텍스트의 서식과 배경을 변경해 보면서 간단히 실습해 보았지만, 노션에서는 새로운 요소를 추가할 때 보통 세 단계를 거친다.

- 첫째, 새 줄 왼쪽에 나타나는 + 아이콘을 클릭하거나 / 슬래시를 입력해 블록창을 불러온다.
- 둘째, 블록 목록을 불러온 뒤 필요한 블록을 선택한다.
- 셋째, 선택한 블록에 텍스트나 내용을 입력하면 해당 데이터가 블록 형태로 삽입된다.

이런 구조 덕분에 문서 작성 과정이 매우 직관적이며, 입력되는 모든 정보가 블록 단위로 정리된다. 또한 블록을 잘못 선택했더라도 걱정할 필요가 없다. 블록 왼쪽의 ⋮⋮ 아이콘을 클릭하거나 드래그하면 텍스트 블록을 체크리스트로 변경하거나, 체크리스트를 제목 블록으로 바꾸는 등 다른 블록 유형으로 쉽게 전환할 수 있다.

[실습] : 블록(Block) 생성

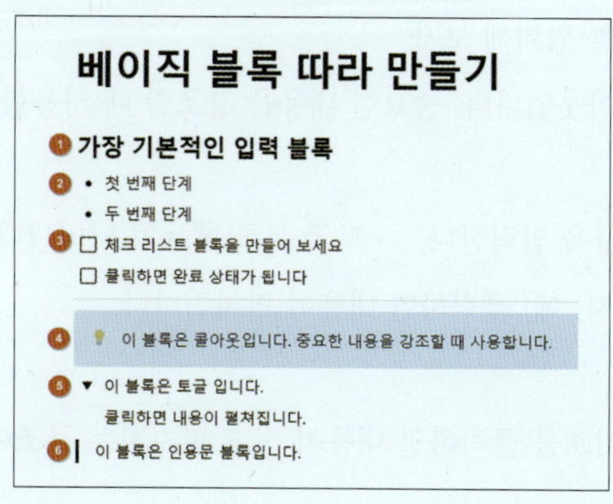

① 페이지 위에 커서를 두고 /제목 을 입력한 뒤 제목2를 선택후 "가장 기본적인 입력 블록" 텍스트를 입력한다. 노션의 제목은 제목1, 제목2, 제목3 세 가지가 있으며, 글씨 크기와 강조 정도가 다르다.

H1: 큰 제목

H2: 중간 제목(실습에 사용된 형태)

H3: 소제목

보고서나 강의노트처럼 문서 구조를 나눌 때 특히 유용하다.

② 다음 줄에서 /글머리를 입력하면 글머리 기호와 번호 매기기 두 가지가 나타난다. 순서가 필요 없으면 글머리 기호 단계/절차를 설명할 때는 번호 매기기 상황에 따라 골라 사용하면 된다. 그림에서는 글머리 기호가 사용되었으므로 선택후 첫 번째 단계, 두 번째 단계 텍스트를 입력해 보자.

③ Enter로 새 줄을 만든 뒤 /체크라고 입력하면 체크리스트 메뉴가 나온다.

□ 체크 리스트 블록을 만들어 보세요

□ 클릭하면 완료 상태가 됩니다 그림과 동일하게 두 항목을 입력해 보자.

체크박스를 누르면 완료 표시가 되므로 할 일 관리나 진행 확인에 사용하면 된다.

④ 다음 줄에서 /콜아웃을 입력해 콜아웃(Callout) 블록을 선택한다. 아이콘 배경 박스 형태로 구성되어 있어 중요한 메시지를 강조할 때 유용하다.

그림처럼 메시지를 입력해 보자.

예) 이 블록은 콜아웃입니다. 중요한 내용을 강조할 때 사용합니다.

⑤ 다음 줄에서 /토글을 입력한다. → 토글 목록 메뉴가 나타난다. 토글 안쪽에도 커서를 두고 내용을 입력해 보자. 예) 클릭하면 내용이 펼쳐집니다.

토글 블록의 ▶ 기호를 클릭하면 내용이 접고 펼쳐지는 구조이다. 길거나 세부적인 내용을 숨겨 정리할 때 매우 유용하다.

⑥ 마지막 줄에서 /인용문을 입력하여 인용문(Quote) 블록을 선택한다. 짧은 문장이나 핵심 문구를 깔끔하게 정리할 때 쓰인다.

이처럼 제목, 글머리 기호, 체크리스트, 콜아웃, 토글, 인용문을 차례로 배치해 보면 노션 문서가 여러 개의 블록을 이어 붙여 조립하듯 구성된다는 원리를 가장 쉽게 이해할 수 있다. 여기에 더해 이번 실습에서 다루지 않은 텍스트, 번호 매기기, 구분선, 이미지 등의 다른 기본 블록들도 간단하고 직관적으로 사용할 수 있으니, 페이지에 직접 삽입해 보며 기능과 쓰임을 자연스럽게 익혀 보자.

참고: 자주 사용하는 블록 단축키

단축키 / 명령어	기능 설명
# + 스페이스	제목 1(큰 제목)
## + 스페이스	제목 2(중간 제목)
### + 스페이스	제목 3(작은 제목)
---	가로 구분선 삽입
: + 검색어	이모지 삽입(예: :하트 →)
/이미지	이미지 삽입

6-4. Notion 학과소개 페이지 만들기

이제 노션의 기본기인 페이지와 블록의 구조를 충분히 익혔으므로, 실제로 하나의 완성된 소개 페이지를 만들어 보는 실습 단계로 넘어가자. 이번 단계에서는 단순히 블록을 나열하는 것을 넘어서, 노션 페이지의 전체적인 레이아웃을 어떻게 구성하는지까지 함께 이해해볼 것이다. 학과 소개 페이지처럼 정보가 여러 섹션으로 나뉘어 있는 콘텐츠는 레이아웃 설계가 특히 중요하므로, 실습을 통해 효과적인 구성 방식을 직접 체험해 보자.

6-4-1. 학과 소개 페이지의 기본 구성 이해하기

대학의 학과 소개 페이지는 다음과 같은 섹션으로 구성되는 경우가 많다.

[예시]

- 상단 커버 이미지와 아이콘
- 학과 개요(Department Overview)
- 교육 목표(Education Goals)
- 대표 교과목 또는 교육과정 요약
- 주요 진로 및 취업 분야
- 실습 환경 및 시설 소개
- 홍보 영상·SNS 등 외부 링크
- 문의 및 연락처

이 구조는 정보 전달 면에서는 효과적이지만, 학과의 개성과 고유한 분위기를 충분히 반영하기에는 한계가 있다. 예를 들어, 미디어콘텐츠학과의 경우 영상·디자인·사진 등 시각 자료가 풍부함에도 불구하고 일반적인 소개 페이지에서는 이러한 매력을 전달하지 못하는 경우가 많다. 따라서 페이지 구성 방식 자체를 재설계하는 경험이 필요하다.

학과의 메시지를 어떤 레이아웃으로 배치하고, 어떤 시각 요소를 사용해 표현할지 직접 고민해 보는 과정이 이 한계를 해결하는 가장 효과적인 방법이다.

6-4-2. 단계별로 따라 만드는 학과 소개 페이지 구성

학과 소개 페이지의 첫인상은 상단 영역(헤더)의 구성에 따라 크게 달라진다. 노션은 상단에 커버 이미지와 아이콘을 자유롭게 배치할 수 있으며, 홈페이지형 구성에서는 이 요소들을 어떻게 활용하느냐에 따라 페이지 분위기가 완전히 달라진다.

따라서 이번 실습에서는 두 가지 서로 다른 방식(A안: 커버 이미지 활용 / B안: 커버 없이 미니멀 헤더 구성) 중 원하는 스타일을 선택해 따라 할 수 있도록 구성하였다. 학생들은 자신의 페이지 목적에 맞게 두 방식 중 하나를 선택해 진행하면 된다. 우선, 레이아웃 설계 방향에 따라 다음 두 가지 방식 중 하나를 선택할 수 있다는 점을 이해하자.

6-4-2-1. 커버 이미지를 삽입하여 '비주얼 헤더'를 강조하는 방식(A안)

이 방식은 학과의 정체성을 시각적으로 전달하고 싶은 경우에 활용된다. 예를 들어 미디어콘텐츠학과처럼 카메라·조명·편집실 등 시각 자료가 풍부한 학과에서는 커버 이미지를 넣는 것만으로도 전문적인 분위기를 쉽게 연출할 수 있다.

① 새 페이지를 생성하고 "Dept. of Media Contents"라는 제목 텍스트를 입력한다.

제목 위에 나타나는 [커버 추가] 버튼을 클릭한다. 이미 커버가 있을 경우에는 [커버 변경] 버튼이 나타난다. 커버 변경 창에서 [Unsplash]를 선택한다. 검색창에 아래 키워드를 입력해 이미지를 선택한다.

– "video production"

– "studio camera"

– "media studio"

이미지 위에 마우스를 올리고 [위치변경(Reposition)] 버튼을 눌러 원하는 위치로 이미지를 조정한다.

② 페이지 아이콘 설정하기 (선택)

페이지 제목 왼쪽의 아이콘 영역을 클릭한다.

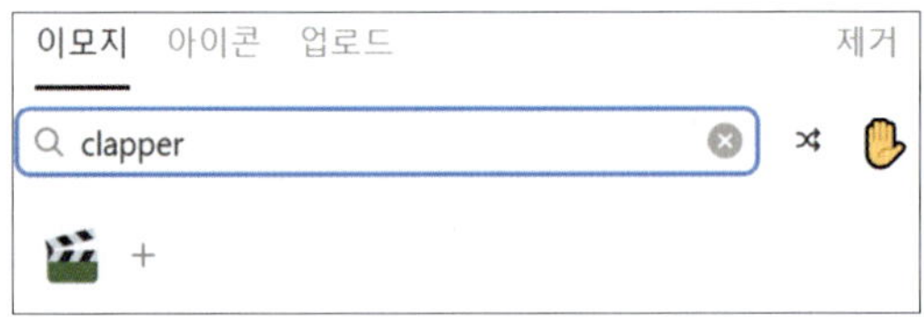

검색창에 다음과 같은 키워드를 입력해 아이콘을 선택한다.

– "clapper"

– "camera"

또는 아이콘이나 업로드 메뉴를 사용해 로고 이미지 같은 것을 업로드 할 수 있다.

6-4-2-2. 커버 없이 '미니멀 홈페이지형 헤더'를 만드는 방식(B안)

커버 이미지를 사용하지 않는 레이아웃을 선택하고 싶은 경우, 다음 방식으로 설정할 수 있다.

이 방식은 깔끔하고 단정한 홈페이지형 디자인을 만들 때 적합하다.

③ 커버 이미지 제거하기

이미 커버가 설정되어 있다면 커버 이미지 위로 마우스를 이동한다. 오른쪽 상단에 나타나는 [제거(Remove)] 버튼을 클릭한다. 커버가 삭제되면 상단이 깨끗한 화이트 배경으로 정리된다. 이 방식은 홈페이지 · 기관 사이트와 가장 유사한 미니멀한 헤더를 만드는 데 적합하다.

④ 전체 폭(Full width) 활성화하여 페이지를 넓게 사용하기

갤러리 · 카드형 콘텐츠를 넓게 배치하려면 전체 폭 설정이 필수적이다. 페이지 오른쪽 상단의 [··· (점 세 개)] 버튼을 클릭한다. 열리는 옵션 창에서 [전체 너비] 항목을 클릭해 활성화한다. 활성화되면 토글이 파란색으로 표시된다. 전체 폭을 켜면 페이지가 화면 전체로 넓어져 카드 · 갤러리가 시원하게 보이고 홈페이지처럼 가로 배치 레이아웃이 자연스럽게 구성된다.

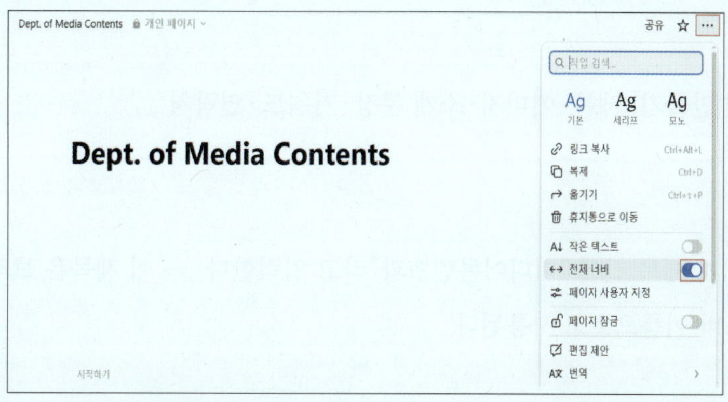

페이지의 전체적인 인상을 결정하는 상단 레이아웃을 직접 구성해 보았다.

⑤ 최종적으로 페이지를 전체 너비로 확장하여 화면 공간을 넓게 설정하고, 선택한 방식(A안: 원하는 커버 이미지 삽입 / B안: 커버 없이 미니멀 헤더 유지)에 따라 학과 소개 페이지의 헤더 구성을 마무리한다.

6-4-2-3. 인트로 문장과 학과 개요 섹션 구성하기

상단 헤더 구성(A안 또는 B안)을 마쳤다면, 이제 본격적으로 학과 소개 페이지의 본문 섹션을 단계별로 구성해 보자. 이제부터는 신구대학교 미디어콘텐츠학과 공식 홈페이지(https://www.shingu.ac.kr/intro/contents.html)의 흐름을 참고하여 노션에서 동일한 구조를 재현해 보는 실습을 진행해 보자.

[실습]

① 인트로 섹션 만들기: 제목·이미지·소개 문장·키워드·연락처

1) 제목

노션 상단 페이지 제목 칸에 "미디어콘텐츠과"라고 입력한다. → 이 제목은 브라우저 탭 이름과 좌측 사이드바 이름으로도 사용된다.

2) 이미지 삽입

제목 바로 아래의 빈 공간을 클릭하고 /이미지를 입력해 [이미지] 블록을 선택한다. 또는 PC에서 이미지를 드래그하여 바로 넣는 방식도 가능하다. 이 이미지는 나중에 텍스트와 2단 레이아웃으로 배치할 예정이므로, 먼저 이미지의 크기를 적절한 수준으로 조절해야 한다. 이미지를 클릭하면 양 옆에 회색 조절점이 나타난다.

이 조절점을 좌·우로 드래그하여 텍스트와 나란히 배치될 정도의 너비로 자연스럽게 줄여

준다.

3) 소개 문장을 작성하고 이미지를 2단 레이아웃으로 정렬하기

이미지 바로 아래 빈 줄을 클릭해 /텍스트 블록을 만든다. 아래 문장을 그대로 입력하거나 복사/붙여넣기 한다.

[예시] 학과 소개문장

> "세상을 즐겁게 창조하는 글로벌 문화콘텐츠 전문가 양성
> 정보화 시대의 중심은 기술에서 콘텐츠로 이동하고 있으며, 콘텐츠는 지식기반 산업의 핵심 자원이 되고 있습니다.
> 미디어콘텐츠과는 이러한 시대 변화에 대응하여 창의력과 글로벌 감각을 갖춘 문화산업 전문가를 길러내기 위해 앞선 교육을 실천하고 있습니다.

텍스트 블록 왼쪽의 [블록 핸들]을 마우스로 클릭해 잡는다. 이미지를 기준으로 오른쪽으로 드래그한다. 이미지 오른쪽에 파란색 세로선이 생기는 위치에서 마우스를 놓는다. → 이미지 왼쪽 / 텍스트 오른쪽의 2단 컬럼 레이아웃이 만들어진다.

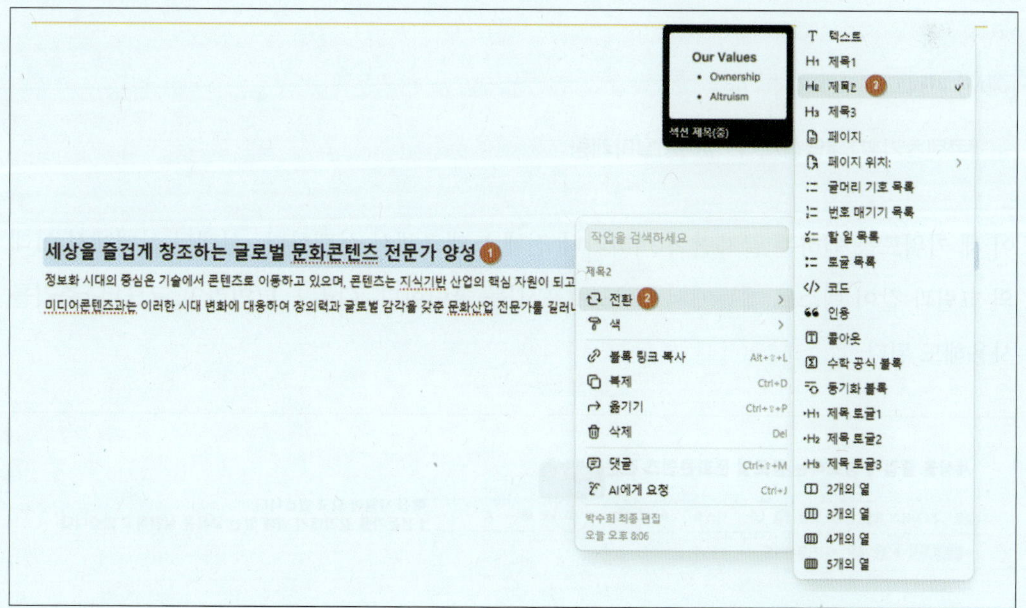

이동 후, 첫 줄 부분을 드래그하면 글자 편집하는 도구가 나타난다 가장 오른쪽에 ...을 클릭하고 [전환] → 제목2(Heading 2) 형식을 변경한다. 같은 방법으로 아래의 문장도 각각 드래그하고 텍스트 또는 제목3으로 형식을 변경한다.

미디어콘텐츠과

세상을 즐겁게 창조하는 글로벌 문화콘텐츠 전문가 양성

정보화 시대의 중심은 기술에서 콘텐츠로 이동하고 있으며, 콘텐츠는 지식기반 산업의 핵심 자원이 되고 있습니다.
미디어콘텐츠과는 이러한 시대 변화에 대응하여 창의력과 글로벌 감각을 갖춘 문화산업 전문가를 길러내기 위해 앞선 교육을 실천하고 있습니다.

두 컬럼 사이의 회색 세로 줄에 마우스를 올리면 막대가 보인다. → 이 막대를 좌·우로 드래그해 이미지와 텍스트의 비율을 조절한다.(예: 이미지 40% / 텍스트 60%)

4) 핵심 키워드 3개 작성 후 '코드로 표시'로 강조하기
텍스트 컬럼의 가장 아래줄로 내려가서 아래처럼 해시태그 형태로 학과 키워드를 입력한다.

[예시] 키워드

#콘텐츠기획 #영상제작 #디지털마케팅

이 세 키워드를 원하는 글자만 선택하거나 전체 드래그해서 선택한다. 선택된 상태에서 아래의 그림과 같이 텍스트 메뉴에서 [코드로 표시]를 클릭한다. Ctrl + E(인라인 코드) 단축키를 사용해도 된다.

세상을 즐겁게 창조하는 글로벌 문화콘텐츠 전문

코드로 표시
Ctrl+E

설명 AI에게 요청 댓글 텍스트 B I U S </> √x A ...

핵심 자원이 되고 있습니다.
전문가를 길러내기 위해 앞선 교육을 실천하고 있습니다.

#콘텐츠기획 #영상제작 #디지털마케팅

키워드가 회색 배경 + 색 글씨로 바뀌며, 학과의 핵심 역량 태그가 시각적으로 강조된다.

5) 전화/메일 이모지와 연락처 영역 만들기

키워드 줄 아래 새 줄을 만든 뒤, :(콜론) 기호를 입력하고 '전화'라고 입력하여 원하는 전화 이모지를 삽입한다. 이어서 아래와 같이 입력한다.

[예시] 학과 사무실 문장

학과 사무실 : 031-740-1308

그 아래 줄에서 :(콜론)을 입력한 뒤 '메일'을 입력하여 원하는 메일 아이콘을 삽입한다. 이어서 다음 문장을 입력한다.

[예시] 학과 메일 문장

학과 문의: media@shingu.ac.kr

먼저 media@shingu.ac.kr 부분만 드래그해 선택한다.

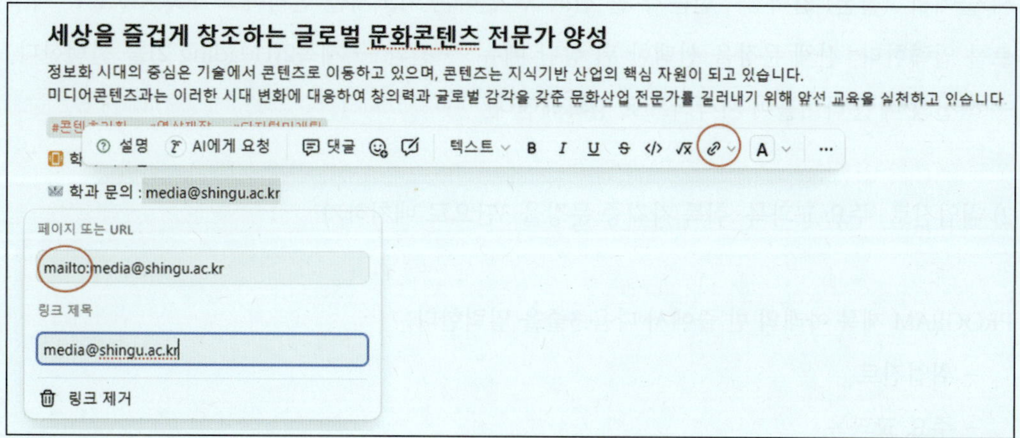

상단 메뉴에서 [링크] 아이콘을 클릭하거나 Ctrl + K를 누른다. 링크 입력창이 뜨면 다음과 같이 입력한다.

[예시]

mailto:media@shingu.ac.kr

[Enter]를 눌러 링크를 적용하면 설정이 완료된다. 이렇게 설정해 두면 사용자가 메일 주소를 클릭할 때 PC의 기본 메일 프로그램이 자동으로 열리고, 수신자에 media@shingu.ac.kr이 미리 입력된 상태로 메일 작성이 시작된다.

6-4-2-4. PROGRAM 섹션 구성하기: 3단 텍스트 카드 레이아웃 만들기

PROGRAM(취업진로·주요 교과목·취득 자격증) 섹션을 노션에서 직접 구현해 보자. 이 섹션은 이모지 + 제목2 + 3단 컬럼 + 강조 텍스트 색상 조절이라는 노션의 기본 기능을 활용해 완성할 수 있다.

[실습]

1) PROGRAM 섹션 제목 입력하기
새 줄에서 :(콜론) 입력 → "전문가"를 검색 후 원하는 이모지를 선택하고 "PROGRAM" 텍스트를 입력한다. 전체 문장을 선택한 뒤 상단 메뉴 → 전환 → 제목2(Heading 2)를 선택한다.
→ 섹션의 메인 타이틀이 시각적으로 명확해진다.

2) 취업진로·주요 교과목·취득 자격증 문장을 3단으로 배치하기

PROGRAM 제목 아래의 빈 줄에서 다음 3줄을 입력한다:

- 취업진로
- 주요 교과목
- 취득 자격증

이모지는 :(콜론) 입력 → "thumb", "엄지"로 검색해 선택한다.

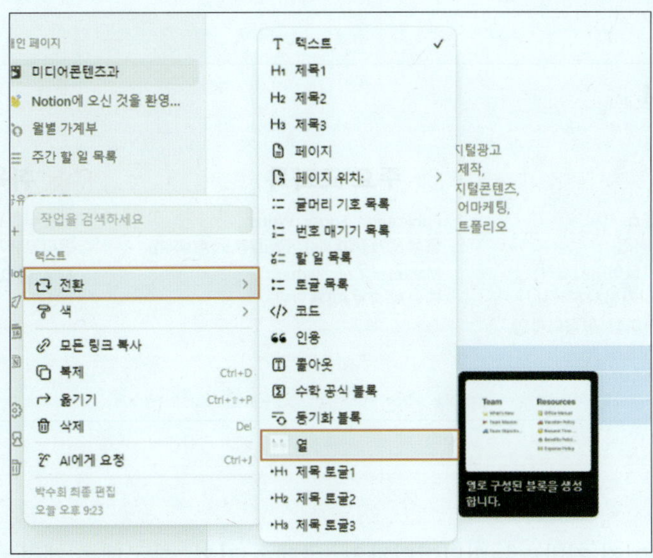

2-1) 세 개의 텍스트 블록을 드래그해 모두 선택한다. → 블록 핸들이 세 줄 모두 파란색 테두리로 활성화되면 준비 완료.

2-2) 상단 메뉴 → [전환 → 열]을 클릭한다. → 세 블록이 3단 컬럼으로 자동 배치된다.

2-3) 각 컬럼의 너비 조절: 세 컬럼 사이에 마우스를 올리면 회색 세로 막대가 나타난다. → 좌·우로 드래그해 취업진로 / 주요 교과목 / 자격증이 균형감 있게 보이도록 조절해 준다.

3) 각 컬럼에 하단 텍스트 삽입하고 편집하기

이제 각 제목 아래에 홈페이지에 있는 내용을 적절히 정리해 입력하고 편집해 보자.

[예시]

<table>
<tr><td colspan="3">PROGRAM</td></tr>
<tr><td>취업 진로</td><td>주요 교과목</td><td>취득 자격증</td></tr>
<tr><td>뉴미디어디자인, 콘텐츠 기획,
북콘텐츠 제작, 영상 편집,
디지털광고제작, 디지털이미지제작,
웹진제작, 이북제작,디지털사진영상,
디지털콘텐츠, 카피라이팅, 편집디자인,
미디어마케팅, 취재보도실습,
교정과교열, 포트폴리오</td><td>Publication, Editor, Writer ,
영상 앱/웹(UX/UI) , 광고/홍보(AD/PR),
Marketer, Copy writer,
기업체 홍보/마케팅팀</td><td>컴퓨터그래픽스운용기능사,
웹디자인기능사,
ACA, GTQ, GTQ일러스트,
MOS</td></tr>
</table>

1열: 취업진로

예시 텍스트(홈페이지 기반): 뉴미디어디자인, 콘텐츠 기획, 북콘텐츠 제작, 영상 편집, 디지털광고 제작, 디지털이미지제작, 웹진제작, 이북제작, 디지털사진영상, 디지털콘텐츠, 카피라이팅, 편집디자인, 미디어마케팅, 취재보도실습, 교정교열, 포트폴리오

2열: 주요 교과목

Publication, Editor, Writer, 영상 앱/웹(UI/UX), 광고·홍보(AD/PR), Marketer, Copy writer, 기업체 홍보/마케팅팀

3열: 취득 자격증

컴퓨터그래픽스운용기능사, 웹디자인기능사, ACA, GTQ, GTQ일러스트, MOS

4) 가독성을 높이기 위한 색상 조절하기

각 컬럼에서 설명 텍스트 전체를 드래그해 선택한다. 상단 메뉴 → 색 → 텍스트 색상 → 회색을 선택한다. → 본문이 부드럽게 들어가면서 제목(취업진로 / 주요 교과목 / 취득 자격증)이 더 잘 돋보임.

5) 강조해야 하는 텍스트 색상 변경

홈페이지처럼 특정 직무나 교과목을 강조하고 싶다면, 각 컬럼 내부에서 해당 단어를 선택하

고 다음을 적용한다. 굵게(Bold): Ctrl + B. 색 강조(Color): 텍스트 색 → 빨간색 또는 파란색

[예 : 강조할 수 있는 항목]

- 북콘텐츠 제작(빨간색 강조)
- 광고/홍보(AD/PR)(빨간색 강조)
- 컴퓨터그래픽스운용기능사(빨간색 강조)

이렇게 하면 아래의 그림과 같이 홈페이지의 시각적 흐름을 그대로 노션 안에서 구현할 수 있다.

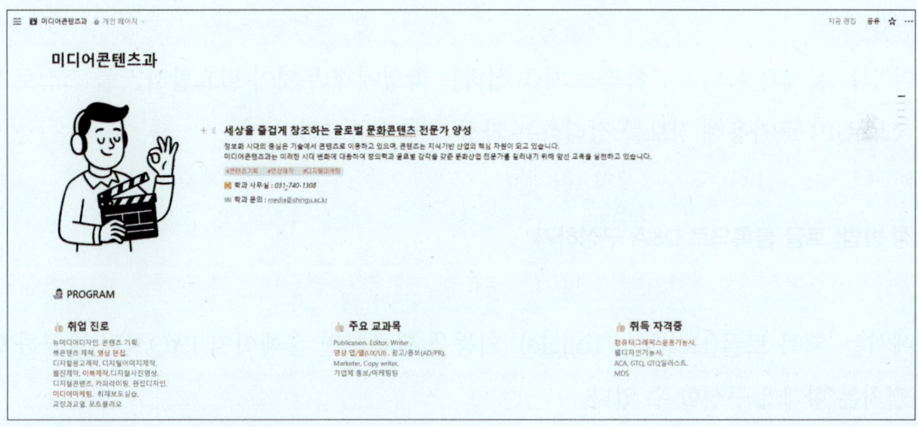

6-4-2-5. 학과 Q&A 토글 만들기

PROGRAM 영역까지 완성했다면, 이제 학과 소개 페이지의 마지막 구성 요소로 많은 학과 홈페이지에서 활용하는 Q&A(자주 묻는 질문) 섹션을 만들어 보자. 이 단계는 학생들이 직접 학과 홈페이지를 읽고, 궁금해할 만한 질문을 스스로 또 ChatGPT의 도움을 받아 정의해 보는 콘텐츠 구성 능력 강화 실습이다.

[실습]

① 실습 안내: 학과 홈페이지를 참고하여 Q&A 5개 만들기

신구대학교 미디어콘텐츠과 공식 홈페이지를 참고하여 아래와 같은 유형의 Q&A를 직접 5개 선정해 작성해 보자.

[예시] 예시 유형:

- 학과에서 배우는 과목은 어떤가요?
- 영상 제작 실습은 1학년부터 가능한가요?
- 졸업 후 진로는 어떻게 되나요?
- 취업에 도움이 되는 자격증이 있나요?
- 학사학위 전공심화는 어떤 방식인가요?

정답이 있는 문제가 아니라, "학과를 처음 접하는 학생에게 무엇이 필요할까?"를 스스로 판단하고 ChatGPT를 사용해 정보를 정리하는 과정 자체가 중요하다.

② 작성 방법: 토글 블록으로 Q&A 구성하기

노션에서는 '제목 토글(Heading Toggle)' 기능을 활용하면 홈페이지 FAQ처럼 깔끔하게 접었다 펼치는 형태로 구성할 수 있다.

아래 순서대로 해 보자.

[예시] 예시 유형:

1) 섹션 제목 만들기
새 줄에서 :(콜론) 입력 → "생각", "idea" 등 원하는 이모지를 선택한다. 그 뒤에 "학과 Q&A" 텍스트를 입력하고 전체 문장을 선택 → 전환 → 제목2(Heading 2)로 변경한다.

2) Q&A 질문 5개 작성하기

새 줄에 아래와 같이 질문만 먼저 5개 입력한다.

[예시]

- 미디어콘텐츠과에서는 어떤 수업을 배우나요?
- 영상 관련 실습은 어느 학년부터 시작되나요?
- 졸업 후 취업 분야는 어떻게 구성되어 있나요?
- 필수로 취득해야 하는 자격증이 있나요?
- 학사학위 전공심화 과정은 어떻게 운영되나요?

(※ 자신의 학과에 맞는 정보와 질문 유형으로 변형해서 작업한다.)

3) 다섯 개 질문을 '제목 토글'로 변환하기

질문 5개를 마우스로 모두 드래그해 선택한다. 상단 메뉴 → 전환 → 토글변환을 클릭한다. → 질문 5개가 모두 "접었다 펼칠 수 있는 토글 형태"로 변경된다.

4) 토글 안에 답변 작성하기

각 질문의 토글을 클릭해 열고 직접 홈페이지 내용을 요약해 두세 줄 내외로 답변을 채워 넣는다.

[예시]

본 학과는 출판·영상·광고디자인 등 미디어 산업 전반을 다루며, 실무 중심의 프로젝트 수업을 통해 콘텐츠 제작 능력을 강화합니다.

※ 힌트: 홈페이지의 "교육목표 / 주요 교과목 / 취업진로" 영역에서 답변 소재를 찾으면 된다. 너무 길지 않도록 '핵심 요약형 답변'을 권장한다.

5) 가독성을 위한 추가 편집

원한다면 다음 편집도 추가해 보자.

질문 부분: 굵게(Bold)

답변 부분: 텍스트 색 → 회색
질문 사이에 /구분선 삽입해 FAQ 느낌 강화해 보자.

이제 직접 만든 결과물과 비교해 보며, 구성과 표현이 잘 구현되었는지 점검해 보자.

[예시] 학과 Q&A

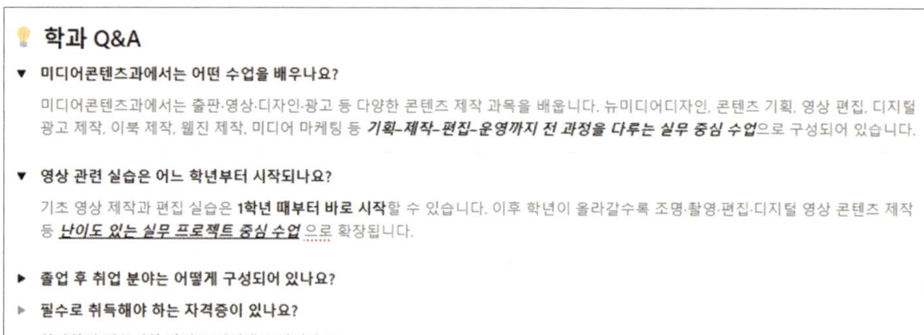

학과 소개 페이지가 완성되었다면, 이제 실제 홈페이지처럼 누구나 볼 수 있도록 노션 페이지를 '웹에 게시'해 보자. 아래의 화면처럼 먼저 게시(Publish) 버튼을 활성화해야 한다.

[실기]

① 우측 상단의 [공유] 메뉴 열기 완성된 노션 페이지 오른쪽 상단에서 [공유] 버튼을 클릭한다.
→ 화면 오른쪽에 '공유 패널'이 열리며, '게시(Publish)' 탭이 보인다.

② '게시(Publish)' 탭 선택 후 게시 버튼 활성화 → 공유 패널 상단에서 '게시' 탭을 클릭한다.
→ 아래쪽에 큰 파란색 '게시' 버튼이 나타난다.
이 버튼을 눌러야만 페이지가 외부에서 접근 가능한 상태가 된다.
게시 버튼을 누르면 노션이 자동으로 공유 링크를 생성한다.

③ 공유 권한 설정하기

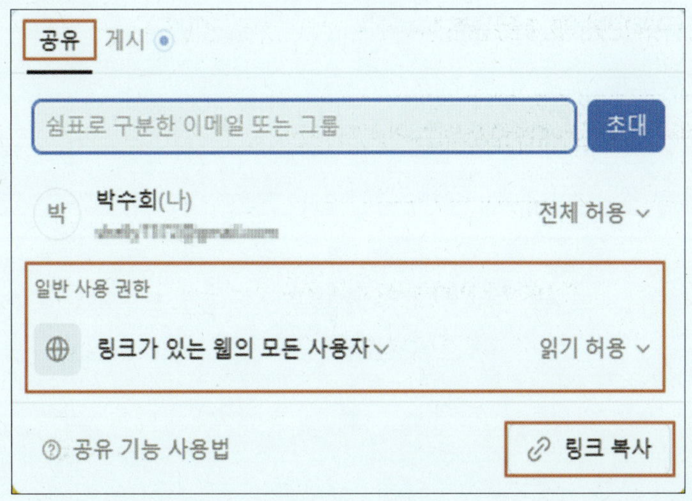

게시를 완료하면, 노션에서 페이지 접근 권한을 선택할 수 있는 메뉴가 나타난다. 노션에서는 '전체 허용', '읽기 허용', '댓글 허용', '편집 허용'과 같은 기본 권한만 제공하므로 이 범위 내에서 설정하면 된다.

학과 소개 페이지처럼 공개용으로 활용할 경우에는 반드시 '읽기 허용(View only)'으로 설정하는 것이 좋다. 이렇게 해야 링크를 가진 누구나 페이지는 볼 수 있지만, 내용을 수정하거나 삭제하지는 못한다. 또한 '일반 사용자 권한 설정(Who can access)' 항목에서 '링크가 있는 모든 사용자(Anyone with the link)'를 선택하여 외부에서도 접근 가능하도록 한다. 이 두 가지 설정만 하면 공개용 안내 페이지 형태로 사용하기에 충분하다. 단, 웹에 게시할 때는 개인정보(학번, 주민등록번호, 진단서 사진 등)나 외부에 공개되면 안 되는 자료가 포함되지 않았는지 반드시 한 번 더 확인하는 습관이 필요하다.

④ 링크 복사하여 공유하기

권한 설정을 마쳤다면 공유 패널 상단 또는 하단에 있는 '링크 복사' 버튼을 클릭한다. 복사된 URL은 학생들에게 배포하거나, 강의 자료에 첨부하거나, QR 코드로 제작하여 학과 안내 자료에 넣는 등 다양한 방식으로 활용할 수 있다. 이제 이 링크는 실제 홈페이지처럼 누구나 브라우저에서 바로 열람할 수 있는 '노션 기반 학과 소개 페이지'가 된다.

Chapter 3

창의적 AI: 확장

응용 & 자기표현

1. 브랜드란 무엇인가+나를 탐색하기

1-1. 개요

<table>
<tr><td>수업 형태</td><td>일반</td></tr>
<tr><td>수업 내용</td><td>브랜드 개념과 개인 브랜딩의 이해</td></tr>
<tr><td>학습 목표</td><td>o 브랜드와 브랜딩의 개념 이해
o 개인 브랜딩의 중요성을 인식하고 자기 탐색 시작
o 나의 전공, 경험, 역량, 미래 목표 키워드 정리</td></tr>
<tr><td>주요 학습 내용</td><td>o 계정 생성과 로그인
o 브랜드란 무엇인가? (기업 vs 개인)
- ChatGPT에게 '나를 브랜드로 표현하면 어떤 단어가 어울릴까?' 질문해 보기
o 브랜딩이 필요한 이유
o 셀프 브랜딩 사례분석
o 키워드 기반 '나 탐색' 활동 안내
- 나를 잘 표현하는 단어를 고르고 이유를 작성
예) 나는 매우 감각적인 사람: 색이나 공간 구성에 예민함
o 개인 브랜딩 초기 기획 노트 작성
- 앞으로 어떤 분야에서 나를 표현하고 싶은지?
- 어렸을 적 장래 희망과 지금의 나는?
- 내가 가장 좋아하는 것과 나의 관심사는 무엇인가?
- 검색한 내용을 바탕으로 나의 브랜등 키워드 작성하기
o 나의 전공·역량·경험·목표·관심사 정리 작성
- 현재 배우고 있는 전공 또는 관심 있는 학문 분야는?
- 수업 중 흥미 있었던 활동 또는 과제는?
- 전공/활동/역량/목표 워크시트 작성
- 대표 키워드 3~5개 선정 및 이유정리
- 나의 관심 분야를 설정하고 소개하는 내용 구성</td></tr>
<tr><td>교수 방법</td><td>기타 : 강의 및 실습
o 시연 + 단계별 실습 중심 진행
(설명 30분 / 실습 50분 / 공유 및 피드백 20분)
강의자가 실제 예시 페이지를 보여주고, 학생은 단계별로 따라 하며 실습</td></tr>
<tr><td>과제물</td><td>o [오늘의 실습 과제] 브랜드 초기 기획노트 PDF 1부 정리 후 제출</td></tr>
</table>

1-2. 나를 탐색하기

지금까지 AI를 활용해 이미지 생성, 편집, 자료 구성 등 브랜드 시각 자원을 제작하는 기술적 기초를 다루었다. 그러나 브랜딩은 기술로만 완성되는 작업이 아니라, 그 기술이 담아낼 '나'라는 내용을 먼저 명확히 정의하는 데서 출발한다. 이제부터는 이러한 도구들을 활용해 나라는 존재를 이해하고 구조화하는 실제 브랜딩 과정으로 넘어간다.

브랜드 정체성은 단순한 시각적 스타일이 아니라, 자신을 어떻게 해석하고 설명할 것인지에 대한 전략적 구조다. 슬로건, 키워드, 경험, 관심사를 일관된 서사로 조직하는 과정은 결국 '나는 어떤 사람인가'라는 질문에서 시작된다. 따라서 기술적 장치보다 먼저 필요한 것은, 나 자신을 관찰하고 정리하는 시간이다.

스스로의 성장 배경과 최근의 관심사를 차분히 정리하다 보면 내가 중요하게 여기는 가치와 방향은 자연스럽게 드러난다. 이러한 과정을 통해 나의 강점과 아직 확장되지 않았을 가능성에 대해 고민하며, 이를 바탕으로 앞으로의 계획을 설계하는 것이 바로 브랜딩의 핵심이다.

이번 수업에서는 내가 무엇을 좋아하는 사람인지, 어떤 생각과 방향성을 가진 사람인지 스스로를 깊이 들여다보는 과정에 집중한다. 이것은 정답을 찾기 위한 시간이 아니라, 나에게 솔직하게 질문하고 답해 보는 연습이다. 나를 더 정확하게 이해하게 될수록 앞으로의 대학 생활, 진로, 그리고 성장을 바라보는 시선도 더욱 선명해진다. 부담을 갖기보다, 오늘의 나를 정확히 바라보고 미래의 가능성을 확장하겠다는 태도로 접근하는 것이 중요하다.

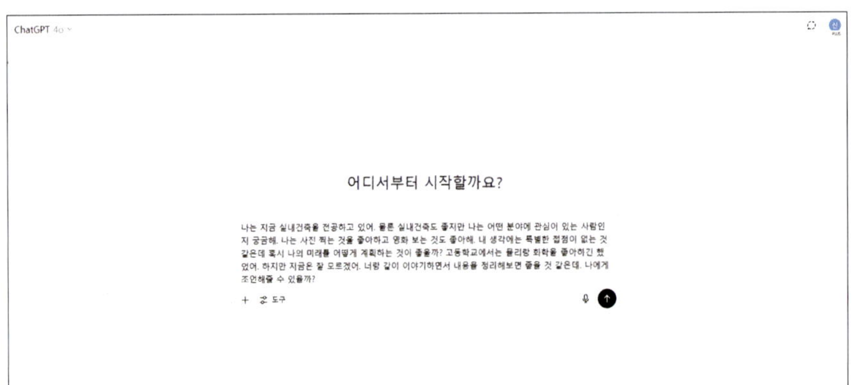

[프롬프트 예시]

질문 예시 A: 전공과 흥미 있는 수업 연결
“나는 지금 ○○을 전공하고 있는데, 이 전공이 나에게 잘 맞는지 모르겠어. 이 전공과 관련해서 내가 흥미를 느낄 수 있는 분야가 뭘까?”

질문 예시 B: 학습 경험에 대한 회고
“지난 학기 수업 중에 기억에 남는 과제가 있는데, 왜 그게 기억에 남았는지 잘 모르겠어. 같이 한번 이야기해볼래?”

질문 예시 C: 흥미 탐색
“사실 나는 수업보다는 프로젝트나 실습 쪽이 더 재미있던 것 같아. 내가 어떤 스타일의 학습자일까?”

[ChatGPT의 답변 예시]

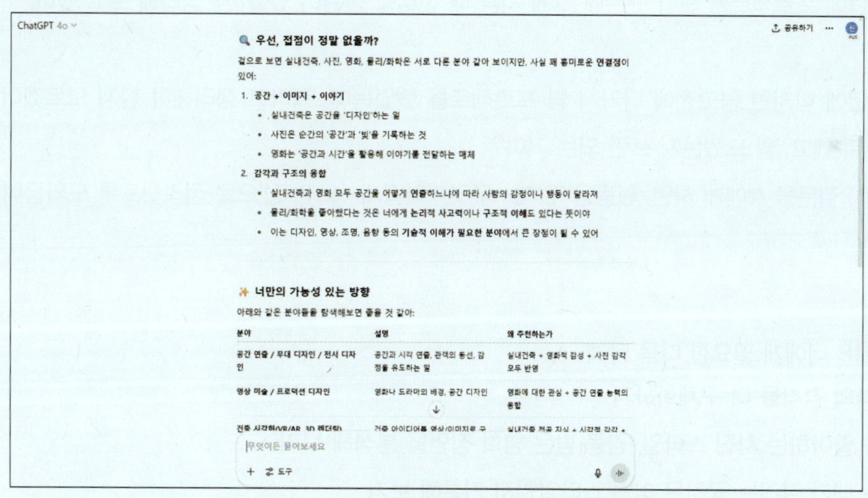

나만의 브랜드를 구축하는 첫걸음은 지나온 시간을 깊이 있게 응시하는 것이다. 단순히 이력을 나열하는 것을 넘어, 그 안에서 느낀 감정과 성장의 맥락을 스스로 해석해야 한다. 비록 사소해 보이는 활동일지라도 주도적으로 움직였던 순간, 깊이 몰입했거나 예상치 못한 난관을 극복한 기억은 모두 브랜드를 지탱하는 핵심 자산이 된다. 이 경험을 자세히 파고들 때 비로소

내가 누구이며 어떤 강점을 지녔는지, 나아가 어떤 가능성을 확장할 수 있는지 선명해진다. 결국 과거의 의미를 재정의하는 과정이 쌓여야만, 미래의 선택과 방향 또한 흔들림 없이 설계할 수 있다.

[프롬프트 예시]

질문 예시 A: 활동을 정리하고 싶을 때
"내가 지금까지 했던 동아리나 공모전 같은 활동들을 정리하고 싶은데, 어떤 기준으로 적는 게 좋을까?"

질문 예시 B: 활동을 구조화하고 싶을 때
"예전에 봉사활동을 했는데 그냥 했다로 끝나는 것 같아. 이걸 어떻게 정리하면 내 역량이 잘 드러날까?"

질문 예시 C: 활동의 의미를 찾아보고 싶을 때
"작년에 프로젝트를 하나 했는데 그게 지금 내 진로랑 연관이 있을까? 정리해 보고 싶어."

"작년에 디자인 공모전에 나가서 팀 프로젝트를 했었는데, 뭐라고 정리해야 할지 모르겠어. 언제, 뭐 했고, 뭘 느꼈는지 쓰면 되는 거야?"
→ 이 질문을 AI에게 하면, 활동을 '언제 – 무엇 – 어떻게 – 느낀 점'으로 정리하도록 도와줍니다.

★**TIP** 너에게 필요한 다음 단계

1. 나의 감각을 더 구체화하기
   – 좋아하는 사진 스타일, 감동 받은 영화 장면을 분석해 보기
   – 내가 끌리는 공간은 어떤 스타일인지 기록해 보기
2. 경험 확장
   – 영상 연출 워크숍, 공간 연출 수업, 영화 미술 관련 세미나 등 참가해 보기
   – 관련 인턴, 전시, 단기 프로젝트 참여로 진짜 '몸으로 경험'하기
3. 기록하고 포트폴리오로 남기기
   – 내가 어떤 '감각의 방향성'을 가진 사람인지 시각적으로 정리해 보기(사진 + 공간 + 드로잉

+ 에세이 등)

다음 단계에서는 동아리 활동, 공모전, 프로젝트 등 지금까지의 다양한 비교과 활동을 정리한다. 이 과정의 핵심은 단순히 무엇을 했는지 나열하는 것이 아니라, 왜 그 활동을 선택했는지, 그 안에서 무엇을 느끼고 배웠는지, 그리고 그 경험이 나의 정체성과 어떤 방식으로 연결되는지를 중심으로 활동의 의미를 재해석하는 데 있다. 앞선 단계에서 나에 대한 탐색이 충분히 이루어졌다면, 이제는 그 시선을 바탕으로 각 활동을 브랜드 자산으로 다시 읽어내는 작업을 시작한다.

정리는 다음과 같은 구조로 진행한다:

1. 활동 개요 – 무엇을 했는지 간단하게 설명하고,
2. 나의 역할 – 팀 안에서 맡았던 책임과 기여를 구체적으로 기록하며,
3. 배운 점·느낀 점 – 활동을 통해 얻게 된 통찰이나 성장 지점을 정리하고,
4. 나와의 연결고리 – 이 경험이 나의 가치관, 성향, 관심사, 미래 방향과 어떻게 이어지는지 분석한다.

이 네 가지 항목으로 정리하면 지금까지의 대학 생활과 관심사가 어떤 흐름과 논리로 이어져 왔는지 명확하게 파악할 수 있다. 만약 비교과 활동이 아직 많지 않다면 앞으로 어떤 활동을 경험해 보고 싶은지를 계획 형태로 적어본다. 이 단계는 과거를 정리하는 작업이자, 동시에 미래의 방향을 설계하는 작업이다.

[ChatGPT의 답변 예시]

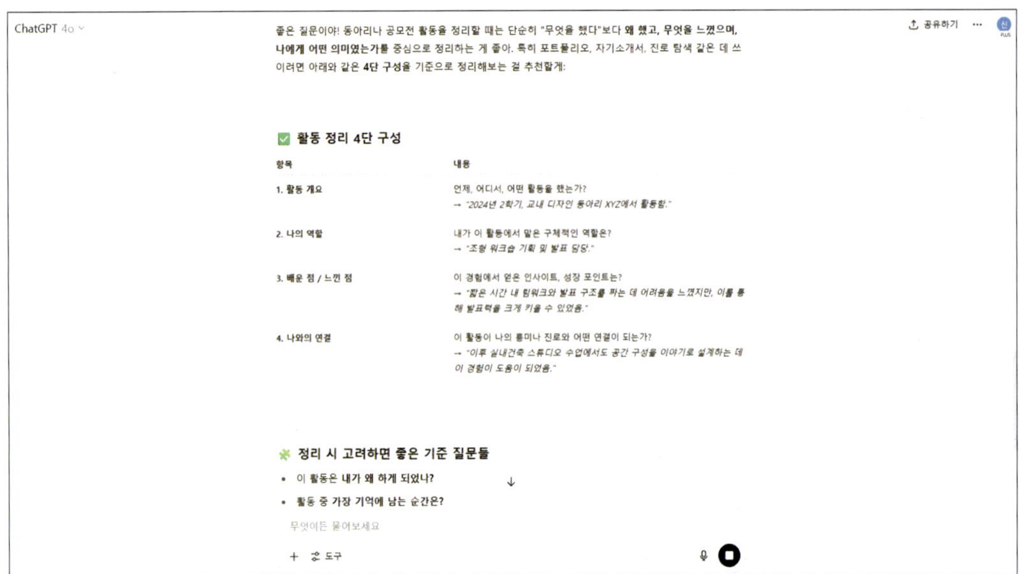

[프롬프트 예시]

질문 예시 A:

– 이 활동은 내가 왜 하게 되었나?

– 활동 중 가장 기억에 남는 순간은?

– 그 활동을 통해 변화된 나의 모습은?

– 이 활동은 내 전공 또는 관심사와 어떻게 연결되는가?

– 다음에 비슷한 기회가 오면 어떻게 할까?

질문 예시 B:

아래 틀로 활동을 정리하고 싶어.

– 활동명:

– 언제: – 어떤 역할을 했나요?

– 무엇을 배웠나요?

– 지금 나에게 어떤 의미가 있나요?

[ChatGPT의 답변 예시]

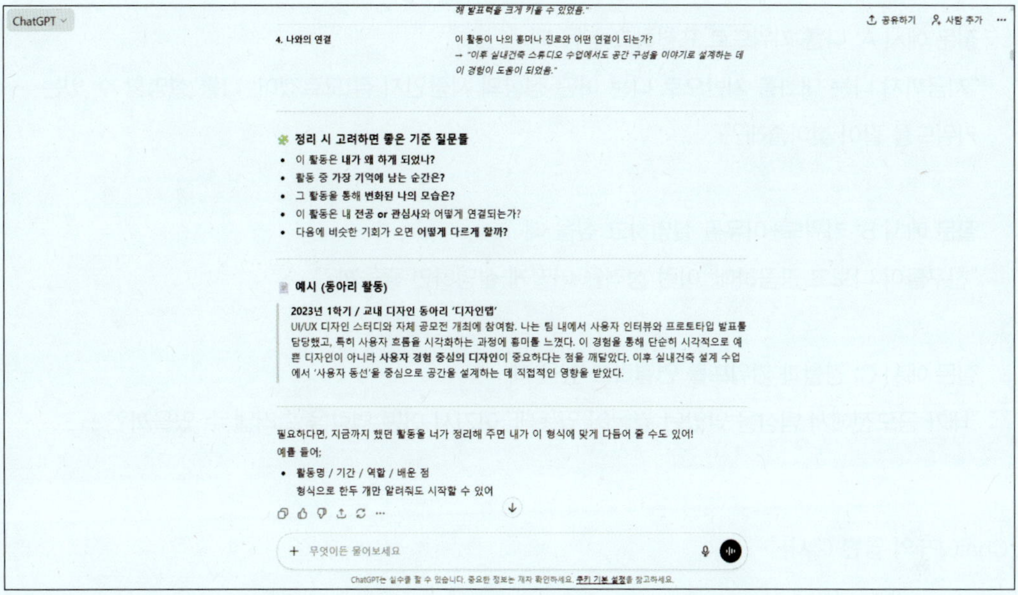

1-3. 나의 키워드 찾기

나를 표현하는 키워드는 단순한 형용사가 아니라, 내가 가진 성향·능력·관점을 가장 압축적으로 드러내는 브랜드의 핵심 언어다. '책임감 있는', '창의적인', '계획적인'과 같은 흔한 표현도 표면적 의미만으로는 온전한 브랜드가 되기 어렵다.

내가 주도적으로 문제를 해결했던 활동, 깊이 몰입했던 경험, 성향이 자연스럽게 드러났던 순간처럼 실제 사례와 연결될 때 그 단어는 강한 힘을 갖게 된다. 따라서 이 단계의 목표는 단어를 단순히 나열하는 것이 아니라, 그 키워드를 통해 "나는 이런 사람이다"라는 메시지를 구체적이고 신뢰 있게 전달하는 데 있다.

[프롬프트 예시]

질문 예시 A: 나를 키워드로 표현하고 싶을 때
“지금까지 나눈 대화를 기반으로 나는 어떤 성향의 사람인지 잘 모르겠어. 나를 설명할 수 있는 키워드를 같이 찾아줄래?”

질문 예시 B: 키워드+이유를 설명하고 싶을 때
“친구들이 나보고 꼼꼼하대. 이런 성격을 어떻게 설명하면 좋을까?”

질문 예시 C: 경험과 키워드를 연결하고 싶을 때
“내가 공모전에서 팀장을 맡았던 경험이 있는데, 여기서 어떤 역량을 드러낼 수 있을까?”

[ChatGPT의 답변 예시]

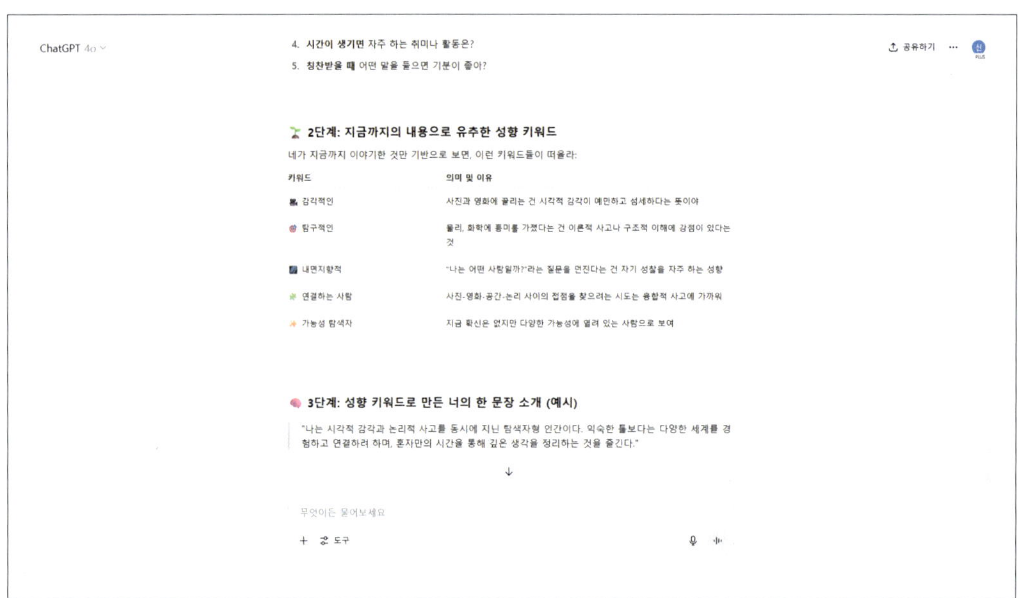

[예시 대화 흐름]

학생: "나는 되게 계획적으로 움직이는 편인데, 이걸 뭐라고 표현해야 할까?"
AI: "계획적인, 체계적인, 전략적인 등이 있을 수 있어요. 혹시 그런 성향이 드러났던 경험이 있나요?"

학생: "조별과제할 때 역할 분담을 엄청 세세하게 나눴었어."
AI: "좋아요! '체계적인'이라는 키워드와 함께, 그 경험을 짧게 서술하면 설득력 있어질 거예요."

★**TIP** 추천 키워드 목록
성실한 / 창의적인 / 책임감 있는 / 공감하는 / 추진력 있는 / 꼼꼼한 / 도전적인 / 유연한 / 리더십 있는 / 감각적인 / 계획적인
예: "나는 매우 감각적인 사람: 색이나 공간 구성에 예민하게 반응하는 사람이야."

1-4. 브랜드 방향성 탐색

지금까지 내 생각과 관심사를 정리해 보았다면 이제는 그 내용을 바탕으로 나만의 브랜드 방향성을 천천히 설정해볼 차례이다. 아직 경험이 많지 않아도 괜찮다. 중요한 것은 지금 내가 무엇에 끌리는지, 어떤 주제에 흥미를 느끼는지, 어떤 분위기와 가치에 공감하는지를 차분히 고민해 보는 일이다. 이러한 작은 질문과 탐색들이 쌓여 앞으로의 대학 생활을 더욱 주체적으로 만들고, 내가 원하는 미래를 스스로 설계해 갈 수 있는 기반이 된다.

[프롬프트 예시]

질문 예시 A: 진로 고민을 풀어보고 싶을 때
"나는 ○○을 전공하고 있는데, 나중에 꼭 그 분야로 가야 할까? 내가 어떤 쪽에 더 잘 맞는지 모르겠어."

질문 예시 B: 미래 희망을 이야기해 보고 싶을 때

"나는 예전부터 사진이랑 영화 보는 걸 좋아했는데, 이런 걸 내 진로로 만들 수 있을까?"

질문 예시 C: 과거 꿈과 지금을 비교하고 싶을 때
"어렸을 때는 과학자가 되고 싶었는데, 지금은 디자인을 배우고 있어. 이 흐름이 어떻게 연결될 수 있을까?"

질문 예시 D: 시작점을 모를 때
"나는 솔직히 뭘 해야 할지 모르겠어. 어디서부터 시작해야 할까?"

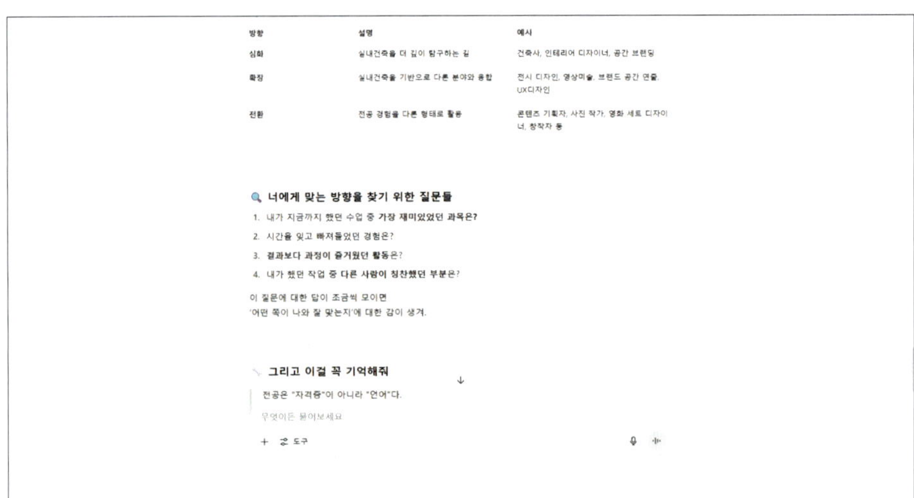

[ChatGPT의 답변 예시]

★**TIP** AI가 유도할 수 있는 말들
"당신이 가장 몰입했던 활동은 무엇이었나요?"
"지금 관심 있는 분야에서 누구처럼 되고 싶은가요?"
"그 분야에 대해 지금부터 무엇을 준비해볼 수 있을까요?"

하지만 아직 생각이 충분히 정리되지 않은 상태일 수도 있다. 막상 무언가를 쓰려고 하면 무엇부터 떠올려야 할지 막막해지는 순간도 자연스럽다. 이는 생각이 부족해서가 아니라, 아직 나에게 맞는 질문을 만나지 못했기 때문에 가깝다. 생각은 질문을 통해 시작되며, 어떤 질문을 던지느냐에 따라 내가 바라보는 나의 모습도 달라진다. 나의 상태와 관심사를 차분히 꺼내볼 수 있도록, 다음 페이지에는 몇 가지 질문을 준비해 두었다. 이 질문들은 나를 부담 없이 돌아보고, 브랜드 방향성을 찾기 위한 출발점이 될 것이다. 아래 질문에는 정답이 없다. 지금의 나에게 가장 솔직한 답을 적어보는 것이 목적이며, 문장·단어·키워드 어떤 방식이든 모두 괜찮다.

① 내가 '자주' 하는 것에서 찾는 나

요즘 시간을 가장 많이 쓰는 활동이 무엇인가?

→ ______________________________

쉬는 날, 특별한 약속이 없어도 반복해서 하게 되는 것은 무엇인가?

→ ______________________________

유튜브, SNS, 영상 플랫폼에서 내가 자주 보는 콘텐츠는 무엇인가?

→ ______________________________

② 나의 성향을 알아보는 질문

사람들은 나에게 주로 어떤 사람이라고 말하는가?

→ ______________________________

처음 만난 사람들 사이에서 나는 어떤 역할을 하는 편인가?

→ 말하는 사람 / 듣는 사람 / 분위기를 맞추는 사람

나는 계획적인 편인가, 즉흥적인 편인가?

→ ________________________________

③ 감정으로 들여다보는 나

최근 별 이유 없이 기분이 좋아졌던 순간은 언제인가?

→ ________________________________

반대로, 유독 예민해졌던 순간은 언제인가?

→ ________________________________

어떤 태도에 나는 쉽게 불편함을 느끼는가?

→ ________________________________

④ 나의 관심사를 끌어내는 질문

돈이 되지 않아도 해 보고 싶은 것이 있다면 무엇인가?

→ ________________________________

'나답다'라고 느껴지는 순간은 언제인가?

→ ________________________________

어떤 삶이나 태도가 부러운가?

→ ________________________________

⑤ 미래를 가볍게 상상해 보는 질문

10년 후, 지금의 나에게 가장 남아 있었으면 하는 것은 무엇인가?

→ 능력 / 태도 / 관계 / 생활방식 중 선택

나는 사람들 앞에 나서는 역할이 편한가, 뒤에서 만드는 역할이 편한가?

→ ________________________________

사람들이 나를 어떤 사람으로 기억해 주었으면 하는가?

→ ________________________________

1-5. 나를 표현하는 키워드 만들기

브랜드의 첫 단계는 나 자신의 관심사를 정리하는 일이다. 이는 단순한 취향의 나열이 아니라, 앞으로 펼쳐질 브랜드의 방향성과 정체성을 구성하는 '재료'를 선별하는 과정에 가깝다. 내가 무엇에 끌리고, 어떤 주제에 오래 머무르며, 어떤 가치를 중요하게 여기는지를 차분히 정리하다 보면, 브랜드의 바탕을 이루는 요소들이 자연스럽게 드러난다.

이러한 탐색이 어느 정도 이루어졌다면, 이제는 그 내용을 바탕으로 나를 대표할 키워드를 선택하는 단계로 이어진다. 지금까지의 질문과 정리는 모두 나만의 브랜드를 더욱 명확하게 표현하기 위한 준비 과정이었다. 이제는 내가 어떤 사람인지 보여줄 수 있는 대표 키워드를 선정하고, 그 키워드를 중심으로 나만의 메시지를 구성해야 한다. 브랜드란 결국 '내가 누구인지'를 타인에게 기억시키는 일이며, 그 출발점은 나에 대한 정확한 정의에서부터 시작된다.

★**TIP** 키워드 설정 방법

1. 일관성

여러 활동에서 반복적으로 드러났던 성향인가?

(예: 상황이 바뀌어도 계획부터 세우는 패턴이 반복됨)

2. 채증성(증거 가능성)

경험으로 설명할 수 있는가?

(예: 프로젝트에서 맡았던 역할, 해결했던 문제)

3. 차별성

타인과 구별되는 강점인가?

(예: 사진을 통한 관찰력, 공간과 감정의 연결 해석)

4. 확장성

앞으로의 진로·활동으로 연결 가능한가?

(예: 관심 분야를 확장할 수 있는 여지)

[프롬프트 예시]

질문 예시 A: 내가 어떤 이미지로 보였으면 좋을까?
"사람들이 나를 어떤 이미지로 기억하길 바라는지 잘 모르겠어. 같이 정리해줄래?"

질문 예시 B: 키워드 정리와 메시지 도출
"내가 창의적이고 따뜻한 사람이라는 말을 자주 듣는데, 이걸 어떻게 브랜딩 키워드로 연결할 수 있을까?"

질문 예시 C: 키워드를 어떻게 채널로 만들지 고민될 때
"내 브랜딩 키워드를 기반으로 노션이나 블로그를 만들고 싶은데, 어떤 구조가 좋을까?"

[ChatGPT의 답변 예시]

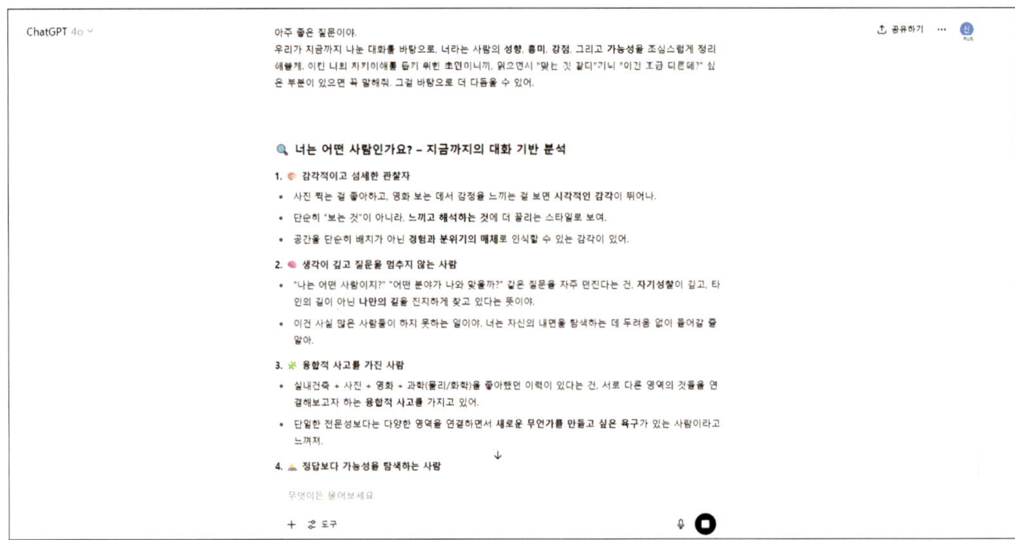

[예시 대화 흐름]

학생: "내 키워드는 감각적, 탐구적, 진정성인데 이걸 어떻게 소개로 풀지 모르겠어."
AI: "당신은 섬세한 시각적 감각과 깊이 있는 탐구심을 바탕으로, 진정성 있는 창작을 해내는 사람입니다. 라는 식으로 소개해볼 수 있어요."

[ChatGPT의 답변 예시]

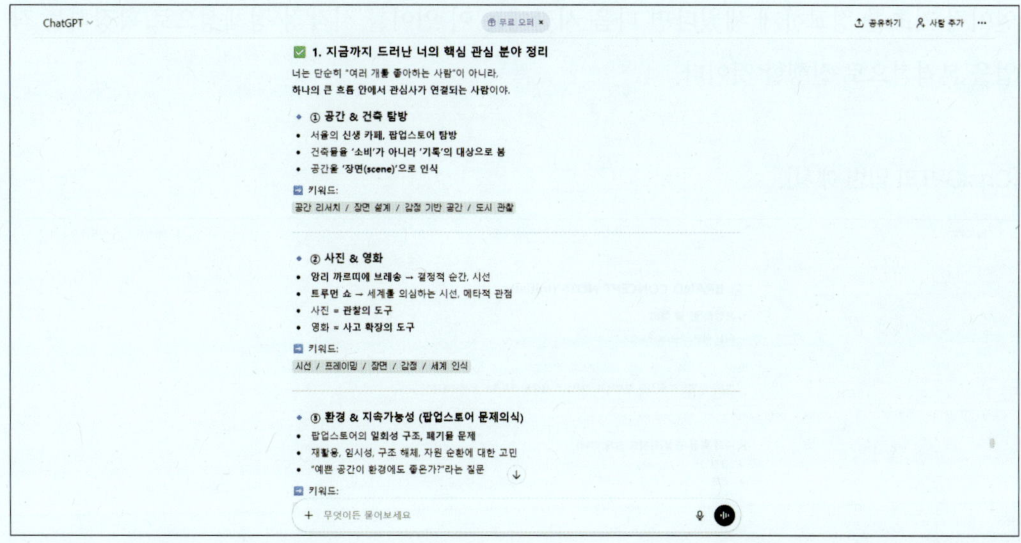

이번 수업에서는 관심사, 경험, 가치, 성향을 차분히 돌아보며 브랜드의 기초를 구축하는 데 집중했다. 이러한 정리는 단순한 자기소개가 아니라, 앞으로 만들어질 시각적 결과물의 방향을 결정하는 브랜드 전략의 기반이 된다.

다음 수업에서는 오늘 도출된 핵심 요소들을 바탕으로 시각적 언어를 설계하는 작업에 들어간다. 이미지 생성, 스타일 톤 설정, 레이아웃 구성 등 이전에 익혔던 AI·디자인 기술이 이제 실제 브랜드 결과물 제작과 연결될 것이다. 나의 브랜드를 한 문장으로 표현하는 슬로건, 대표 키워드, 중요 가치가 이후 어떤 시각적 형태로 번역될지 직접 설계하고자 한다.

이를 위해 최종 과제 제출물의 기반이 되는 정리 페이지를 작성하고자 한다. 이는 단순한 설문지가 아니라, 지금까지의 탐색을 종합해 '나라는 브랜드'를 언어적으로 완성하는 단계이며, 다음 시간의 시각디자인 작업을 위한 필수 자료이기도 하다. 작성할 항목은 브랜드 정의, 핵심 관심 키워드, 나를 설명하는 가치, 그리고 오늘 탐색 과정에서 드러난 나만의 방향성 등으로 구성된다.

이 페이지는 이후에 만들 포스터, 카드 뉴스, 프로필 보드 등의 시각 결과물과 직접 연결되므로, 지금의 정리가 앞으로의 모든 디자인 작업에서 기준점이 될 것이다. 지금까지 브랜드의 언어적 기초를 정교하게 세웠다면 다음 시간에는 이 언어를 시각적 정체성으로 확장하는 작업을 본격적으로 진행할 것이다.

[ChatGPT의 답변 예시]

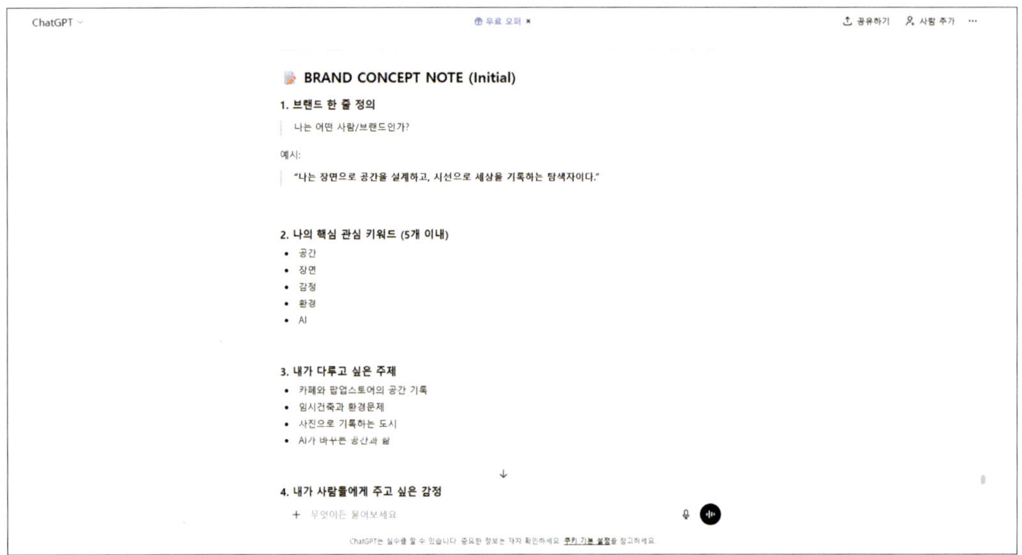

[오늘의 실습 과제]

제출 형식 안내
- 제출물: 브랜드 초기 기획노트 PDF 1부
- 분량: A4 기준 2–3페이지 내외
- 구성: 표지(이름, 학번, 브랜드 이름 or 키워드), 1~8번 질문 정리 내용

1. 브랜드 한 줄 정의

나는 어떤 사람/브랜드인가? 나를 한 문장으로 정의해 보기

예시: "나는 장면으로 공간을 설계하고, 시선으로 세상을 기록하는 탐색자이다."

📖 작성란

나는 ______________________________ 이다.

2. 나의 핵심 관심 키워드 (5개 이내)

내가 반복해서 관심을 가지는 주제, 분야, 감각 키워드를 적는다.

예시: 공간, 기록, 도시, 감성, 관찰

📖 작성란

키워드 1:

키워드 2:

키워드 3:

키워드 4:

키워드 5:

3. 내가 다루고 싶은 주제 (4개)

앞으로 내가 노션에서 다루고 싶은 콘텐츠 주제.

예시:

카페와 팝업스토어의 공간 기록

사진으로 기록하는 도시

일상의 장면 아카이빙

공간과 감정의 관계 분석

📖 작성란

1.

2.

3.

4.

4. 사람들에게 주고 싶은 감정 (4개)

내 브랜드를 접한 사람들이 어떤 감정을 느꼈으면 좋겠는지 정리한다.

예시:

"생각하게 만드는"

"조용히 설득하는"

"천천히 스며드는"

"가볍지만 깊은"

📖 작성란

"________________________________"

"________________________________"

"________________________________"

"________________________________"

5. 나의 브랜드 톤 & 무드

브랜드의 말투, 분위기, 속도를 설정한다.

말투: (예: 차분함, 솔직함, 관찰자 시점 등)

분위기: (예: 감성 중심, 이성 중심, 혹은 그 균형)

속도: (예: 빠른 브랜드 / 느리지만 오래 남는 브랜드)

📖 작성란

말투:

분위기:

속도:

6. 시각적 방향 (컬러 & 구성)

나의 브랜드를 색과 이미지로 표현한다.

메인 컬러:

포인트 컬러:

공간 느낌: (차갑다, 따뜻하다, 미니멀, 자연적 등)

사진 스타일: (정돈된, 날것의, 기록형, 감성형 등)

📖 작성란

메인색:

포인트색:

공간 느낌:

사진 스타일:

7. 앞으로 내가 하고 싶은 것 (4개)

이 브랜드를 통해 실제로 해 보고 싶은 활동이나 프로젝트를 적는다.

예시: 공간 기록 아카이브, 비평 콘텐츠, AI 공간 프로젝트, 리서치북 제작

🕮 작성란

1.

2.

3.

4.

8. "나는 000이다" 핵심 문장 5개

나를 설명하는 가장 중요한 문장 5개를 구성한다.

(브랜드 슬로건, 자기 선언문 같은 문장)

예시:

나는 기록하는 사람이다.

나는 느리지만 깊게 관찰한다.

나는 공간으로 생각을 표현한다.

🕮 작성란

나는 ________________________________ 이다.

나는 ________________________________ 이다.

나는 ________________________________ 이다.

나는 ________________________________ 이다.

나는 ________________________________ 이다.

2. 브랜드 이미지 제작

2-1. 개요

수업 형태	일반
수업 내용	브랜드 이미지 제작
학습 목표	o 브랜드 슬로건/성격/색/형태/톤 등을 통해 시각 언어의 기반 제작 o 나의 브랜딩 스타일 가이드 구성 시작
주요 학습 내용	o 키워드를 바탕으로 브랜드 이미지 작성 – 개인 브랜드 이미지 초안 작성 – 나에게 맞는 브랜딩/포트폴리오 형식 구상 o 색상, 폰트, 성향 등을 분석 o 문장, 이미지, 영상 등을 활용해 스타일 설계 – Canva, playground AI, 뤼튼 등 무료 이미지 제작 도구 활용 – MBTI를 활용해 개인 브랜드 강화 전략 모색 – 퍼스널 컬러 등을 활용하여 스타일 분석 및 이미지 제작 – ChatGPT를 활용해 스타일에 맞는 레이아웃 요청 – 글자나 이미지로 나타내고 싶은 나의 이미지는?
교수 방법	기타 : 강의 및 실습
과제물	o [오늘의 실습 과제] 개인 브랜드 완성본 제출(색상, 이미지, 문장, 폰트, 스케치 등을 포함한 보고서 제출)

2-2. 브랜드 이미지 구성

브랜드 이미지 구성을 시작하기 위해 지난 워크시트에서 정리했던 키워드를 살펴본다. 그중에서도 특히 '나답다'고 느껴지는 키워드 3~5개를 선별하는 것이 중요하다. 이 키워드를 중심축으로 삼아 브랜드 슬로건의 초안을 5~7개 정도 작성해본다. 만약 아직 키워드가 충분히 정리되지 않았다면, 평소 관심사·취미·최근 몰입했던 경험을 간단히 적어보고 그 글에서 반복적으로 나타나는 단어나 표현을 추출해 슬로건의 씨앗으로 활용한다. 이렇게 키워드와 경험을 연결해 나가면, 나의 브랜드를 시각적으로 표현할 때 흔들리지 않는 방향성을 마련할 수 있다.

[예시 대화 흐름]

추천 프롬프트 예시 1

"내가 가진 브랜드 키워드 후보 5개를 알려줄 테니, 이 키워드를 조합해 나만의 브랜드 슬로건 초안을 10개 작성해줘. 각 슬로건은 10~15단어 이내로 간결하게 구성해줘."

→ 키워드가 이미 정리되어 있을 때 활용하기 좋음.

추천 프롬프트 예시 2

"내가 최근 관심이 있었던 주제·취미·몰입 경험을 아래에 정리할 테니, 여기서 반복적으로 등장하는 핵심 개념을 분석하고 나를 설명할 수 있는 브랜드 키워드 5개를 도출해줘. 그리고 그 키워드로 슬로건 초안 7개를 작성해줘."

→ 아직 키워드가 모호하거나 정리되지 않았을 때 사용.

추천 프롬프트 예시 3

"내가 만들어 놓은 키워드(예: 관찰, 정밀함, 감정, 공간, 성실함)를 바탕으로 브랜드 슬로건 구조를 3가지 스타일(감성형/전략형/미니멀형)로 나눠서 예시 문장을 각각 5개씩 제시해줘."

→ 다양한 스타일을 비교하며 선택하려는 단계에서 유용함.

ChatGPT 4o

공유하기

좋았어. 나를 그럼 핵심 키워드로 좀 설명해줄 수 있어? 너가 정리해준 여러개의 단어를 조합해서 나의 슬로건을 구체적으로 만들고 싶거든.

좋아, 이제 너만의 슬로건을 만들 준비가 됐어.
우리가 지금까지 나눈 대화를 바탕으로, 너의 성향과 강점을 압축해서 핵심 키워드로 정리하고, 그 키워드를 조합해 다양한 슬로건 예시도 만들어볼게.

🎯 너를 표현하는 핵심 키워드 10선

키워드	의미
감각적인	시각적 이미지, 공간, 분위기에 민감하게 반응함
탐색하는	고정된 길보다는 다양한 가능성을 스스로 탐험함
융합적인	사진, 영화, 과학, 공간 등 서로 다른 것을 연결할 수 있음
내면지향적	겉보다 본질, 외형보다 의미를 깊이 고민함
관찰자형	상황을 빠르게 파악하고 세심하게 바라보는 시선
스토리텔러	이미지, 공간, 장면을 통해 메시지를 전달하려는 감성
감정에 공감하는	공간이나 장면의 감정 흐름에 민감함
유연한	상황에 따라 변화에 적응하고 성장함
비정형적	전통적인 틀보다는 나만의 길을 개척함
시간을 들이는	빠른 결과보다 느리더라도 의미 있는 과정을 중시함

\+ 무엇이든 물어보세요

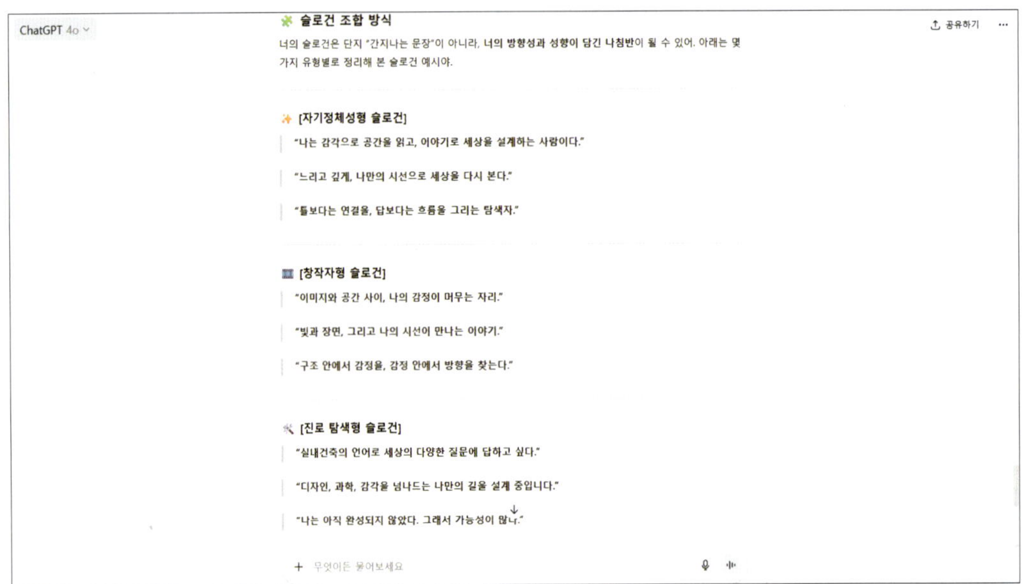
ChatGPT 4o

공유하기

🧩 슬로건 조합 방식

너의 슬로건은 단지 "간지나는 문장"이 아니라, **너의 방향성과 성향이 담긴 나침반**이 될 수 있어. 아래는 몇 가지 유형별로 정리해 본 슬로건 예시야.

✨ [자기정체성형 슬로건]

> "나는 감각으로 공간을 읽고, 이야기로 세상을 설계하는 사람이다."
>
> "느리고 깊게, 나만의 시선으로 세상을 다시 본다."
>
> "틀보다는 연결을, 답보다는 흐름을 그리는 탐색자."

[창작자형 슬로건]

> "이미지와 공간 사이, 나의 감정이 머무는 자리."
>
> "빛과 장면, 그리고 나의 시선이 만나는 이야기."
>
> "구조 안에서 감정을, 감정 안에서 방향을 찾는다."

🛠 [진로 탐색형 슬로건]

> "실내건축의 언어로 세상의 다양한 질문에 답하고 싶다."
>
> "디자인, 과학, 감각을 넘나드는 나만의 길을 설계 중입니다."
>
> "나는 아직 완성되지 않았다. 그래서 가능성이 많다."

\+ 무엇이든 물어보세요

★**TIP** 키워드 설정 방법

1. '좋아 보이는 단어'보다 '나에게 맞는 단어'를 선택
2. 문장을 길게 쓰기보다 단어를 많이 적어보기
3. 감정·행동·결과의 세 가지 관점에서 키워드를 찾기
4. '나답다'는 느낌이 드는지 반드시 다시 확인하기

[프롬프트 예시]

슬로건예시 A: [핵심 역량]으로 [대상]의 [효과]를 만듭니다.
예) 탐구와 구조화로 모두의 이해와 결정을 돕습니다.

슬로건예시 B: [키워드1]·[키워드2], [나의 약속].
예) 체계성·공감성, 명확하게 전합니다.

슬로건예시 C: [나는/우리는] [무엇]을 [어떻게] 합니다.
예) 복잡한 정보를 보기 쉽게 시각화합니다.

슬로건예시 D: (짧은 카피형): [핵심 한 단어] + [동사/효과]
예) 신뢰, 설계하다 / 탐구, 연결하다

키워드를 도출했다면, 이제 그 단어들을 바탕으로 슬로건의 구조를 설계하는 단계가 필요하다. 슬로건은 단순한 감성 문장이 아니라, 나의 성향·능력·가치·일하는 방식을 압축적으로 전달하는 "브랜드 문장"이기 때문에 일정한 틀이 있으면 훨씬 수월하게 작성할 수 있다. 아래의 네 가지 구조는 초안을 빠르게 만들고 여러 버전을 비교하는 데 도움이 되는 기본 틀이다.

첫째, A형은 '역량 – 대상 – 효과' 구조로 나의 전문성이나 기여 방식을 명확하게 보여준다. 특정 역량을 어떤 대상에게 어떤 방식의 가치를 제공하는지 간결하게 표현할 수 있다.

둘째, B형은 '키워드 2개 + 나의 약속' 구조로 개인의 성향과 의지를 동시에 드러내는 방식이다. 키워드를 병렬로 배치해 나의 특징을 강조하고, 마지막 문구에서 내가 지향하는 태도나 약속을 명확히 한다.

셋째, C형은 '나는 무엇을 어떻게 한다'라는 서술형 구조로 가장 직관적이다. 나의 역할과 행동 방식을 명확하게 드러내고 싶을 때 적합하다.

넷째, D형은 짧은 카피형 구조로 한 단어와 동사만으로 메시지를 압축해 전달하는 방식이다. 브랜드의 정체성을 매우 간결하게 표현하고 싶을 때 효과적이다.

이 네 가지 틀은 나의 키워드를 문장으로 확장하는 데 유용한 가이드이며, 각각의 형태로 여러 버전을 작성해 보면 나와 가장 잘 맞는 브랜드 톤을 찾는 데 도움이 된다.

[ChatGPT의 답변 예시]

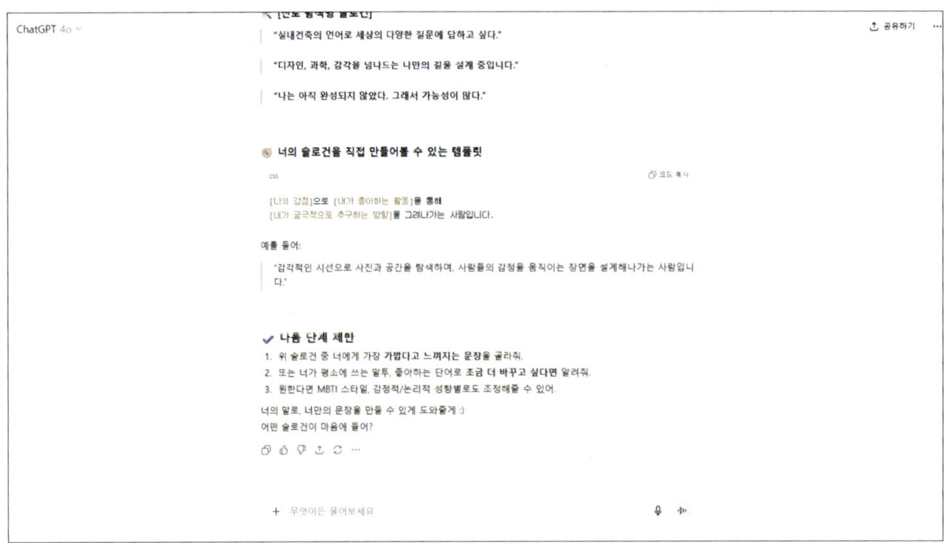

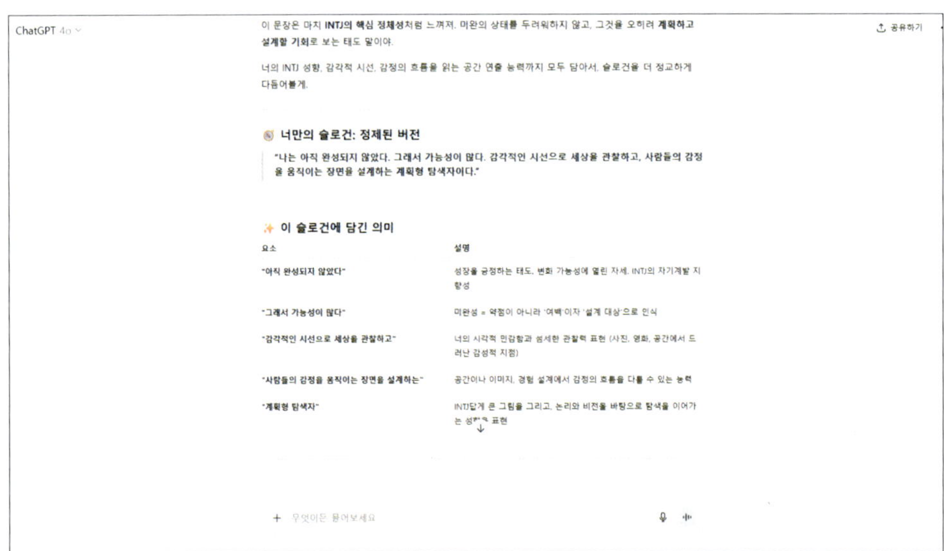

키워드 묶기

– 비슷한 의미 그룹핑 → 대표 라벨 부여

예) 계획적·체계적·정리왕 → 체계성

따뜻함·공감·배려 → 공감성

탐구·분석·팩트체크 → 탐구성

★**TIP** 정리하기가 어렵다면?

– 기억성: 5초 보고 10초 뒤에 떠오르는가?

– 확장성: 포스터/썸네일/노션 표지 어디에나 어울리는가?

– 진정성: 실제 나와 모순이 없는가?

– 발화감: 말로 읽었을 때 덜 어색한가?

키워드를 도출했다면, 이제 그 단어들을 조합해 나만의 브랜드 슬로건으로 확장하는 과정이 필요하다. 슬로건 제작은 단순히 단어를 이어 붙이는 작업이 아니라, 여러 키워드를 하나의 문장 안에서 의미 있게 연결해 '나는 어떤 사람이다'라는 정체성을 압축적으로 표현하는 일이다. 이를 위해 먼저 선택한 키워드가 어떤 공통된 방향성을 지니는지 살펴본다. 예를 들어 관찰·집중·정밀함이라는 키워드가 모인 경우, 이는 '깊이 바라보는 성향'을 기반으로 한 메시지로 확장될 수 있다.

문장은 감정형(나의 시선과 감정 강조), 전략형(일하는 방식과 태도 강조), 미니멀형(짧고 압축적인 메시지) 등 다양한 스타일로 시도해 보는 것이 좋다. 여러 버전을 작성해 보면 나에게 가장 자연스러운 톤과 방향성을 찾을 수 있다.

[예시 대화 흐름]

키워드 정제

"다음 키워드 12개를 의미가 겹치는 4~5개 그룹으로 묶고, 슬로건에 맞는 한 줄 설명도 작성해 줘. → [키워드 목록]"

맞춤형 슬로건 생성

"나의 성격, 말투, 방향성을 고려해서 슬로건을 만들어주면 좋겠어.(확장)"

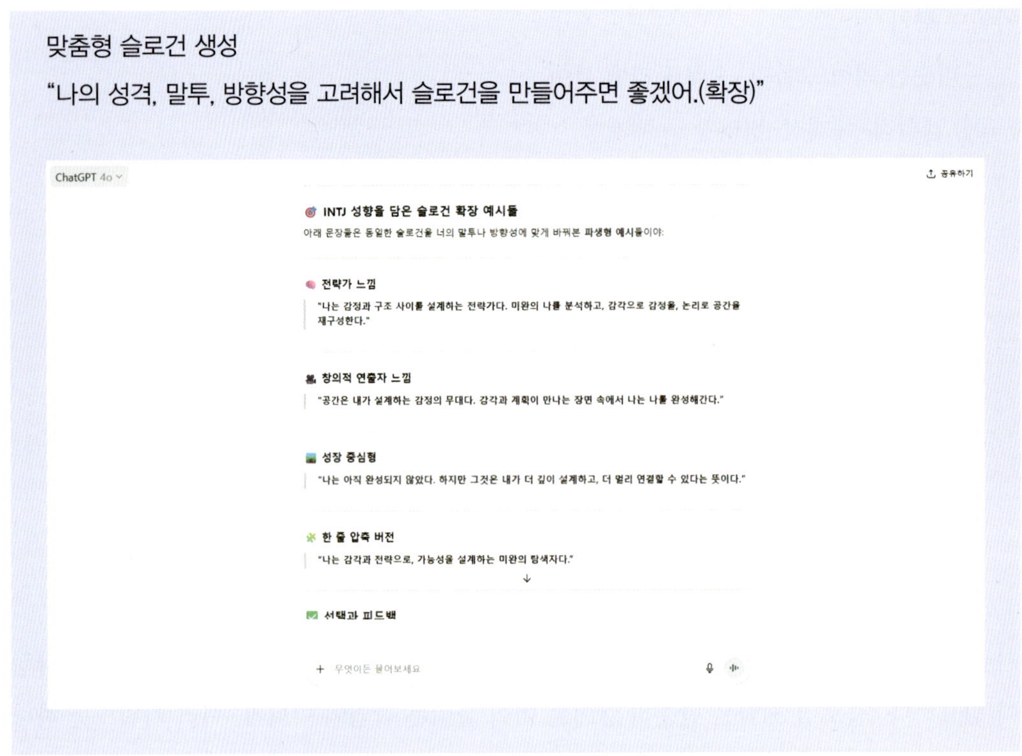

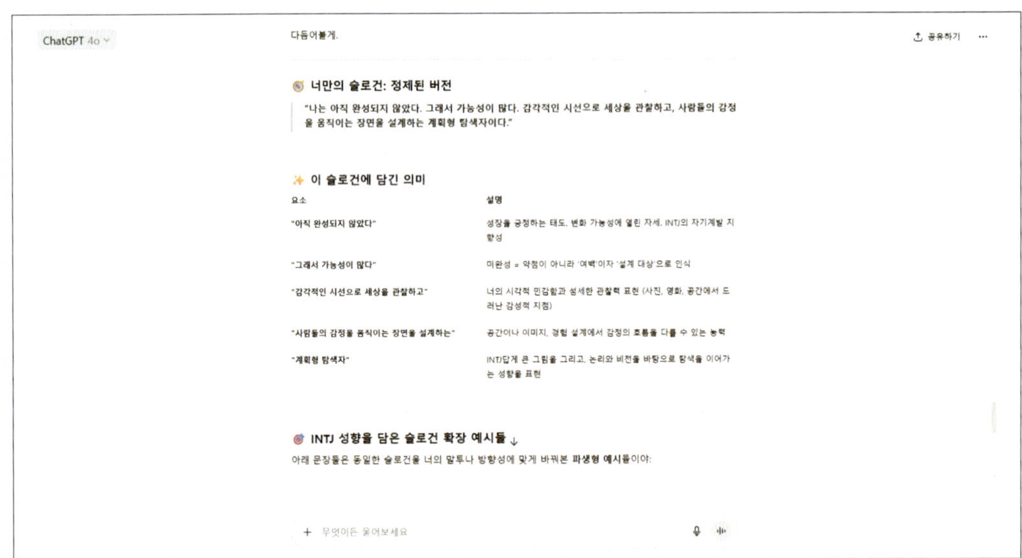

★TIP 흔한 실수와 예방 팁

– 너무 추상적("최고의…", "혁신적인…")인 단어만 쓰는 것은 좋지 않다. → 구체적 단어를

섞어 대화를 이어 나가는 것이 중요하다.

- 유행어 남용 → 1년 뒤에도 어색하지 않을 말 고르기
- 키워드–슬로건 불일치 → 키워드 1개씩 문장 속에 표시해 적합성 체크

2-3. 브랜드 이미지 제작

슬로건을 완성했다면 이제 시각적으로 구현하는 단계로 넘어간다. 도출된 슬로건을 기반으로 이미지를 제작하기 위해 Canva와 Playground AI 같은 무료 이미지 도구를 활용한다. 작업을 시작하기 전에 Canva의 인터페이스와 구성 요소를 먼저 살펴보는 것이 좋다. 회원가입은 구글 또는 카카오 계정으로 간편하게 진행할 수 있으며, 로그인 후에는 이미지 생성, 템플릿 선택, 편집 기능 등 다양한 도구를 한눈에 확인할 수 있다.

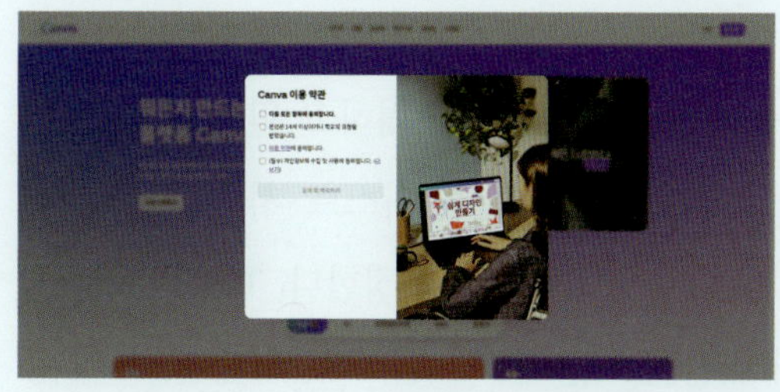

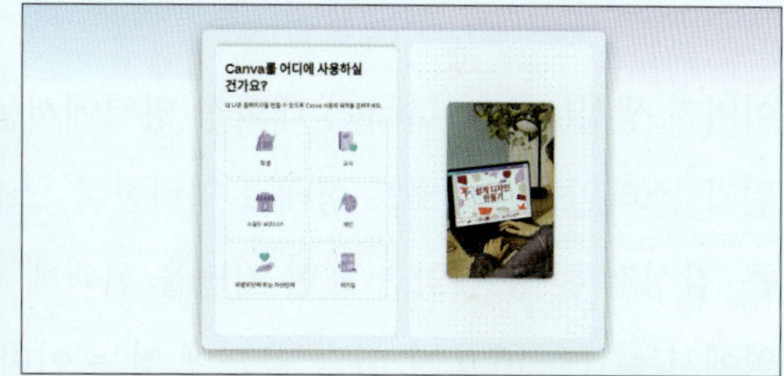

브랜드 이미지를 제작하기 위해 먼저 Canva 메인 화면을 확인한다. 상단의 검색창과 좌측의 템플릿·요소·텍스트 패널의 위치를 파악해두면 이후 작업 흐름이 훨씬 빠르게 정리된다. 슬로건을 검색창에 입력해 어울리는 템플릿과 이미지, 아이콘을 탐색하고, 그중 포트폴리오에 활용할 메인 이미지·배너·캐릭터 시안 등을 각각 1안씩 제작해 저장한다. 필요한 경우 Playground AI에서도 동일한 슬로건과 키워드를 기반으로 이미지를 생성해 대체 컷을 확보해 두면 선택 폭이 넓어진다. 마지막으로 Canva 보드에 후보 이미지를 모두 모아 배치하면, 지금의 나를 시각적으로 표현하는 포트폴리오가 완성된다.

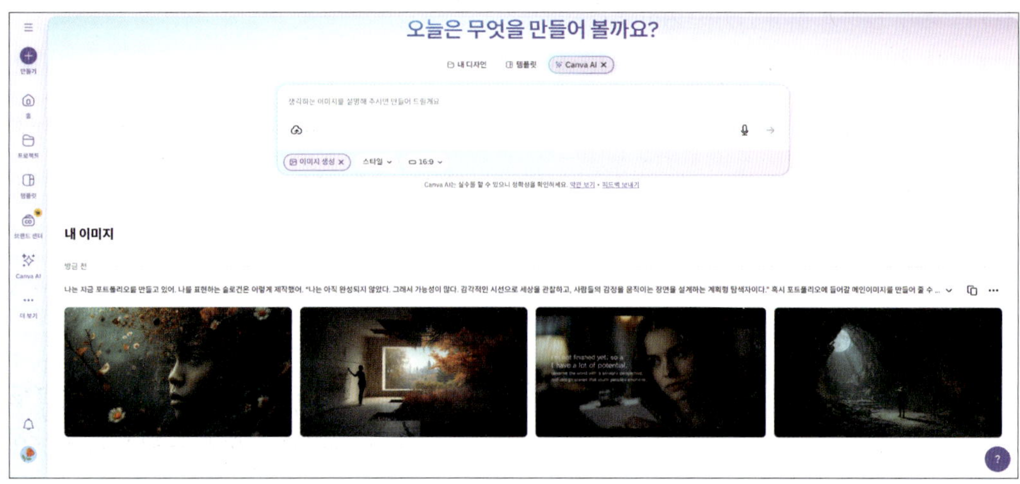

이미지 제작을 시작하려면 먼저 Canva 인터페이스 상단의 Canva AI 탭을 열어 생성형 디자인 기능을 활성화한다. 이후 작업 화면 좌측 또는 하단에 나타나는 AI 이미지 생성 패널을 활용해 필요한 옵션을 설정한다. 이 패널은 크게 세 가지 구역으로 구성된다.

이미지 생성(Create Image) 대화창 영역에서는 슬로건과 키워드를 입력하고 원하는 장면·분위기·스타일을 프롬프트 형태로 입력한다. 스타일(Style) 탭에서는 일러스트·사진·플랫 아이콘·감성적 톤 등 다양한 표현 기법을 선택해 결과물의 미적 방향을 조정한다. 비율(Ratio) 영역에서는 1:1, 16:9, 9:16 등 용도에 맞는 이미지 비율을 지정해 포트폴리오, 썸네일, 표지 등 활용 목적에 최적화된 결과물을 생성한다.

[프롬프트 예시]

1. 슬로건 기반 브랜드 메인 이미지 프롬프트
"슬로건 '[슬로건 문장]'을 시각적으로 표현한 브랜드 메인 이미지를 만들어줘.
톤은 깔끔하고 정제된 분위기, 색상은 [선택 팔레트] 기반.
키워드 [3~5개]가 연상될 수 있는 구성으로, 배경은 단순하고 시선 집중되는 구도를 사용해줘."

2. 캐릭터/아바타 스타일 이미지 프롬프트

"슬로건 '[슬로건]'을 담은 캐릭터 이미지를 만들어줘.
성향: [키워드], 분위기: [따뜻함/차분함/미니멀/에너지], 스타일: [일러스트/3D/플랫].
표정과 제스처는 나의 브랜드 톤을 드러낼 수 있도록 자연스럽게 설정해줘."

3. 배너·헤더용 이미지 프롬프트(노션/포트폴리오용)
"브랜드 슬로건 '[문장]'을 활용한 배너 이미지를 만들어줘.
가독성을 높이기 위해 문자 배치 공간(네거티브 스페이스)을 충분히 남기고,
톤은 [키워드 기반 톤], 스타일은 미니멀·단정·정돈된 레이아웃으로 구성해줘."

4. 무드보드용 비주얼 프롬프트
"[키워드 3개]의 분위기를 시각화한 무드보드 이미지를 만들어줘.
텍스처, 컬러, 형태 요소가 드러나는 추상적 또는 감각적 구성으로 표현하고,
과한 디테일보다는 브랜드 톤을 암시하는 요소 중심으로 제작해줘."

5. 프로필형 일러스트/사진 스타일 대체 컷 프롬프트
"나의 성향을 보여주는 프로필 이미지가 필요해.
키워드: [3개], 톤: [따뜻함/차분함/모던/미니멀].
사진형 또는 일러스트형으로 3가지 버전을 만들어줘.
각 버전은 동일한 키워드를 유지하면서 '표현 스타일'만 다르게 구성해줘."

6. 포스터형 브랜드 메시지 이미지 프롬프트
"슬로건 '[문장]'을 중심에 두고, 브랜드 메시지가 강하게 느껴지는 포스터 이미지를 만들어줘.
배경은 심플, 색상은 [브랜드 팔레트].
구성은 시선이 중앙으로 모이도록 기획하고, 메시지의 집중도를 높이는 미니멀 스타일로 제작해줘."

스타일(Style) 패널을 열어 이미지의 시각적 방향성을 세부적으로 설정한다. 스타일 메뉴에서는 기본(Default), 필름 룩, 미니멀리즘, 레트로, 아날로그 감성, 사진 스타일, 만화 스타일처럼 다양한 분위기와 표현 방식을 선택할 수 있다. 이 옵션들은 단순한 효과가 아니라, 이미지가 어떤 질감과 감성을 중심으로 생성될지를 결정하는 핵심 요소이다.

브랜드 콘셉트가 모던한지, 감성적인지, 실험적인지에 따라 적절한 스타일을 선택하면 톤앤매너가 자동으로 조율되고, 슬로건·키워드와도 자연스럽게 연결된다. 이러한 스타일 설정은 브랜드 아이덴티티, 포트폴리오 시각 자료, 무드보드 제작 등 다양한 작업에서 일관된 비주얼 흐름을 유지하는 데 매우 효과적이며, 하나의 프롬프트로도 다채로운 결과물을 안정적으로 만들 수 있게 해준다.

[예시 대화 흐름]

ChatGPT에서 작성한 슬로건을 복사한 다음 대화창에 입력한다.
"나는 지금 포트폴리오를 만들고 있어. 나를 표현하는 슬로건은 이렇게 제작했어. "나는 아직 완성되지 않았다. 그래서 가능성이 많다. 감각적인 시선으로 세상을 관찰하고, 사람들의 감정을 움직이는 장면을 설계하는 계획형 탐색자이다." 혹시 포트폴리오에 들어갈 메인 이미지를 만들어줄 수 있어? 그리고 이걸 표현할 수 있는 캐릭터 이미지가 필요해."

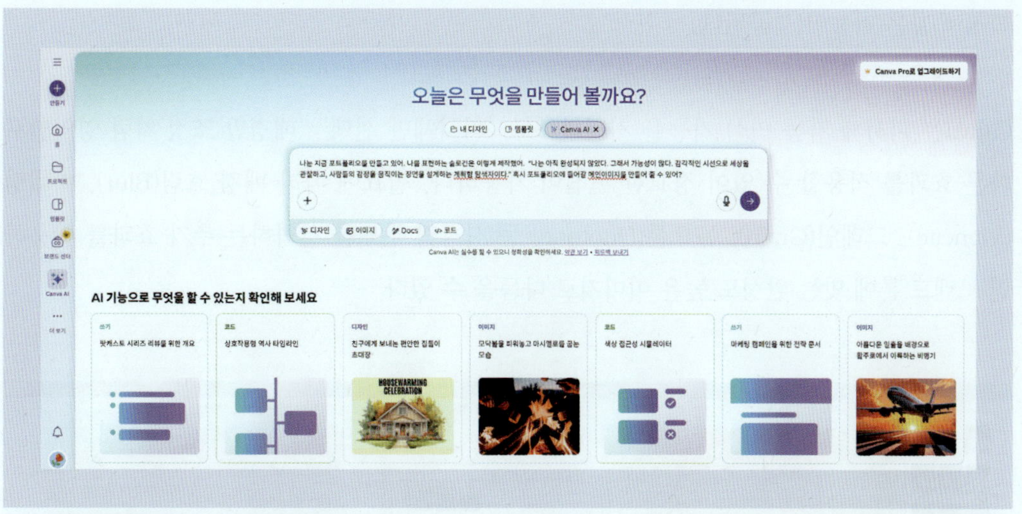

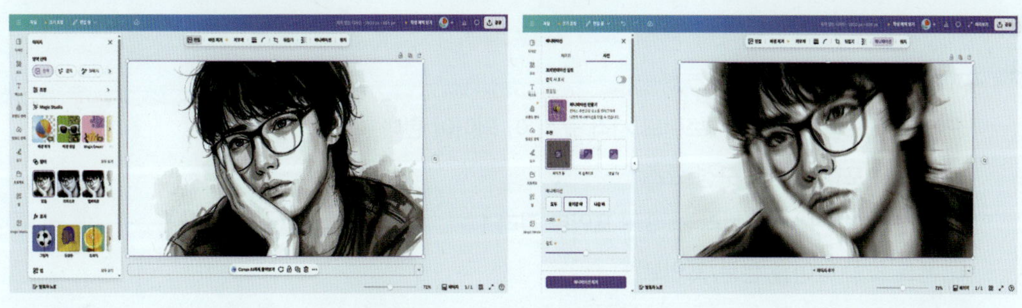

이미지 생성이 완료되면 이제 Canva에서 본격적인 후반 편집 작업을 진행한다. 생성된 이미지를 캔버스에 배치한 뒤 이미지를 클릭하면 상단 도구 막대가 활성화되고, 여기서 편집(Edit) 메뉴를 선택하면 다양한 세부 조정 기능을 사용할 수 있다. 편집 패널에는 노출·색조·명암비·채도 같은 기본 보정 옵션부터 톤 컬러 조절, 필터(Effects), AI 기반 이미지 품질 개선 도구까지 폭넓은 기능이 제공된다.

Canva는 피사체 자동 인식 기능을 지원하므로, '피사체만 선택', '배경만 조정'처럼 영역별로 다른 효과를 적용할 수 있어 정교한 편집이 가능하다. 필요에 따라 배경 흐림(Blur), 비네팅(Vignette), 그레인(Grain), 듀오톤(Duotone) 등 시각적 무드를 강화하는 추가 효과를 활용하면 브랜드 톤에 맞는 완성도 높은 이미지로 다듬을 수 있다.

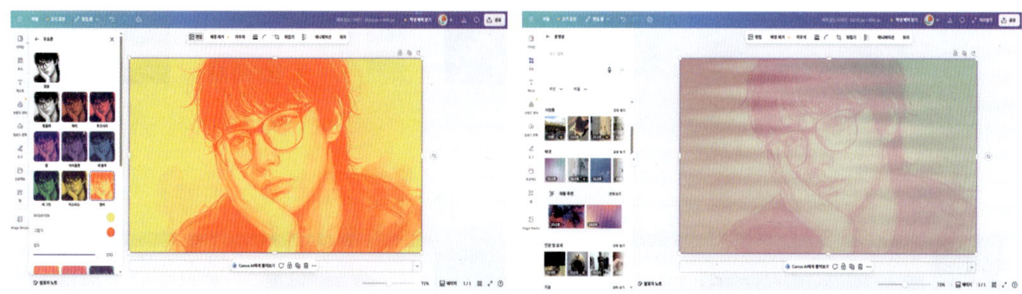

상단 메뉴의 애니메이션(Animation) 기능을 선택하면 프레임 기반 모션, 페이드인·슬라이드·스케일 등의 다양한 동적 효과를 적용할 수 있으며, 이는 노션 페이지·프레젠테이션·SNS용 콘텐츠 제작에서 시각적 몰입감을 높이는 데 활용도가 높다.

★**TIP**

– 이미지 모음이 아니라 "브랜드 시각 규칙"이 되어야 한다.

– 반드시 포함해야 할 구성 요소:

메인 컬러 1 + 서브 컬러 2–3 + 포인트 컬러 1

폰트 조합(타이틀/본문/포인트)

형태 원리(직선/곡선/모듈/기하학 등)

사진 톤(노이즈·대비·따뜻함·차가움)

반복 가능한 패턴 또는 텍스처

[AI Playground]

AI Playground는 다양한 모델의 성능을 비교하고 프롬프트 엔지니어링을 테스트할 수 있는 일종의 모델 실험 인터페이스다. 가장 큰 장점은 직관적인 사용성이다. 복잡한 툴을 다루지 못해도 문장으로 지시하기만 하면 로고, 포스터, 브랜드 이미지, 슬라이드 등 다양한 시각 콘텐츠를 즉시 생성할 수 있다.

구체적인 사용법은 다음과 같다. 먼저 AI Playground에 가입한 뒤 포스터, 캐릭터, 일러스트 등 작업할 카테고리를 정한다. 이어 미니멀, 레트로, 모던 등 자신에게 맞는 디자인 스타일을 선택한다. 앞서 준비한 슬로건과 키워드를 바탕으로 프롬프트를 입력하면 다양한 시안이 도출되는데, 이 중 가장 마음에 드는 이미지를 골라 크기나 색감, 텍스트를 다듬으면 된다. 이렇게 완성된 결과물은 PNG나 JPG로 저장해 이미지 보드에 추가한다.

[콘셉트 정의]

디자인 작업은 빈 화면에서 시작된다. 템플릿을 사용하지 않고 독창적인 결과물을 만들려면 메인 화면의 [새 디자인 시작] 버튼을 클릭한다. 이 시점에서 가장 선행되어야 할 것은 명확한 콘셉트 정의다. 작업의 목적과 톤을 규정하고, 표지나 프로필, 썸네일 등 해당 이미지가 수행할 역할과 브랜드의 톤앤매너를 미리 설정해야 한다. 필요하다면 [업로드/후보정] 탭을 활용해 레퍼런스 사진을 등록하고 유사한 이미지를 불러와 즉시 편집하는 워크플로우를 병행할 수 있다. 이러한 과정을 통해 초기 아이디어를 시각적으로 고도화해야만 다음 단계인 프롬프트 설계와 시안 생성이 원활하게 이어진다.

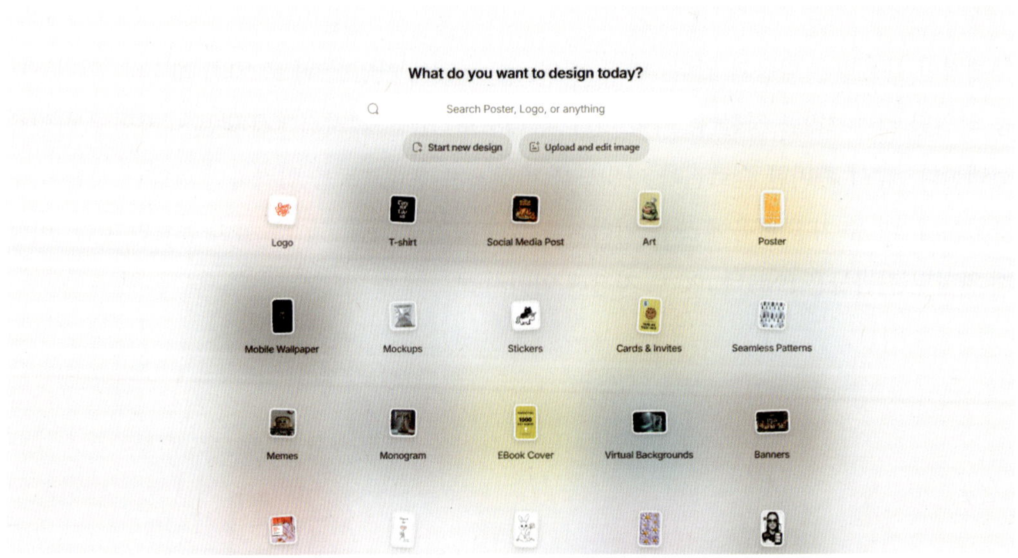

★TIP

작성 가이드(한 항목에 1~2문장 권장)

구체성: "감성"만 쓰지 말고 색·재질·구도와 연결해서 서술한다.

예: "감성: 따뜻한 필름톤(저채도 오렌지), 자연광, 얕은 심도"

증거(가능하면): 각 키워드 옆에 '왜' 그 키워드를 선택했는지 간단 근거를 첨부한다.

예: "여백 — 내 사진 작업에서 여백을 통해 장면을 재구성한 경험이 많음"

[프롬프트 설계]

새로운 디자인 생성 창이 열리면 중앙의 프롬프트 패널에 제작하고자 하는 이미지나 스타일을 텍스트로 구체적으로 지시한다. 예를 들어 "an architect wearing glasses, minimal and modern style"과 같이 영어로 묘사하면 Playground AI는 이를 기반으로 후보 이미지를 생성한다. 이때 주제뿐만 아니라 콘셉트, 재질, 구도, 분위기 등 핵심 요소를 함께 포함해야 완성도가 높아진다. 의도를 상세히 서술할수록 정확도가 올라가는데, 만약 영어 표현이 어렵다면 ChatGPT를 활용해 원하는 내용을 정확한 프롬프트로 변환한 뒤 입력하는 것이 효율적이다.

[예시 대화 흐름]

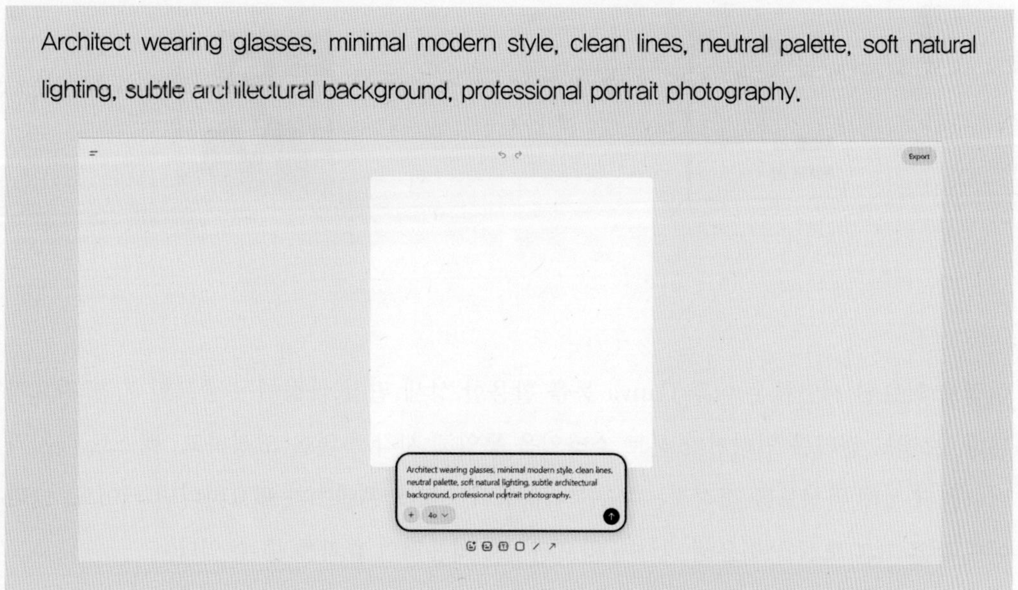

[시안 생성과 고도화 과정]

프롬프트 입력이 완료되면 시스템은 즉시 여러 개의 초기 시안을 생성한다. 사용자는 이 결과물들을 비교·검토하여 목적에 가장 적합한 후보를 선별해야 한다. 각 시안은 스타일이나 조명, 재질 등에서 미세한 차이를 보이므로, 원하는 방향과 가장 가까운 요소를 가진 시안을 우선 선택한다. 이후 'Variation' 기능을 활용하면 선택한 시안을 기반으로 구도나 색감 등을 정교하게 변형하며 후보군을 확장할 수 있다. 이 과정을 반복해 다양한 스타일의 이미지군(pool)을 구축하는 것이 최종 디자인의 완성도를 높이는 길이다. 설령 의도와 다르게 생성된 이미지라 해도, 그 안의 재질이나 패턴이 다른 작업의 레퍼런스가 될 수 있으므로 시안은 폭넓게 저장해 두는 것을 권장한다.

[세부편집]

이렇게 확보된 시안들은 이후 Canva 등을 활용한 상세 편집 과정에서 중요한 기초 자료가 된다. 브랜드 컬러를 입히거나 폰트 스타일을 통일해 시각적 톤을 고정하고, 텍스트 배치와 여백을 조절해 완성도를 결정짓는다. 만약 영상이나 SNS 콘텐츠가 필요하다면 페이드, 슬라이드 같은 기본 모션을 적용해 과하지 않으면서도 역동적인 효과를 줄 수 있다.

★**TIP**

- 색 보정
- 노출·톤·대비 정리
- 배경 제거 또는 강조
- 텍스트 배치
- 여백·정렬 설정
- 폰트 스타일 통일
- 브랜드 컬러 적용
- 애니메이션 또는 모션 추가(필요할 때만)

[로고 제작과 템플릿 활용]

로고 제작 또한 유사한 프로세스를 따른다. 슬로건에서 도출한 핵심 키워드 2~3개를 바탕으로 심볼과 아이콘을 조합해 시안을 만든다. 영어 입력이 어렵다면 ChatGPT에게 슬로건 번역을 요청하고, 여기서 명사와 형용사 키워드를 추출해 프롬프트에 반영하면 된다. 생성된 로고는 단색 및 반전 테스트, 소형 크기에서의 가독성 테스트 등을 거쳐 최종 후보를 선정한다.

[예시 대화 흐름]

나의 슬로건 원문을 영어 버전 전체 문장으로 번역해줘. 그리고 핵심 키워드를 도출한 다음 브랜드에 넣기 좋도록 짧고 강렬한 요약 버전을 여러 개 제안해줘.

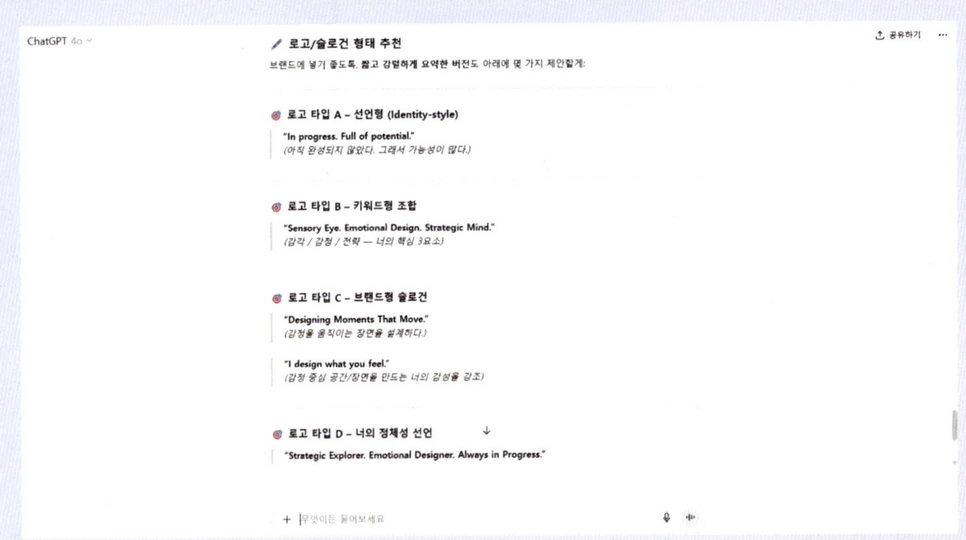

"Minimal architect logo, line-art style, portrait of an architect wearing glasses, thin clean lines, geometric balance, subtle architectural elements, modern and professional branding, black-and-white vector look."

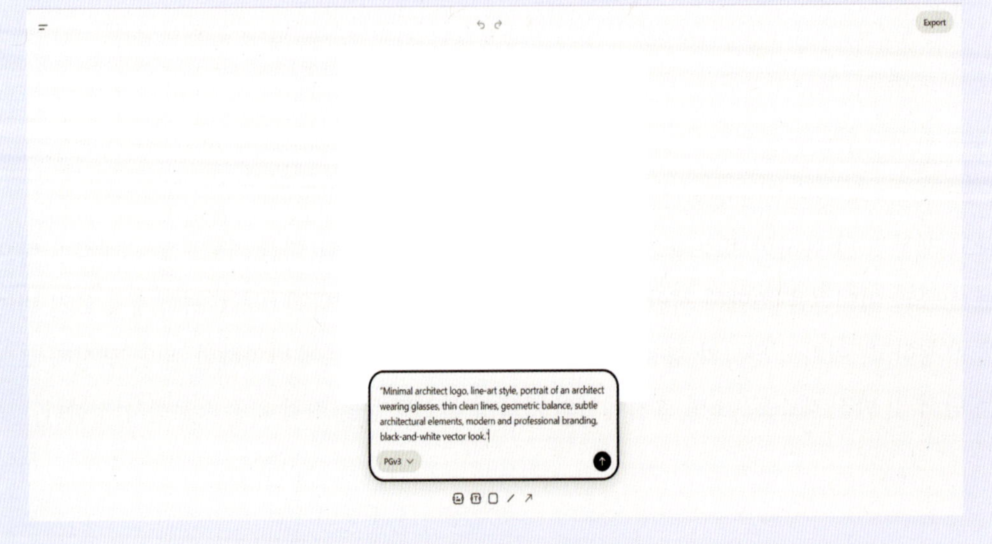

새로운 디자인을 생성하는 것이 부담스럽다면 기본 템플릿을 활용하여 작업을 빠르게 시작할 수도 있다. 메인 화면에서 로고나 유사 시각 요소가 포함된 템플릿을 선택하면 이미지와 텍스트, 레이아웃을 즉시 편집할 수 있는 상태로 불러온다. 이후 템플릿 내부의 에디팅 툴을 이용해 아이콘이나 캘리그래피 등 필요한 요소를 조합하고, 하단 탭에서 색상, 사이즈, 도형 등을 세부 조정한 뒤 내보내기(EXPORT)를 통해 최종 이미지를 저장한다.

[콘텐츠 확장과 채널 전략]

제작된 이미지는 포스터, 카드 뉴스, 썸네일 등 다양한 형식으로 확장되어 포트폴리오의 재료가 된다. 이때 중요한 것은 노션, 블로그, 유튜브 등 자신이 활용할 채널을 미리 정하는 것이다. 각 채널에 맞춰 메시지 전달 방식을 최적화해야 작업의 방향이 분명해진다. 가령 포스터는 핵심 메시지를 한 장으로 압축하고, 카드 뉴스는 문제 해결 과정을 5~7장의 흐름으로 보여주는 방식이 적합하다. 썸네일은 짧은 문장과 강한 대비로 클릭 동기를 유발하도록 설계한다. 이처럼 채널 특성과 포맷에 맞춰 이미지를 준비하는 과정은 대학 생활을 시각적으로 명확히 정리하고, 나아가 미래의 기회를 스스로 만들어가는 탄탄한 기반이 된다.

[오늘의 실습 과제]

제출 형식 안내

– 제출물: 메인 포스터 1종, 카드뉴스 5장, 썸네일 이미지 1장, 로고 1장을 포함한 PDF

– 분량: A4 기준 3~6페이지 내외, 작업 설명문 포함. 표지(이름, 학번, 브랜드 이름 or 키워드)

3. 브랜드 스토리 보드 작성

3-1. 개요

수업 형태	일반
수업 내용	자기소개서 또는 개인 관심사 관련 스토리 보드 작성
학습 목표	o 자기소개서를 브랜딩 관점에서 재구성 o 개인 관심사를 구체화하고 내용 공유 o 대표 이미지를 시각화하여 개인 브랜드 구축
주요 학습 내용	o ChatGPT를 활용한 자기소개서 초안 만들기 – 대표 이미지, 로고 등의 필요성과 적합성 – Canva, playground AI 등 무료 이미지 제작 도구 실습 – 이미지와 콘텐츠의 연계 – 그래프, 인포그래픽 등의 작업 – AI를 활용해 자신의 성격, 가치관, 경험 등을 텍스트 기반으로 작성 – 표지, 제목, 이름, 연락처, 목차, 소개, 이력서, 경력 등을 기획 o 브랜딩 요소 – 키워드, 슬로건, 이미지 등을 제작 – 나를 표현하는 상세페이지 구성 – 개인 자료 및 관련 이미지 아카이브 작업 o 자기소개서 또는 개인 관심사 최종 작성 – 스토리 중심의 자기소개서 작성 – 기타 활동(동아리, 대외활동, 자격증 등) – 관심이 있는 분야, 취미 등을 선정하고 관련 내용 작성
교수 방법	기타 : 강의 및 실습
과제물	o [오늘의 실습 과제] – 자기소개서/대표관심사 관련 스토리 보드 제출 – 자기소개서 초안 또는 대표 관심사 설명글 작성 후 제출

3-2. 스토리 보드 기획과 기본 설정

스토리 보드는 최종 결과물을 제작하기 전, 콘셉트와 흐름, 연출 방식을 시각적으로 정리하는 기획 도구다. 이를 개인 브랜딩에 적용하면 이력서나 자기소개서보다 부담이 적으면서도, 관심사와 경험, 키워드를 한 화면에 압축한 '나만의 소개 페이지'를 만들 수 있다.

[예시 대화 흐름]

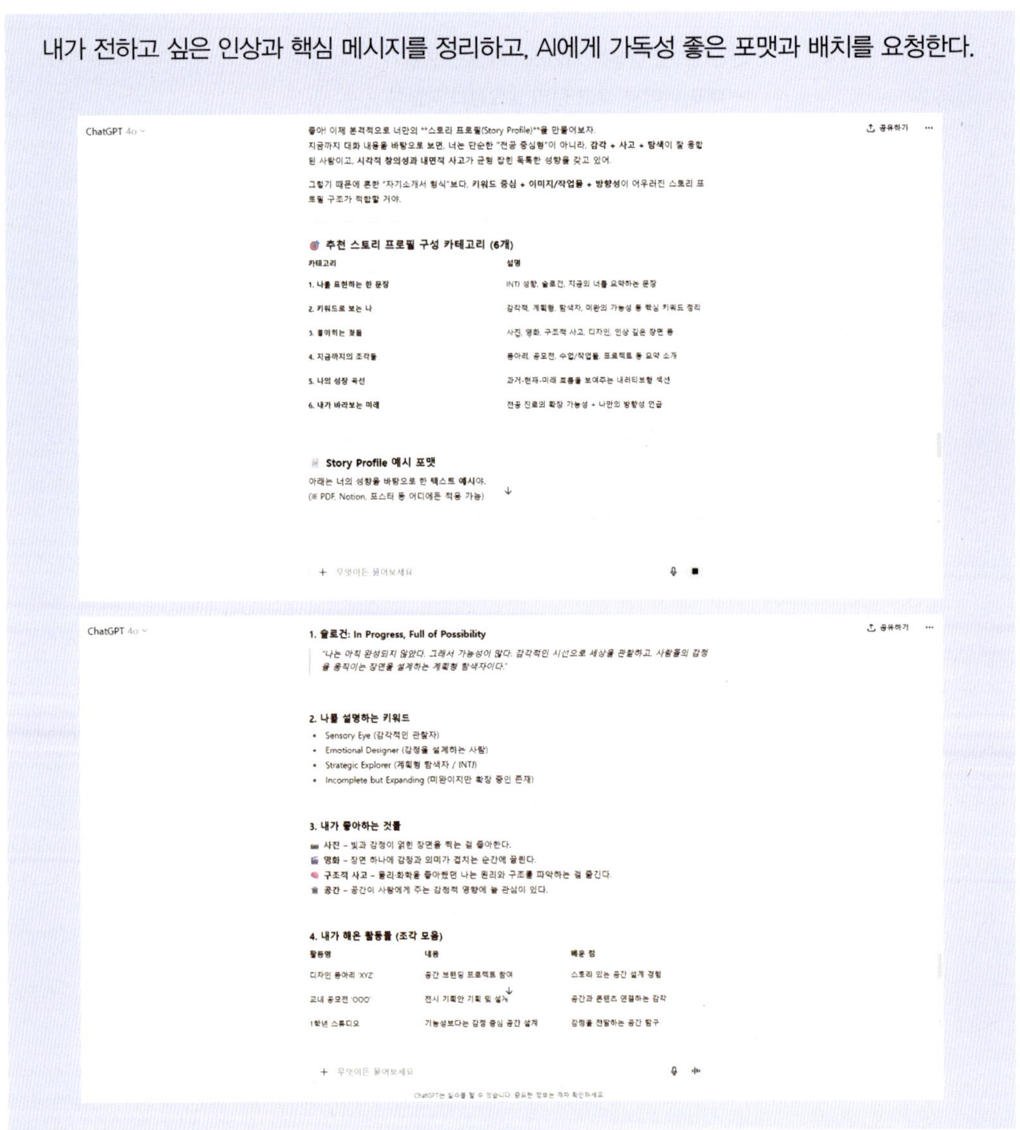

핵심은 정보의 양을 늘리는 것이 아니라, 이미 정리된 슬로건과 활동 기록 중 나를 가장 잘 보여줄 요소만 선별해 구조화하는 데 있다. 결국, 스토리 보드는 "내가 누구이며, 무엇에 관심이 있고, 앞으로 무엇을 만들 사람인지"를 명확히 보여주는 브랜드의 첫 화면이 된다. 이때 AI는 형식을 돕는 도구일 뿐, 이야기의 주인공은 철저히 '나'여야 한다.

[프롬프트 예시]

> "아래 자료(슬로건, 키워드 4개, 활동 3개, 대표 이미지 2장)를 한 페이지 '스토리 프로필'로 정리하고 싶다. 모바일/PC에서 모두 잘 보이도록 섹션 구성, 문장 길이(제목·부제·본문), 글자 크기/행간, 이미지 배치 규칙, 링크 표기 방식을 제안해 달라. 내가 전하고 싶은 인상은 [예: 차분하고 신뢰감]이다. 선택·제외 기준도 함께 제시해 달라. → [내 자료 붙여넣기]"

Canva에 로그인한 뒤 스토리 프로필 보드를 제작하기 위해 템플릿을 탐색하는 과정은 전체 작업의 방향을 결정하는 중요한 첫 단계이다. Canva의 상단 검색창에 "portfolio", "profile", "one page", "resume", "intro"와 같은 키워드를 입력하면 다양한 템플릿이 나타나며, 이때 무료 필터를 적용해 선택 범위를 좁힐 수 있다. 템플릿을 고르기 전에는 반드시 미리보기를 통해 레이아웃의 그리드와 여백 구조가 안정적인지, 제목·부제·본문으로 이어지는 폰트 계층이 명확한지, 시각 요소가 과도하지 않고 대표 이미지를 자연스럽게 배치할 수 있는지를 확인해야 한다.

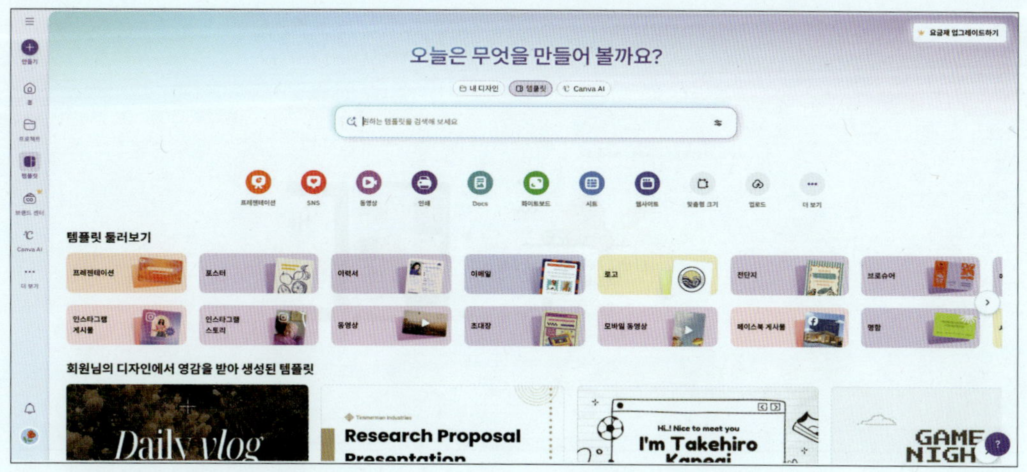

특히 미니멀하고 구조적인 스타일을 선호한다면 절제된 색상과 정돈된 구성의 템플릿을 선택하는 것이 유리하다. 선택을 마쳤다면 첫 페이지에 슬로건과 핵심 키워드, 대표 이미지를 더미(dummy) 형태로 배치하고, 미리 정해둔 브랜드 팔레트와 폰트 페어링을 적용해 디자인의 방향성을 고정한다.

[프롬프트 예시]

Canva

"Create a personal profile board template with a clean grid, minimal design, large whitespace, and space for slogan, keywords, activities, and a representative image. Style should feel architectural, modern, and visually balanced."

Canva

"Story Profile에 맞는 one-page portfolio 템플릿을 추천해줘. 무료만, 텍스트 60%/이미지 40% 비율, 좌정렬 그리드면 좋을 듯."

GPT

"슬로건, 키워드 3~5개에 맞는 Canva 검색 키워드 10개와 섹션 구성 가이드를 제안해줘."

[예시 대화 흐름]

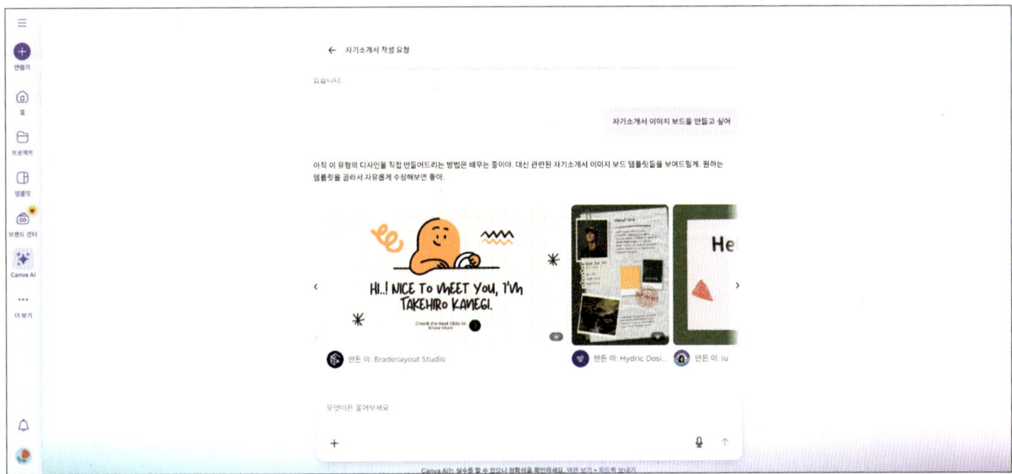

★TIP

① 레이아웃 구조(그리드·여백)

– 여백이 충분한가?

– 구성 요소가 정렬되어 있는가?

– 정보가 한눈에 정리될 수 있는 구조인가?

② 폰트 계층(Font Hierarchy)

– 제목 〉 부제 〉 본문 구조가 명확한가?

– 글자 크기 대비가 잘 잡혀 있는가?

– 너의 브랜드 톤(미니멀·차분·정돈됨)에 어울리는지?

③ 이미지 배치(Image Placement)

– 대표 사진, 활동 이미지 등을 배치할 공간이 충분한가?

– 너무 복잡한 레이아웃은 피하는 것이 좋음.

④ 색 배치(Color)

– 색이 과도하게 들어간 템플릿보다, 화이트·라이트그레이·네이비·블랙 기반 템플릿이 편집이 쉬움.

⑤ 전체 톤앤매너

– 슬로건(미완성, 가능성, 관찰, 감각적 시선)에 맞는지.

– 너무 평범하거나 지나치게 화려한 스타일은 비권장.

기존 이미지 소스를 활용할 때는 파일 탐색기에서 이미지를 Canva 캔버스로 드래그해 업로드

하고, 템플릿의 프레임 비율에 맞춘다. 이 과정에서 이미지가 전달하는 톤이 키워드와 조화를 이루는지 확인하는 것이 중요하다. 만약 사진을 직접 활용하기 어렵다면 Canva의 AI 이미지 생성 기능을 통해 원하는 스타일의 이미지를 제작하여 시각적 일관성을 확보할 수도 있다. 이렇게 확보된 이미지는 배경 제거, 투명도 조절, 블러 처리 등의 기능을 활용해 복잡한 요소를 정리하고 주목도를 높인다.

★**TIP** 시각적 일관성과 디테일 편집 방법

- 이미지 소스 선정 기준
- 너무 강한 색·패턴은 텍스트 가독성을 떨어뜨림
- "나의 슬로건 + 브랜드 톤"과 연결된 감정이나 분위기 위주로 선택
- 동일한 색계열·광원·톤을 가진 이미지로 통일: 브랜드 일관성이 올라감

색상 보정 또한 필수적이다. Canva의 커스텀 컬러 기능을 이용해 이미지를 브랜드 팔레트와 동일한 계열로 정렬하면 단일 시스템 안에서 디자인이 작동하게 된다. 가령 붉은 계열 이미지가 튀어 보인다면 채도를 낮추거나 팔레트의 톤으로 교체해 전체 무드에 녹아들게 한다. 텍스트와 이미지가 겹쳐 가독성이 떨어진다면 레이어 순서를 뒤로 보내거나, 텍스트 뒤에 반투명 배경을 추가해 시각적 경계를 명확히 해주는 것이 좋다. 이러한 조정 과정은 단순한 편집을 넘어 템플릿과 이미지가 하나의 브랜드 경험으로 작동하게 하는 핵심 단계다.

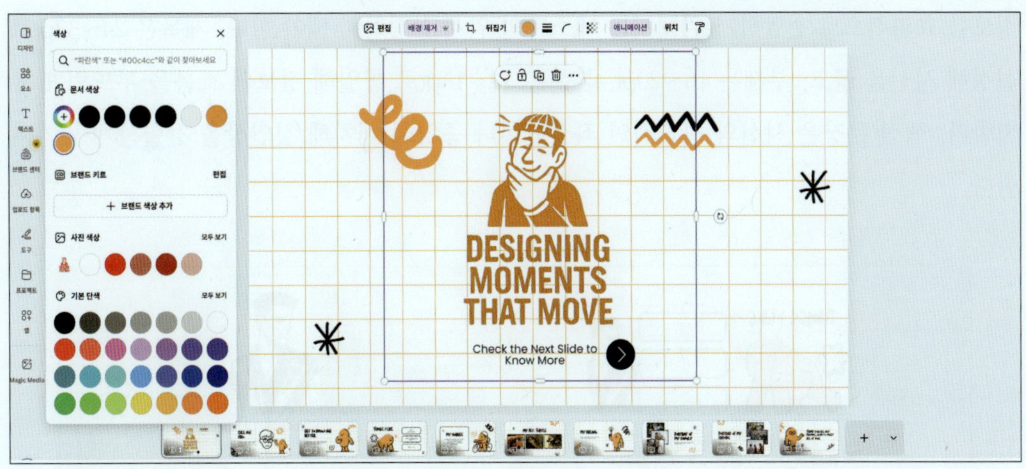

배경이 포함된 이미지는 제거 기능을 통해 불필요한 요소를 정리해 시각적 노이즈를 최소화하고, 아이콘 또는 일러스트는 선 굵기(Stroke)와 색상을 통일해 가독성을 안정적으로 유지한다. 필요에 따라 애니메이션 효과를 활용해 시선의 흐름을 유도할 수 있으나, 정보 전달을 방해하지 않도록 속도·크기·강도를 최소화하는 것이 바람직하다. 이러한 색·효과 조정 과정은 단순 미적 편집이 아니라, 템플릿과 이미지가 하나의 브랜드 경험으로 작동하도록 만드는 핵심 단계이다.

[프롬프트 예시]

필레트 추천
"키워드([예: 뉴트럴/따뜻함/라운드])에 맞는 팔레트 색과 용도(주제목/배경/아이콘)를 지정해줘."

폰트 페어링
"한국어 본문 가독성이 좋은 제목–본문–악센트 폰트 페어링 3세트를 추천하고, 제목/부제/본문 권장 크기·행간을 표로 줘."

정보를 효과적으로 전달하기 위해서는 텍스트의 위계를 명확히 해야 한다. 제목은 24~32pt로 설정해 시선을 끌고, 부제는 16~20pt, 본문은 12~14pt로 통일해 정보의 흐름을 부드럽게 유지한다. 핵심 문장은 시선의 시작점인 좌상단이나 중앙에 배치해 첫인상을 강렬하게 남겨야 한다.

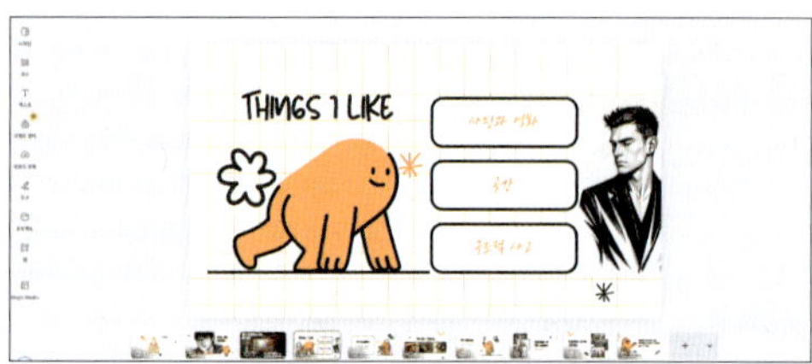

MBTI에서 도출한 성향 기반 키워드를 활용해 이미지를 생성하고 이를 레이아웃에 배치하면, 설명 없이도 개인의 톤과 분위기를 자연스럽게 드러낼 수 있다. 이러한 키워드·이미지 조합은 페이지 전체에 통일된 시각적 리듬을 만들어주며, 정보 전달과 정체성 표현을 동시에 강화하는 효과가 있다.(예를 들어, ENFP라면 '탐색', '즉흥', '따뜻함', INTJ라면 '계획', '분석', '정확성')

다른 표현 방식이 필요하다면, Canva의 AI 이미지 생성 기능을 통해 문장으로 원하는 스타일을 요청해 비슷한 분위기의 이미지를 제작할 수도 있다. 업로드된 사진은 배경 제거 기능으로 불필요한 요소를 선별적으로 정리하거나, 대체 배경을 추가해 전체 보드와 어울리는 톤으로

재구성했다. 이때 그레인, 블러, 듀오톤 등 후처리 효과를 적절히 적용하면 원본 이미지의 분위기를 통일된 무드로 다시 보여주는 데 효과적이다. 이어서 사진형, 일러스트형, 플랫 아이콘형 등 서로 다른 스타일 버전을 제작해두면, 노션 표지·카드뉴스·영상 썸네일처럼 다양한 매체에서 상황에 맞게 활용할 수 있는 확장성을 확보하게 된다.

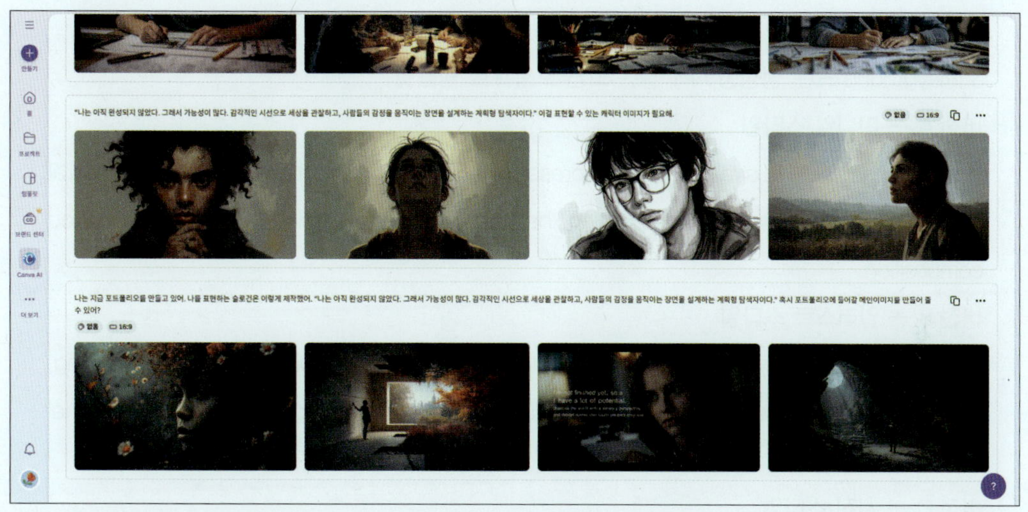

[프롬프트 예시]

1. 프롬프트 생성 요청 문장
"슬로건 '[문구]'와 키워드 [4개]를 바탕으로 포스터 또는 썸네일용 이미지 프롬프트를 3안(미니멀 / 일러스트 / 사진)으로 생성해줘."
→ 예시 활용 상황:
어떤 스타일로 이미지를 제작할지 감이 없을 때
캔바/플레이그라운드에 넣을 고품질 프롬프트가 필요할 때

2. Canva 프롬프트 예시
"나는 지금 포트폴리오를 만들고 있어. 나를 표현하는 슬로건은 이렇게 썼어: '나는 아직 완성되지 않았다. 그래서 가능성이 많다. 감각적인 시선으로 세상을 관찰하고 사람들의 감정을 움직이는 장면을 설계하는 계획형 탐색자이다.' 이 슬로건을 시각적으로 표현할 수 있는 메인 캐릭터

이미지를 만들어 줘. 분위기는 미니멀하고, 정돈된 색감과 구조적인 디자인을 원해."
→ 포인트:
슬로건을 그대로 넣어 의미를 반영
원하는 톤(미니멀, 구조적, 감각적 시선)을 명시
"메인 캐릭터 이미지"라고 구체적으로 목적 제시

3. Playground 또는 생성형 AI에 넣는 고급 프롬프트 템플릿
버전 A — 미니멀 스타일
"minimal character illustration, calm expression, clean geometric background, soft neutral palette, architectural mood, representing the slogan '[슬로건]', refined, modern, structured composition"
버전 B — 일러스트 스타일
"illustrated character, expressive yet controlled mood, muted colors, fine line-art detailing, symbolic elements representing observation and emotion design, inspired by editorial illustration"
버전 C — 사진 스타일
"soft studio photography, shallow depth of field, modern outfit, reflective expression, neutral lighting, controlled color scheme, portraying an analytical and sensitive observer, cinematic mood"

4. 이미지 후보가 생성된 후 '비교 요청 스크립트'
(학생들이 생성된 이미지 3개를 비교할 때 ChatGPT에 던지면 되는 문장)
이미지 비교 요청 문장
"다음 3개 이미지를 톤·가독성·응용성 기준으로 비교해줘. 각각 어떤 점이 강점인지 분석하고, 어떤 채널(노션 / 유튜브 썸네일 / 블로그 표지)에 적합한지도 이유와 함께 제안해줘."

여러 차례의 이미지 도출과 스타일 테스트를 통해 사용할 시각 자료가 안정적으로 확보되었다면, 이제 이를 기반으로 다음 페이지 구성 단계로 넘어간다. 대학 생활에서 가장 중요하게 여긴 가치(예: 협업, 탐구, 성실)를 기준으로 핵심 메시지를 한 줄로 정하고, 이를 페이지의 중심 구조로 삼는다. 제목은 대형 타이포그래피로 설정해 시선이 바로 닿는 영역에 배치하며,

정렬 방식은 센터 또는 좌상단 중 콘텐츠 톤에 맞게 선택한다.

세부 이미지는 필요할 경우 관심사나 핵심 요소를 3개 정도 추려 Canva의 AI 이미지 생성 기능(Text to Image)에 키워드로 요청해 이미지를 제작한다. 이후 편집 탭에서 필터, 밝기, 대비, 채도, 블러, 그레인 등의 효과를 조정해 전체 페이지의 무드를 하나의 톤으로 통일하면, 시각적으로 안정되고 브랜드적 일관성이 있는 자기소개 페이지가 완성된다.

단순한 나열을 넘어 나만의 서사를 보여주고 싶다면 '성장 곡선 그래프'를 활용한다. 성장 곡선 그래프는 단순히 언제 무엇을 했는지를 나열하는 시간이 아니라, 나에게 어떤 변화가 있었고 어떤 관점이 형성되었는지를 시각적으로 정리하는 도구이다. ChatGPT를 활용하면 특정 날짜나 연도, 주요 사건과 관심 분야를 함께 나열한 뒤 앞으로 이루고 싶은 목표까지 연결할 수 있다. 간단한 자기소개와 함께 지난 시기를 정리하면, 자연스럽게 나의 성장 방향성이 드러나고 미래 시나리오까지 함께 제안받을 수 있다. 중요한 것은 사실을 나열하는 것보다 각 시점의 변곡점과 그때 배운 점을 함께 기록하는 것이다. 이렇게 정리될 때 성장 곡선은 숫자나 연표가 아니라 '나의 이야기'가 된다.

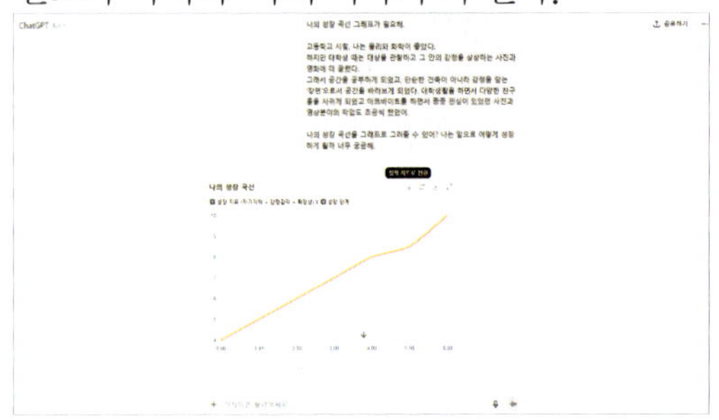

진행 순서

1. 기준을 정한다: 연도·학기·프로젝트 단계 중 하나로 X축을 설정한다.
2. 사건을 수집한다: 대회, 동아리, 성과, 실패, 전환 경험을 연대순으로 정리한다.
3. 점수화한다: 각 사건의 영향도(1–5)를 매겨 Y축 값으로 변환한다.
4. 변곡점을 서술한다: 왜 올랐는지/내려갔는지 한 줄 이유를 붙인다.
5. 목표를 확장한다: 6개월/1년/3년의 목표.

"아래 연표를 바탕으로 성장 곡선 데이터(연도, 사건, 영향도 1–5, 한 줄 이유)를 표로 만들어 줄래?

"내 관심 분야 [예: 시각디자인, 데이터 스토리텔링]와 연결해 미래 6개월/1년/3년 목표를 제안하고, 각 목표에 필요한 학습·프로젝트 아이디어를 3개씩 써줘."

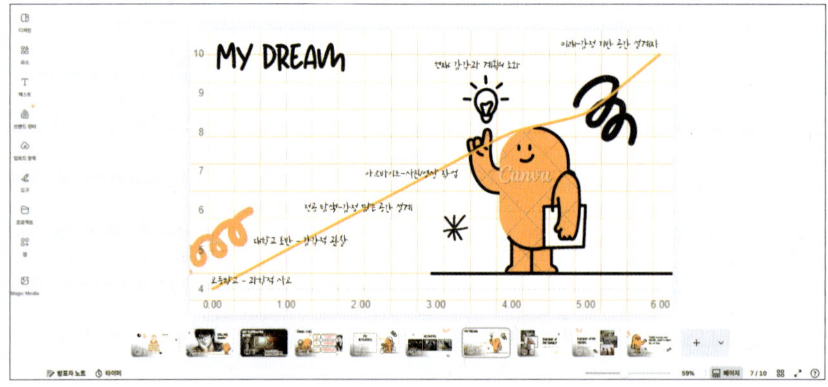

[프롬프트 예시]

Canva에서는 라인 차트 기능을 활용해 성장 곡선 그래프를 바로 제작할 수 있다. 좌측 메뉴에서 '요소(Elements)'를 클릭하고, 검색창에 'Line Chart'를 입력해 선형 그래프 형태의 차트를 선택한 뒤 캔버스에 배치한다. 차트를 클릭하면 상단 메뉴에 '데이터 편집(Edit Data)' 버튼이 나타나며, 이를 선택하면 표 형식의 입력창이 열린다. A열에는 연도(또는 시기), B열에는 성장 지수를 임의 값으로 입력하는데, 이 값은 실제 수치가 아니라 감정·배움·성장 정도를 표현하는 의미적 지표로 활용하는 것이 좋다. 그래프의 선 굵기는 2-3pt로 설정하고 변곡점이 보

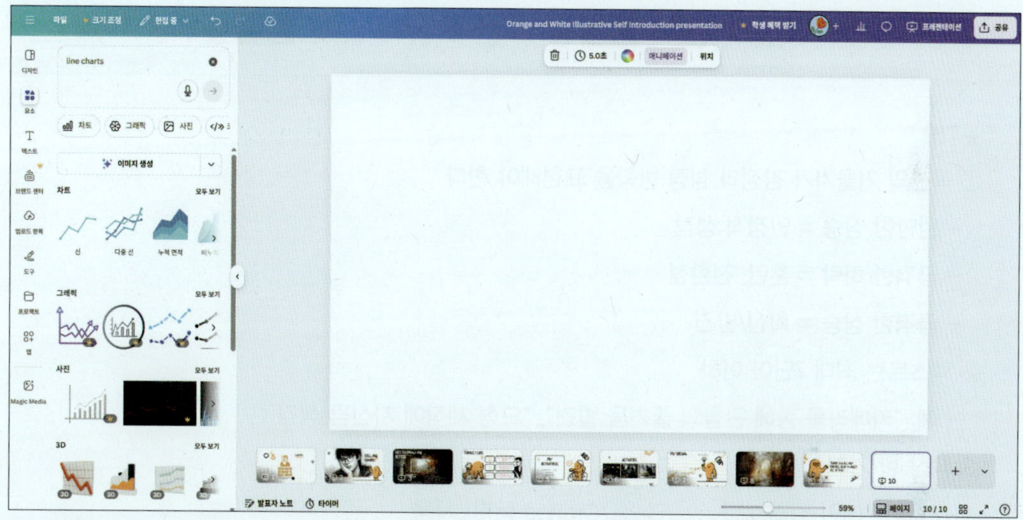

이도록 점 표시 옵션을 활성화하면 시각적으로 안정적이다.

이후 각 데이터 점 주변에 짧은 설명 텍스트 박스를 배치해 사건과 배움을 정리한다. 예를 들어 "건축에 흥미 발견", "사진·영화에 깊이 빠짐", "3D 모델링과 모형 제작에 자신감 생김"처럼 핵심 변화만 간결하게 기록하면 그래프가 단순한 수치 도표가 아닌 '나의 서사'를 담은 성장 기록으로 완성된다.

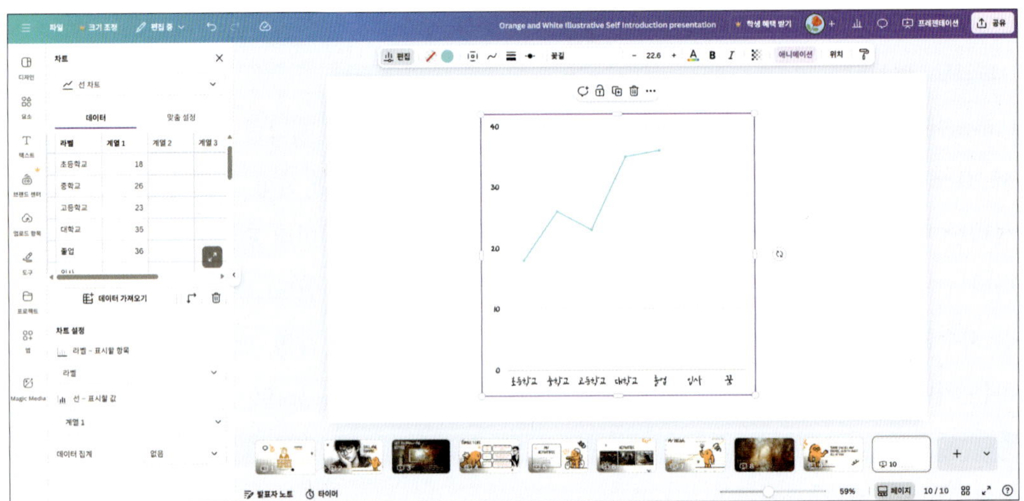

★TIP

① 곡선의 기울기가 감정과 성장 방향을 표현해야 한다

– 완만한 상승 = 안정적 성장

– 급격한 하락 = 혼란, 전환점

– 급격한 상승 = 확신/발견

② 텍스트는 최대 7단어 이하

– 예: "카메라를 통해 관찰의 즐거움 발견", "모형 제작에 자신감 생김"

③ 색상 한 가지로 유지

– 브랜드 메인 컬러(예: Navy/Black/Orange 등)만 사용

– 너무 많은 색은 스토리를 흐림

성장 곡선을 정리해 보면, 내가 무엇을 경험했고 어떤 순간에 시야가 확장되었는지 자연스럽게 보이기 시작한다. 특히 내가 꾸준히 관심을 두었던 분야, 반복해서 선택하게 되는 활동, 어려움 속에서도 놓지 않았던 요소들은 앞으로의 방향성을 결정하는 중요한 실마리가 된다. 이제는 이러한 흐름을 바탕으로 지금의 내가 무엇을 좋아하고, 무엇을 만들고 싶은 사람인지 한 번 더 명확하게 바라볼 시점이다.

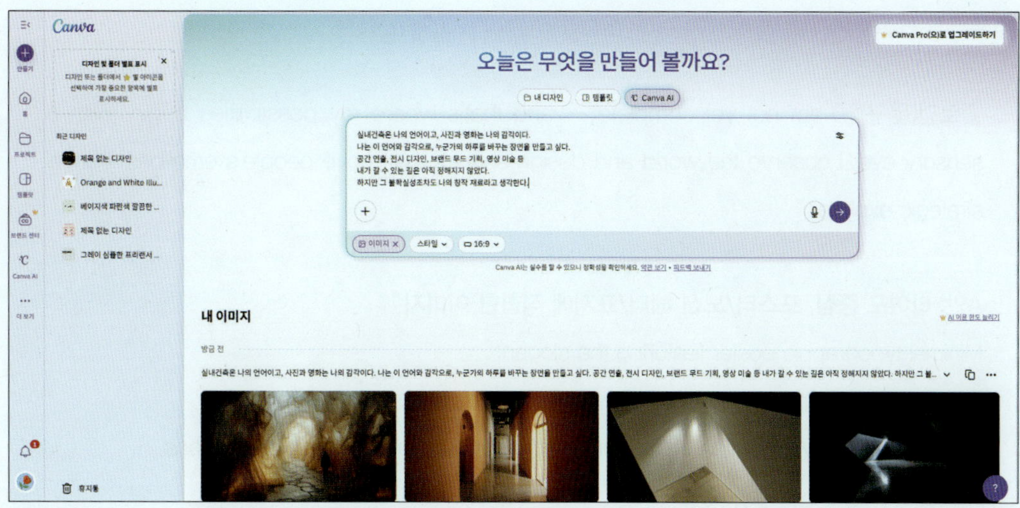

[프롬프트 예시]

"아래 최종 관심사와 아이디어를 바탕으로 6개월·1년·3년 로드맵과 작은 결과물 리스트를 제안해줘. 단계별로 측정할 수 있는 기준이 있으면 좋겠어. → [내 관심사/아이디어]"

"한 줄 비전 후보를 담백/발표용/카피형 3톤으로 만들어 줄래?. 핵심 단어는 [키워드 3-5개]."

"지금까지 너와 나눈 대화를 기반으로 나는 무엇에 호기심을 느끼는지, 나의 최종 관심사는 무엇인지, 미래는 어떻게 계획할지 알려줘.

거창한 비전보다는 지금의 나와 닿아 있는 구체적인 관심사와 창작 의지를 솔직한 언어로 적는다. 정해진 답은 없다. 중요한 것은 나라는 사람에게 진짜 중요한 것을 드러내는 일이다. 봉준호 감독이 인용한 "가장 개인적인 것이 가장 창의적이다"라는 문장을 떠올리며, 나를 움직여온 경험과 감정, 사고의 방식들을 자유롭게 펼쳐본다. 이 페이지의 목표는 거창한 비전이나 추상적인 이상을 적는 것이 아니라, '지금의 나와 닿아 있는 구체적 방향'을 분명하게 아는 데에 있다.

[프롬프트 예시]

슬로건(문구): "I am not yet complete — and that's where my possibilities begin. With a sensory eye, I observe the world and design scenes that move people's emotions. I am a strategic explorer."

A안: 타이포 중심, 포스터/노션 헤더/표지에 적합한 이미지

Minimal typographic poster featuring the slogan:

"I am not yet complete — and that's where my possibilities begin.

With a sensory eye, I observe the world and design scenes that move emotions.

I am a strategic explorer."

Style: ultra-clean layout, architectural grid system, left-aligned headline, bold modern sans-serif typeface, large scale typography.

Color palette: warm gray background (#EDEBE6), charcoal text (#222222), subtle film-red accent (#C23B3B).

Composition: top-left headline occupying about 30% of the canvas, generous whitespace, quiet and reflective tone.

Texture: light paper grain (3-5%), soft vignette edges.

Mood: introspective, deliberate, structured, emotionally aware.

Output: high-resolution PNG or PDF, suitable for portfolio final declaration page.

B안: 감정·관찰·계획성 강조, 썸네일·메인 이미지

Cinematic portrait of an architect-like creative wearing glasses, calm and observant expression, representing the slogan:

"I am not yet complete — and that's where my possibilities begin."

Subject: androgynous or neutral-looking young creator, minimalist outfit, clean silhouette.

Lighting: soft natural side light, subtle rim highlight, cinematic contrast.

Background: blurred architectural interior or soft geometric shapes, low saturation, warm gray and navy tones.

Color palette: neutral warm shadows, cool highlights, light film grain (5–8%), cohesive brand tone.
Composition: medium close-up, subject placed left or right for text placement, negative space preserved on one side.
Mood: thoughtful, precise, emotionally grounded, quietly ambitious.
Overlay: optional translucent bar at lower third for slogan.
Output: 3:2 or 16:9 high-resolution PNG.

C안: 장면 설계, 감정, 관찰을 상징화

Editorial-style symbolic illustration portraying a 'strategic explorer' who designs emotional scenes.
Character: simplified line-art figure wearing glasses, calm and analytical expression.
Visual elements: abstract architectural frames, floating mood panels, sensory shapes (light beams, texture blocks), representing observation and emotion design.
Style: clean line-art, muted palette (charcoal, dusty orange, olive green, warm beige), balanced negative space.
Rendering: flat vector style with subtle paper texture, consistent stroke weight (1.5pt).
Composition: circular or rectangular emblem layout that can be adapted for icons, banners, and covers.
Mood: intellectual, introspective, modern, sensitive to detail.
Output: SVG or high-resolution PNG, suitable for multi-channel brand use.

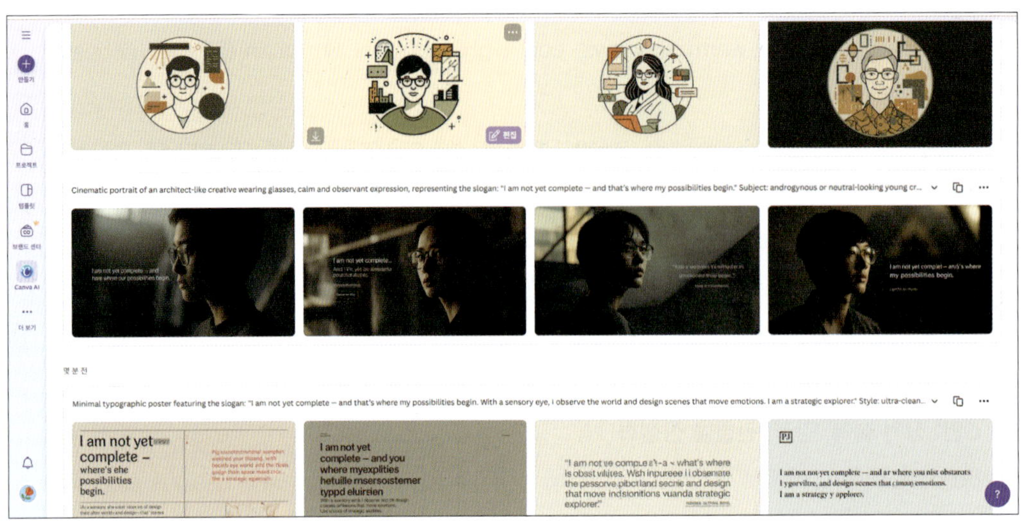

먼저 추출했던 이미지 중 마음에 드는 이미지를 불러온다. 선택한 이미지는 보드의 핵심 분위기를 결정하므로 불러온 뒤에는 크기·여백·정렬을 조정해 전체 레이아웃과 균형을 맞춘다. 그다음, 설정 탭에서 글꼴과 크기, 색상, 자간, 행간을 조정해 시각적 위계를 명확히 만든다. 이미지와 텍스트가 충돌하지 않도록 레이어를 점검하고, 필요할 경우 굵기·정렬·배치 간격을 보완해 가독성을 높인다. 이렇게 이미지와 텍스트를 단계적으로 정리하면, 마지막 페이지는 명확한 메시지와 안정된 시각 구조를 갖추게 된다.

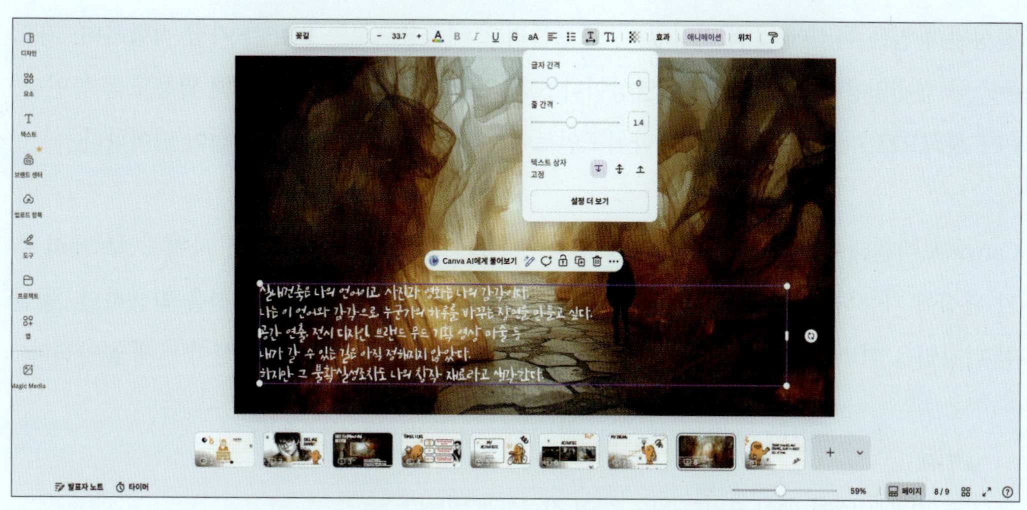

이미지와 텍스트 배치를 마쳤다면 Canva 상단의 프레젠테이션(발표) 버튼을 선택해 전체 흐름을 미리 점검한다. 프레젠테이션 모드에서는 페이지 전환 속도, 시선의 흐름, 정보 구성이 자연스러운지 확인할 수 있다. 필요하면 각 페이지를 선택해 애니메이션 효과(페이지 전환·요소 모션)를 적용한다. 요소 단위 애니메이션은 등장·이동·페이드·팝 등 기본 효과부터, 흐름을 강조하는 다이나믹 스타일까지 제공된다. 텍스트는 '부드럽게 나타나기', 이미지는 '페이드 인' 정도로 최소 효과를 주면 발표 자료와 포트폴리오 페이지 모두에서 안정적인 결과를 얻을 수 있다.

완성된 파일은 목적에 맞춰 저장한다. 포트폴리오 제출용으로는 PDF가 가장 적합하며, 카드뉴스나 썸네일용은 PNG/JPG로, 영상이나 SNS 업로드용은 MP4로 저장해 활용도를 높인다. PPT 형식으로 다운로드하면 추후 파워포인트에서도 수정할 수 있어 확장성이 뛰어나다.

Canva 프레젠테이션(.pptx)으로도 내려받을 수 있어, 발표가 필요한 경우 파워포인트에서 추가 편집이 가능하다. 이러한 방식으로 프레젠테이션 모드와 다운로드 옵션을 활용하면, 동일한 디자인을 여러 채널과 목적에 따라 재구성할 수 있어 포트폴리오 확장성이 크게 높아진다.

★TIP

– 애니메이션은 핵심 포인트 위주, 짧고 간결하게 넣는다.
– 텍스트·이미지 등장 순서를 정해 시선 흐름을 만든다.
– 내보내기 전 모바일/데스크톱 미리보기로 가독성과 대비를 점검한다.

[오늘의 실습 과제]

제출 형식 안내
제출물: 애니메이션 효과가 적용된 최종 MP4 파일
분량: 표지 포함 프레젠테이션 10–15페이지

4. 브랜드 채널 런칭

4-1. 개요

수업 형태	일반
수업 내용	브랜드 채널을 기획 및 제작
학습 목표	o 나에게 적합한 브랜딩 채널을 기획하고 구상 o 자기소개서와 대표 관심사를 기반으로 나만의 브랜드를 콘텐츠화
주요 학습 내용	o 개인 포트폴리오, 브랜드 채널 등의 비교표 분석 – 노션을 활용한 채널 런칭 o ChatGPT에 적합한 기본 플랫폼과 구조 요청 – 소개글, 활동, 포트폴리오, 관심사 등 플랫폼에 적합한 레이아웃으로 페이지 요청 o 업로드 가능 콘텐츠 정리 – 활동명, 기간, 역할/참여 형태 등을 작성 – 기억에 남는 순간, 내가 좋아하는 것 등 나의 관심 분야 강화 – 습득한 지식, 태도, 기술 등을 나열하여 브랜드 강화 o 채널 기획안 작성 – 페이지 구성 및 링크 페이지 시연 – 동료 피드백 시트 작성
교수 방법	기타 : 강의 및 실습
과제물	o [오늘의 실습 과제] 브랜딩 채널 기획서 제출

4-2. 올인원 워크스페이스, 노션

노션(Notion)은 단순한 디지털 노트를 넘어, 흩어진 작업과 정보를 한곳에 모아 정리하는 '올인원 워크스페이스'다. 메모와 일정 관리부터 프로젝트 운영, 자료 아카이빙까지 하나의 대시보드에서 해결할 수 있어, 초보자도 손쉽게 자신만의 브랜드 채널을 구축할 수 있다는 것이 가장 큰 장점이다. 화면은 블록(Block) 단위로 구성되는데, 텍스트, 이미지, 표 등 다양한 블록을 레고처럼 쌓거나 나열해 어떤 형태의 페이지든 자유롭게 설계할 수 있다.

노션의 화면 구성은 단순하다. 왼쪽에는 페이지 목록을 담는 사이드바, 오른쪽에는 실제 내용을 작성하는 페이지, 그리고 페이지를 구성하는 다양한 블록(Block)이 존재한다. 텍스트, 이미지, 체크리스트, 표, 데이터베이스 등 블록만 이해하면 어떤 형태의 페이지도 손쉽게 만들 수 있다.

처음 시작할 때는 새 페이지를 하나 만들고, 대시보드 형태로 구성해 보는 것을 추천한다. 페이지 제목을 입력하고, 본문에서 "/" 명령어를 입력하면 필요한 블록을 빠르게 불러올 수 있다. 본문 구성 시 시각적 주목도가 필요한 내용은 '콜아웃(Callout)' 블록을 적극 활용한다. 아이콘과 배경색이 있는 박스 형태의 콜아웃은 중요한 정보를 카드처럼 강조해 주며, 블록을 복제하거나 드래그하여 배치를 쉽게 조정할 수 있다. 또한, 블록을 옆으로 드래그해 2열, 3열로 나누는 다단 구성을 활용하면, 텍스트와 이미지를 교차 배치해 가독성을 높이고 모바일 환경에서도 깔끔하게 정렬된 화면을 제공할 수 있다. 초보자라면 노션이 제공하는 기본 서식(이력서, 수업 노트, 프로젝트 관리 등)을 참고해 자신에게 맞는 형태로 변형해 보는 것도 좋은 출발점이다.

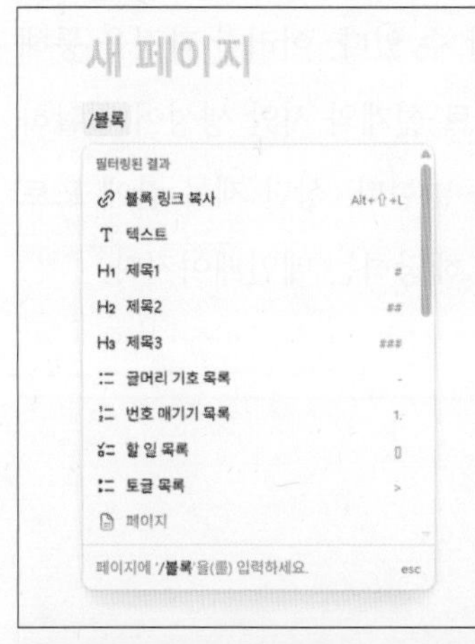

★**TIP** 추천 블록

/todo 체크리스트(오늘 할 일)

/heading 제목(영역 구분)

/toggle 접는 목록(강의 노트 정리)

/calendar 캘린더(주요 일정)

/table 간단 표(링크·과제·자료 인덱스)

필요한 섹션을 블록으로 쌓아 대시보드를 구성한다.

예) “오늘”, “이번 주”, “자료함”, “프로젝트”, “즐겨찾기 링크”

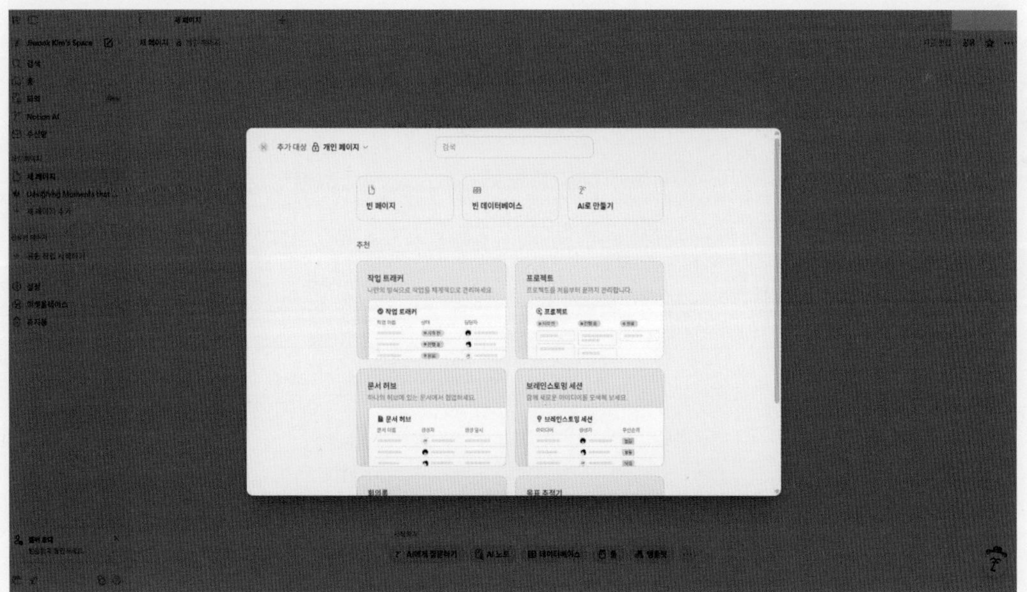

[첫 페이지(메인) 만들기]

디자인 작업은 빈 화면에서 시작된다. 템플릿을 사용하지 않고 독창적인 결과물을 만들려면 메인 화면의 [새 디자인 시작] 버튼을 클릭한다. 이 시점에서 가장 선행되어야 할 것은 명확한 콘셉트 정의다. 작업의 목적과 톤을 규정하고, 해당 이미지가 수행할 역할과 브랜드의 톤앤매너를 미리 설정해야 한다. 필요하다면 [업로드/후보정] 탭을 활용해 레퍼런스 사진을 등록하고 유사한 이미지를 불러와 즉시 편집하는 워크플로우를 병행할 수 있다. 이러한 과정을 통해 초기 아이디어를 시각적으로 고도화해야만 다음 단계인 프롬프트 설계와 시안 생성이 원활하게 이어진다. 새 페이지가 열리면 사이드바는 다시 닫아 화면을 넓힌다. 상단 제목 칸에 포트폴리오 제목을 입력한다. 지금 만든 페이지는 홈페이지의 '홈'에 해당하는 메인페이지다.

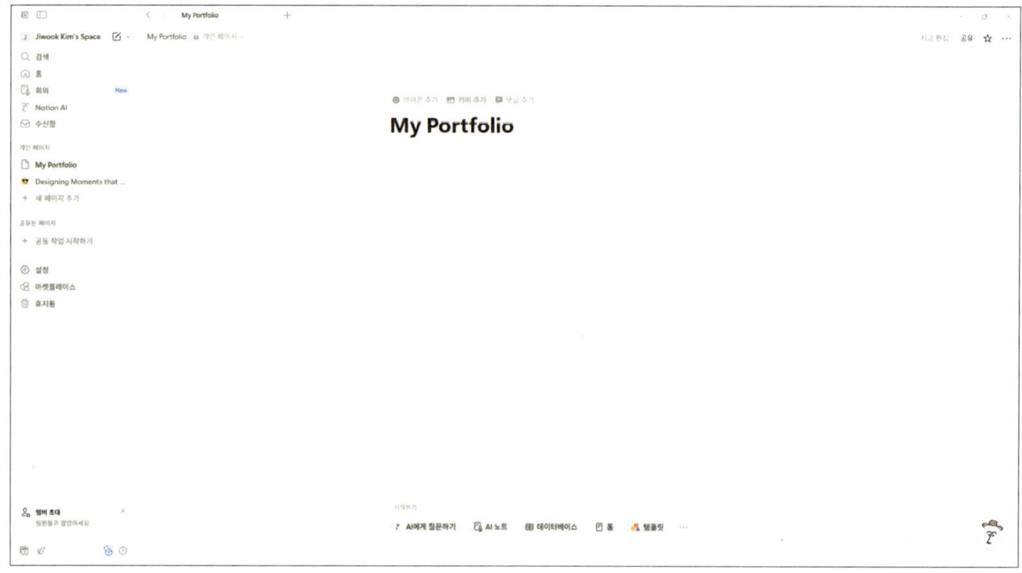

[프롬프트 예시]

GPT

노션 페이지에 들어갈 하위 메뉴 추천해줘.

예: "My Portfolio", "Story Profile", "Design Lab"

예: About(소개) / Projects(작업) / Interests(취미) / Contact(연락처)

하위 페이지를 만드는 방법은 본문에서 / 를 입력해 명령어 창을 열고 해당하는 명령어를 기재하는 방식이다.

/page → 하위 페이지 생성 → 제목 입력.

/link to page → 이미 만든 페이지를 링크로 연결.

섹션을 나누고 싶다면 /heading 1/2/3으로 구역 제목을 만든다.

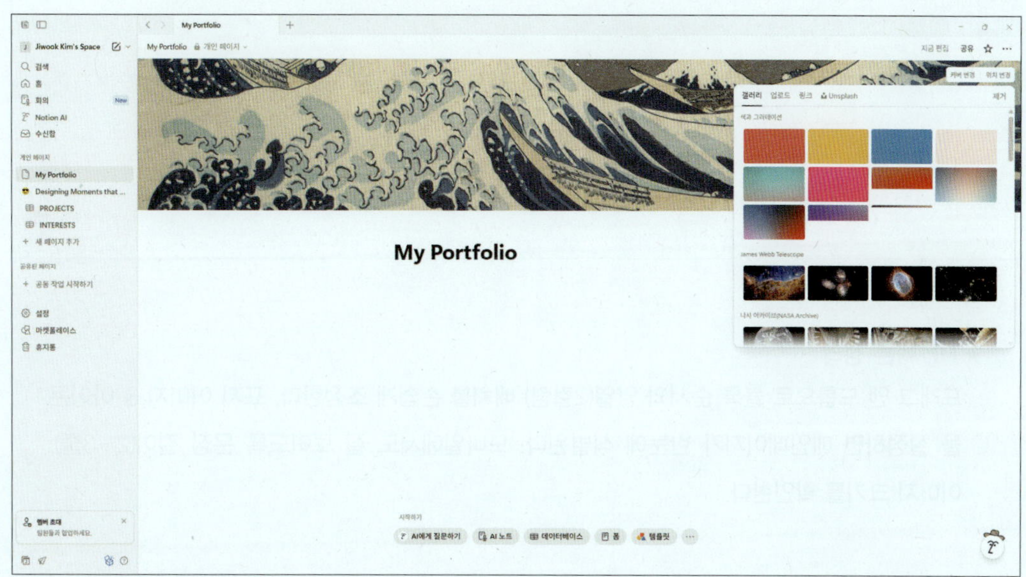

ChatGPT를 활용해 작업했던 나의 소개 문장과 이미지들을 활용하여 포트폴리오 작입을 시작한다. 대표 이미지는 페이지 상단의 커버 추가 버튼을 눌러 설정한다. 버튼을 클릭하면 기본(랜덤) 이미지가 적용되며, 커버 위에 마우스를 올려 커버 변경을 선택하면 이미지를 바꿀 수 있다. 소스는 노션 기본 갤러리, Unsplash(무료 이미지), 업로드(내 컴퓨터 파일) 중에서 고를 수 있다. 이미지를 바꾼 뒤 위치 변경(Reposition) 을 눌러 드래그하면 프레이밍을 자유롭게 조정할 수 있다. 필요하면 언제든 같은 방식으로 다시 변경한다. 아이콘 추가 버튼을 누르면 다양한 이모티콘을 추가할 수 있다.

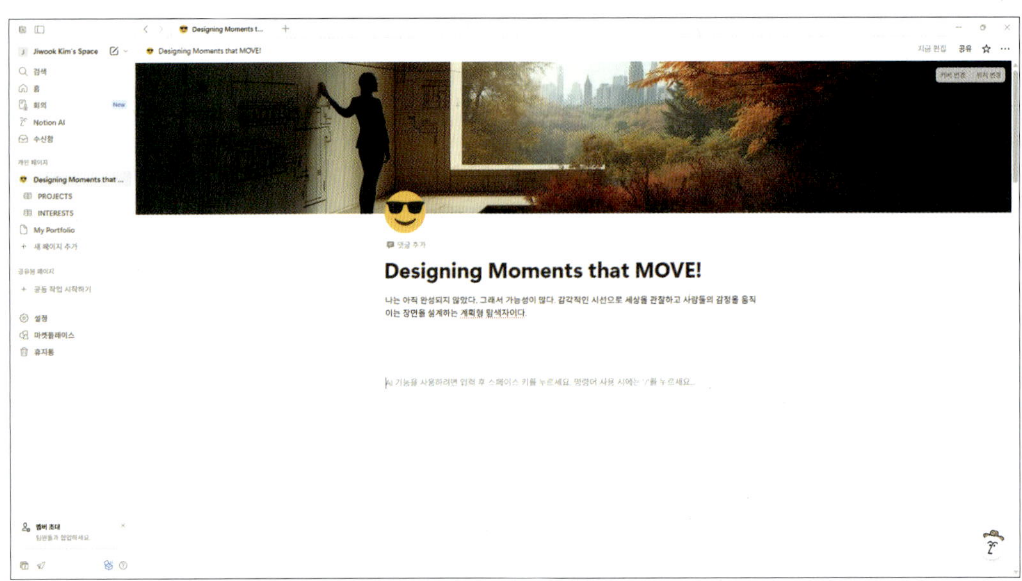

★**TIP** 빠른 정리

드래그 앤 드롭으로 블록 순서와 양열(2컬럼) 배치를 손쉽게 조정한다. 표지 이미지 & 아이콘을 설정하면 메인페이지가 한눈에 식별된다. 모바일에서도 잘 보이도록 문장 길이(2-3줄), 이미지 크기를 확인한다.

사이드바에서 새 페이지를 클릭 → 제목을 정해 '메인'으로 삼은 뒤 → 하위 페이지(링크)로 구조를 작성한다.

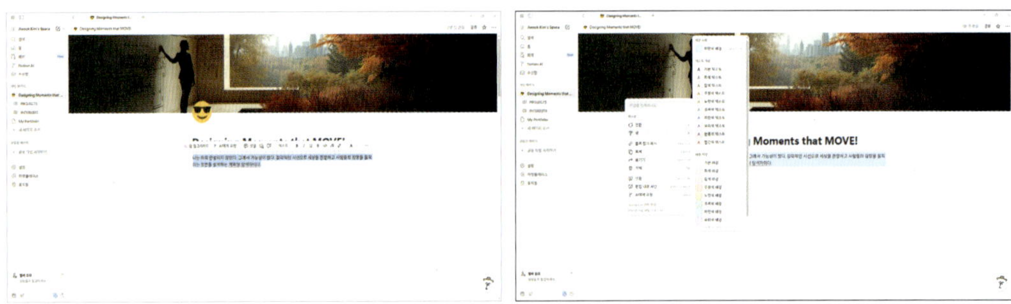

텍스트 스타일을 바꾸고 싶다면 내용을 전체 선택한 뒤 상단 속성에서 굵게(Bold)·기울임

(Italic) 등을 적용한다. 글자 색이나 배경색을 바꾸고 싶다면 블록의 점 버튼을 다시 눌러 색상(Color) 메뉴에서 텍스트 색 또는 배경색을 선택한다. 이렇게 아이콘·서체·색을 조정하면 간단한 내용도 강조된 카드처럼 깔끔하게 보인다.

콜아웃 블록을 새로 만들고 싶다면 먼저 블록 왼쪽의 점 3개(⋮⋮) 버튼을 눌러 복제(Duplicate)를 선택하여 복사한다. 또는 Alt 키를 누른 상태에서 해당 블록의 점 3개 버튼을 끌어 아래로 드래그하면 복제와 이동이 동시에 이루어진다. 새로 생성하고 싶다면 본문에서 /callout을 입력해 콜아웃 블록을 직접 추가해도 된다.

여러 블록을 한 줄에 배치하고 간격을 조정하는 방법이다. 블록 왼쪽의 점(⋮⋮) 핸들을 잡아 오른쪽으로 드래그한다. 커서 위치에 세로선(가이드 라인)이 보이면 그 지점에 놓는다. 이렇게 하면 한 줄에 2열, 3열처럼 블록을 나란히 배치할 수 있다. 같은 방식으로 옆으로 계속 드래그해 추가 열을 만든다. 각 열에는 텍스트, 이미지, 콜아웃 등 어떤 블록도 배치할 수 있다.

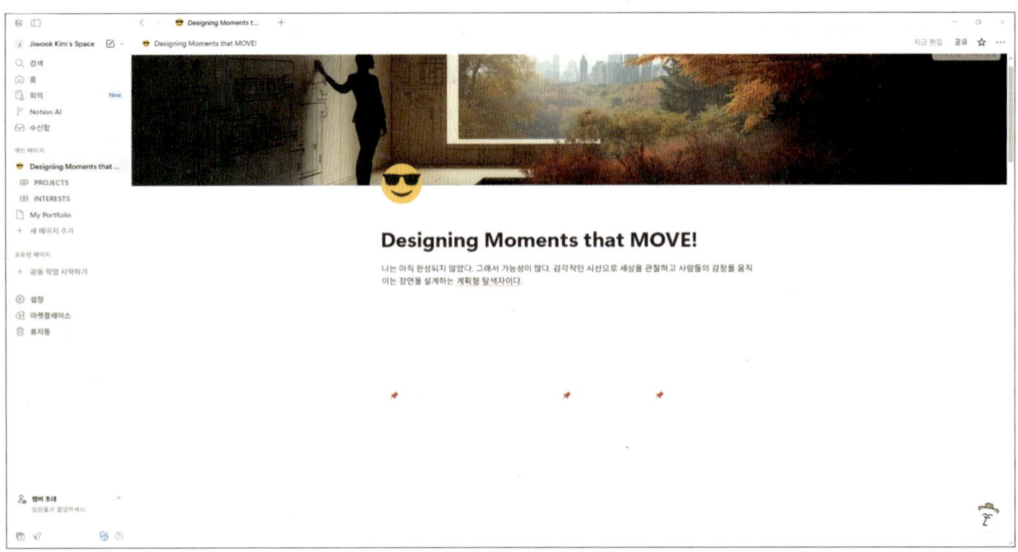

[열 너비(간격) 조정하기]

나란히 놓인 블록 사이 경계선 위로 마우스를 올린다. 커서가 좌우 리사이즈 아이콘으로 바뀌면, 드래그해 너비를 조정한다. 필요하면 블록을 다시 드래그해 순서 변경도 가능하다. 블록을 왼쪽 가장자리로 드래그해 가이드가 전체 폭으로 바뀌면 놓는다. 나란히 있던 블록이 다시 세로로 한 줄씩 정렬된다. 텍스트와 이미지를 섞어 2열로 두면 가독성이 좋아진다. 모바일 보기에서 줄 바꿈이 달라질 수 있으니 미리보기로 확인한다.

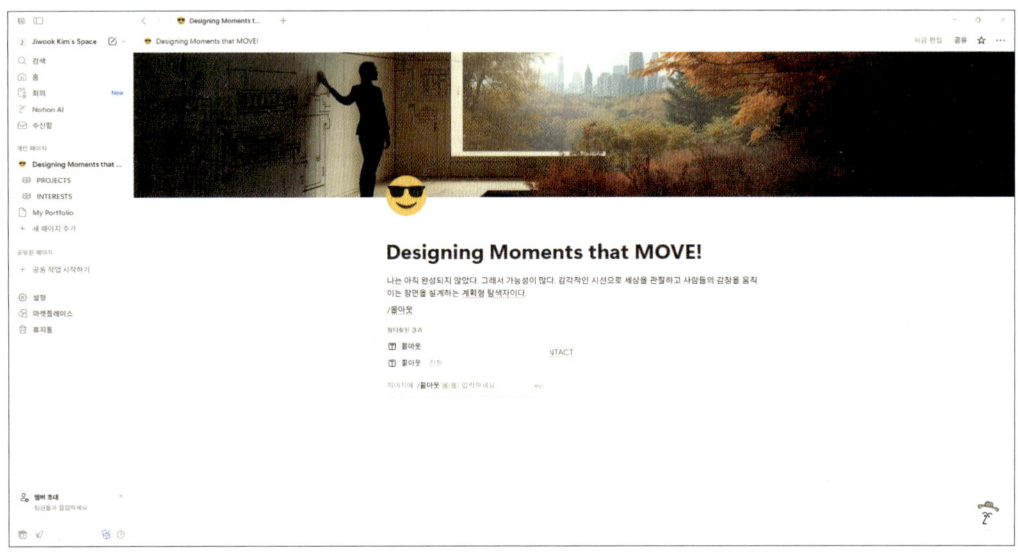

목차 페이지의 위치 및 사이즈 확인을 위해 페이지 본문을 클릭하고 /callout을 입력해 콜아웃(Callout) 블록을 만든다. 한글로 입력해도 자동 완성된다.

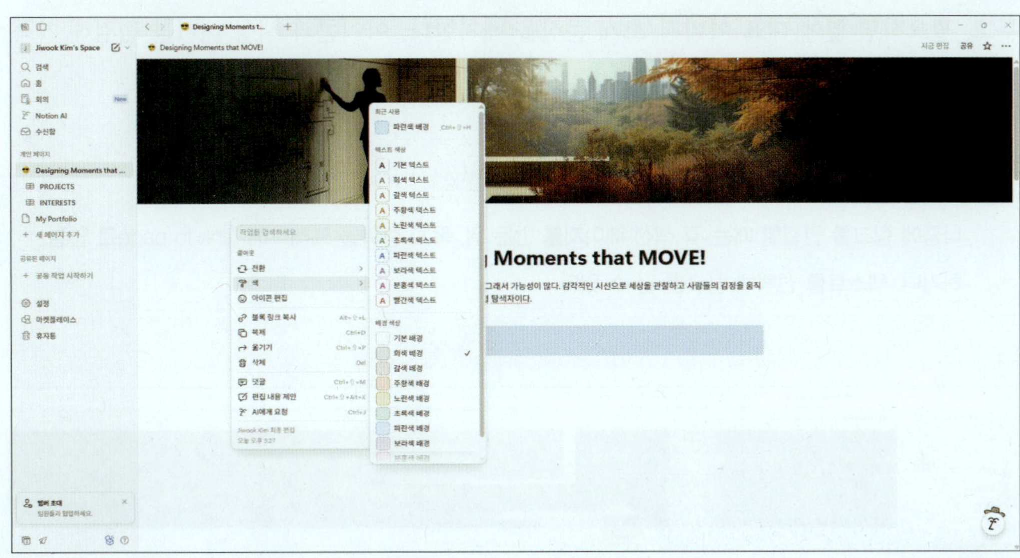

콜아웃 왼쪽의 아이콘을 클릭해 원하는 이모지/아이콘으로 바꾼다. 블록 왼쪽 점(⋮⋮) 버튼 → 색상(Color) 에서 배경색과 텍스트 색을 변경한다. 본문에서 텍스트를 선택해 상단 툴바로 굵기/색상을 바로 바꿔도 된다. 특정 색을 빠르게 지정하고 싶으면 텍스트를 선택한 뒤 색상 팔레트에서 원하는 색을 고른다.

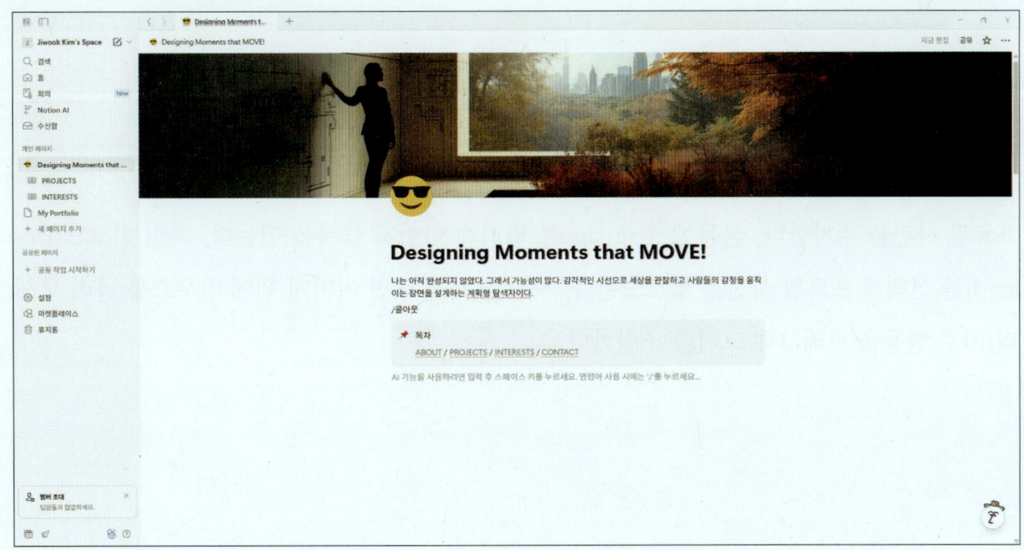

콜아웃 제목에 “목차” 또는 “Contents”를 적고, 본문에는 About(소개) / Projects(작업) / Archive(자료) / Interests(취미) / Contact(연락처)처럼 섹션 목록을 입력한다.(목차는 나중에 각 섹션 페이지로 링크를 걸 예정이므로, 우선 배치 위치를 잡아 둔다) 목차 콜아웃을 상단에 두고, 필요하면 옆에 대표 이미지/소개 문장을 배치한다. 아이콘과 색상 대비를 점검해 가독성을 확보한다.

★TIP 빠른 정리

나중에 링크를 연결할 때는 각 섹션 페이지를 만든 뒤, 목차 항목을 드래그해 /link to page로 연결하거나, 텍스트를 선택해 링크를 걸 수 있다.

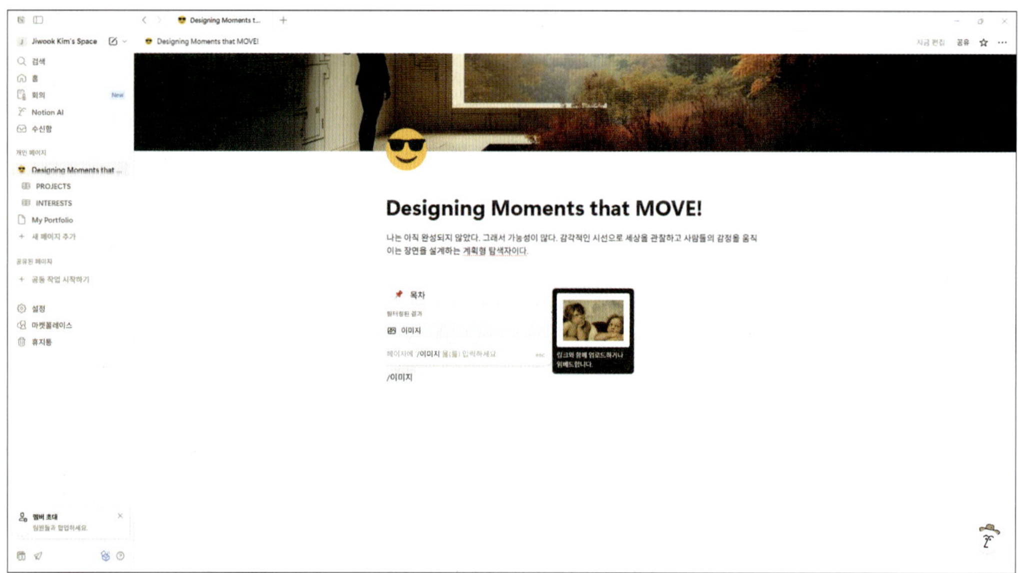

프로필 사진을 추가한다. 본문에서 /image를 입력해 이미지 블록을 만든다. 파일 업로드(Upload)를 선택해 프로필 사진을 업로드한다. 사진 크기가 크면 이미지 위에 마우스를 올려 모서리/가로 핸들을 드래그해 크기를 조절한다.

프로필 사진만 있으면 가운데 정렬이 되므로, 좌우로 나눠 정보 가독성을 높인다. 빈 곳을 클릭해 새 블록을 하나 만든다(텍스트 블록 등 아무거나 OK). 새 블록의 점(⋮⋮) 핸들을 잡고 사진의 오른쪽으로 드래그해서 두 칼럼을 배치한다. 화면에 세로 가이드라인이 나타나면 놓는다 → 두 개의 칼럼으로 분할된다. 오른쪽(또는 왼쪽) 칼럼을 텍스트 블록으로 선택하고, 이름·전공/관심 분야·한 줄 소개·연락처/링크를 짧게 적는다. 예) 이름 / 전공·관심사 / "한 줄 슬로건" / 이메일·노션·블로그 링크

굵게(B), 기울임(I), 링크를 활용해 핵심만 또렷하게 만든다. 아이콘(이모지)을 항목 앞에 붙이면 시선 유도가 쉽다. 칼럼 너비는 칼럼 경계선을 드래그해 비율(예: 1:2)로 맞춘다. 모바일 가독성을 위해 2–3줄 문장, 충분한 줄 간격을 유지한다. 이렇게 하면 "왼쪽 사진 + 오른쪽 소개" 형태의 기본 프로필 섹션이 깔끔하게 완성된다.

★**TIP** 페이지 정리

강조가 필요하면 텍스트를 드래그해 상단 툴바에서 굵게·기울임·밑줄을 적용한다. 색상은 아이콘(색상)에서 글자색·배경색을 지정하고, 블록 전체를 고칠 때는 Ctrl/Cmd+A로 전체 선택 후 크기·굵기·색을 한 번에 조정한다. 이 원칙을 지키면 정보의 층위가 분명해지고 읽는 흐름이 매끄러워진다.

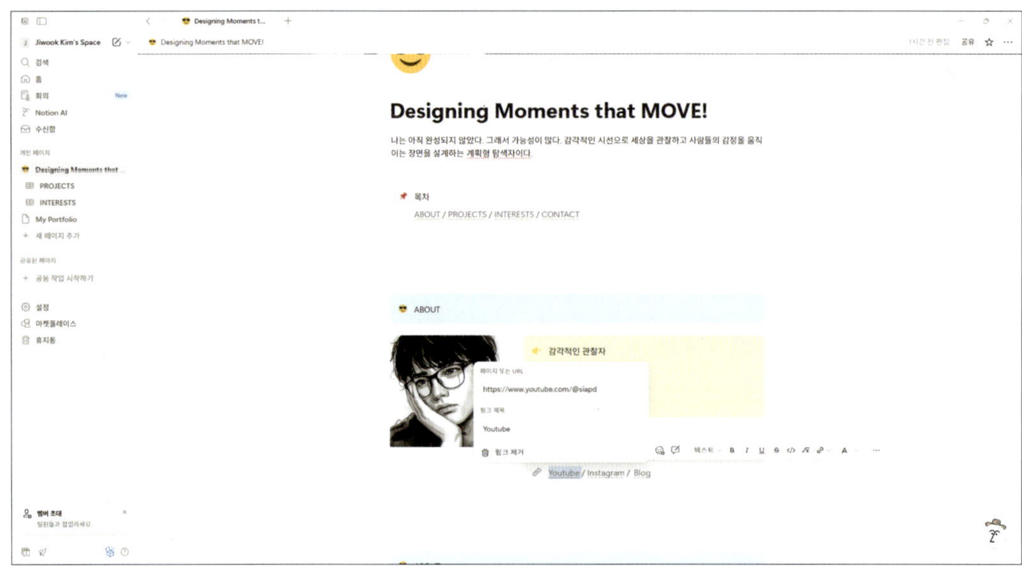

SNS 링크 섹션을 만들기 위해 콜아웃 블록을 생성한다. 빈 줄에서 /콜아웃 callout 입력 → 콜아웃 블록을 생성하고 블록 왼쪽 아이콘을 눌러 원하는 이모지/아이콘으로 교체한다.
블록 색상은 점(⋮⋮) 버튼 → Color에서 배경/텍스트 변경.

링크를 연결하기 위해 각 서비스 주소를 브라우저에서 복사(Ctrl/Cmd + C)한다. 노션에서 해당 텍스트를 드래그 선택하고 → 주소 붙여넣기(Ctrl/Cmd + V) → Enter.

노션에서는 이미지와 마찬가지로 동영상도 손쉽게 넣을 수 있다. 먼저 동영상을 넣고 싶은 위치를 클릭한 뒤, 입력창에 슬래시(/)를 입력하면 다양한 블록 목록이 나타난다. 여기서 'video'를 선택하면 동영상 업로드 메뉴가 열리고, 컴퓨터에서 파일을 선택해 바로 삽입할 수 있다.

유튜브와 같은 외부 플랫폼의 영상은 링크를 그대로 붙여넣기만 해도 임베드 형태로 변환된다. 동영상 파일을 직접 드래그해 페이지 위로 올리는 방식도 지원되며 필요에 따라 크기를 조절할 수 있다. 블록 왼쪽의 핸들을 드래그하면 페이지 내에서 위치를 옮기거나 다른 블록과 나란히 배치하는 것도 가능하다.

★**TIP** 강조/비강조 구분

핵심 채널은 굵게(B) 혹은 배경색을 넣어 강조하고, 나머지는 기본 서식을 유지해 정보의 위계를 나눈다. 레이아웃을 2열로 나누고 싶다면 블록 핸들(⋮⋮)을 드래그해 옆으로 옮기면 된다. 모바일 가독성을 위해 링크 설명은 3~5자(예: "작업 기록")로 짧게 덧붙이거나, 긴 내용은 토글로 숨겨 한 줄을 넘기지 않도록 정리한다.

정보의 구획을 명확히 나누고 싶다면 '구분선'을 적극 활용한다. 방법은 간단하다. 키보드의

하이픈 키(-)를 연달아 세 번 입력(---)하면 자동으로 긴 회색 가로선이 생성된다. 이 얇은 선 하나는 시각적 여백을 만들어 텍스트가 뭉쳐 보이는 것을 방지하고, 주제가 전환되는 지점을 독자에게 직관적으로 알려준다. 복잡한 메뉴를 찾을 필요 없이 키보드만으로 문서를 정돈할 수 있는 가장 효율적인 마크다운 기능이다.

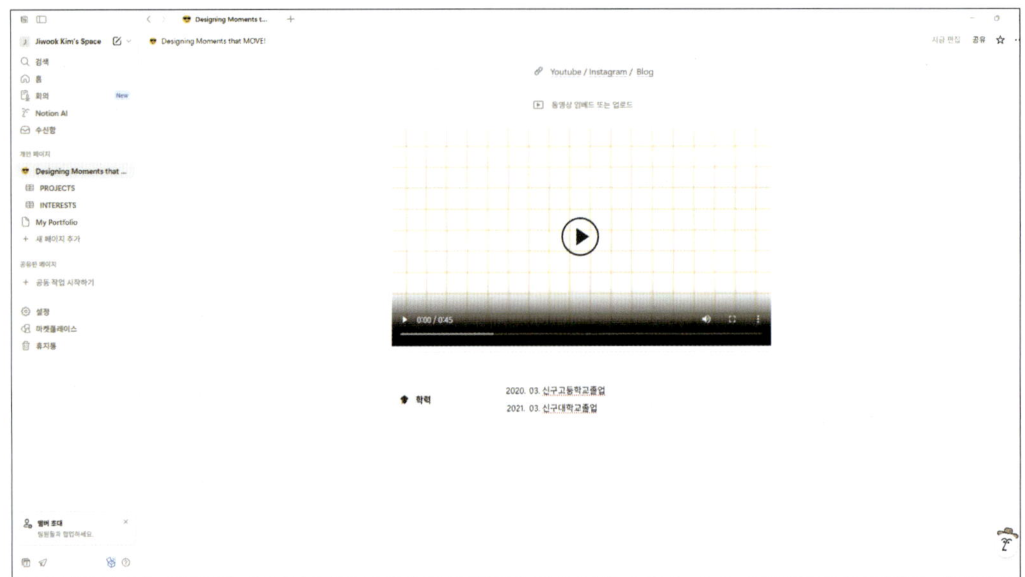

빈 줄에서 /callout을 입력해 콜아웃 블록을 만든다. 아이콘을 눌러 원하는 아이콘으로 교체한다. 블록 점(⋮⋮) → Color에서 배경색/텍스트색을 지정한다. 제목은 예: "학력 & 자격"으로 적고, 필요하면 Ctrl/Cmd + B로 굵게 한다. 텍스트 선택은 Shift + 방향키로 정교하게 할 수 있다.

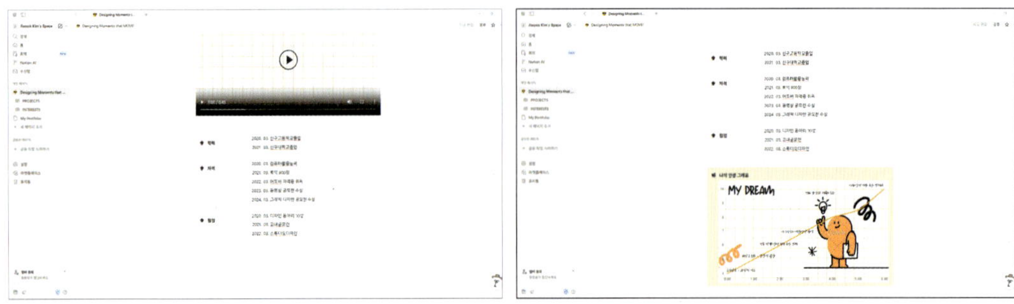

★**TIP** 내용 입력 & 빠른 서식

– 항목 제목은 굵게, 기관/발급처는 기울임, 기간은 보조 색 등 위계를 만든다.

– 예시:

학위명 / 전공 – 기관명 (기간)

자격명 – 발급기관 (자격번호/유효기간)

수상/이수 – 주최/과정명 (연도)

포트폴리오의 핵심인 프로젝트 섹션은 '갤러리 데이터베이스'를 활용해 구축한다. 단순한 리스트 나열이 아니라, 썸네일 이미지가 강조되는 카드 형태로 설정해 시각적 매력을 더한다. 효율적인 관리를 위해 프로젝트 템플릿을 미리 만들어두는 것이 좋은데, 기간(Date), 태그(Tag), 역할(Role) 등의 속성을 설정해두면 매번 양식을 새로 만들 필요 없이 체계적인 기록이 가능하다. 이렇게 쌓인 기록은 단순한 과제 모음이 아니라, 나의 성장 과정과 관심사를 증명하는 단단한 아카이브가 된다.

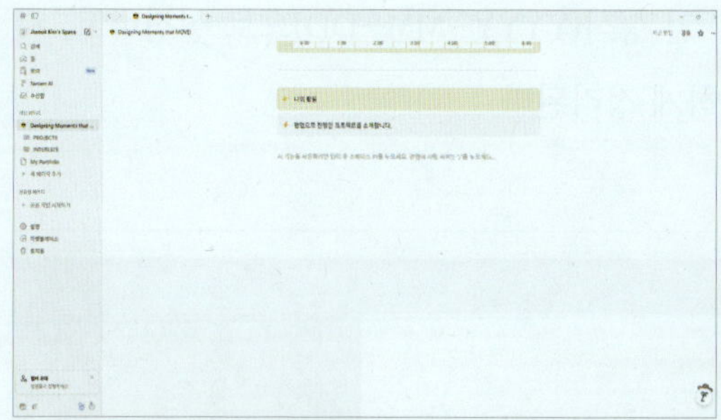
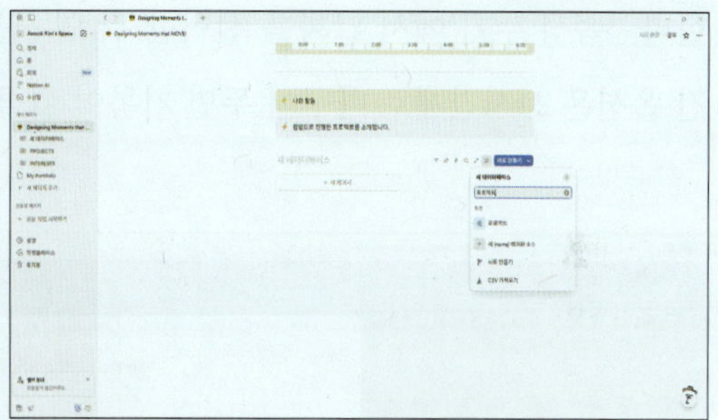

프로젝트 탭을 만들기 위해 빈 줄에서 /callout을 입력해 콜아웃 블록을 만든다. 섹션 헤더를 "Projects"로 적고 아이콘·배경색을 바꾼다. 프로젝트 데이터베이스를 생성(갤러리 보기)한다. 빈 줄에서 /gallery → "새 데이터베이스"를 선택하고 상단 제목을 "프로젝트"로 정한다. 보기 이름을 "전체"처럼 알아보기 쉽게 바꾼다(보기 탭 이름 클릭 → 이름 변경).

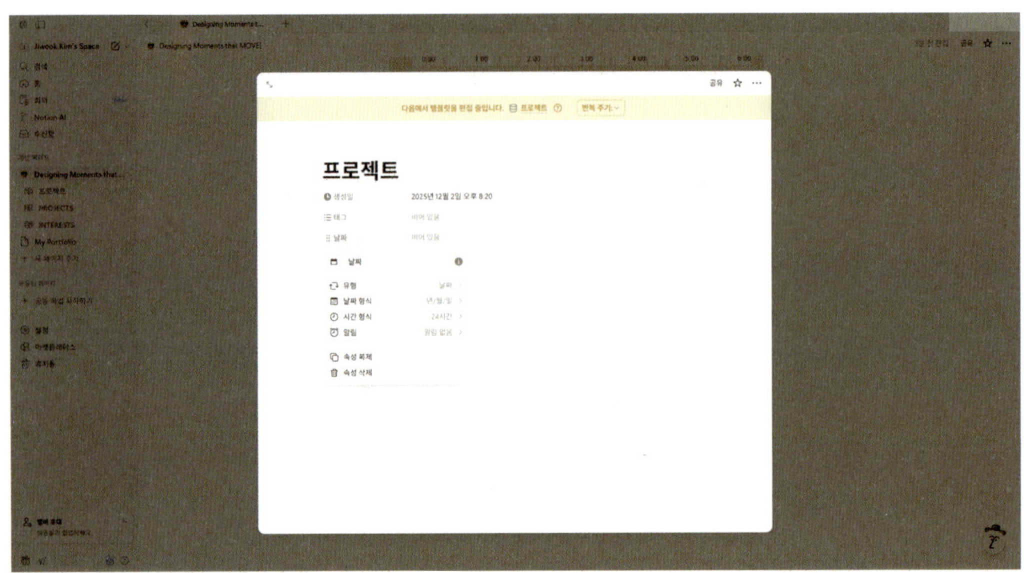

기본 속성(프로퍼티)을 설계한다. 새로 만들기의 새 템플릿을 클릭하면 특정 양식을 만들어 프로젝트를 기록할 수 있다. 프로젝트 템플릿을 구성할 때는 먼저 시간(Date) 속성을 추가한다. '속성 추가'에서 날짜를 선택한 뒤 연·월·일 형식(YYYY-MM-DD)으로 설정하고, 시간 옵션은 24시간제로 바꾸어 두면 기록이 깔끔하게 정리된다.

다음으로 대표 이미지(File & Media) 속성을 반드시 넣어준다. 갤러리 뷰에서는 각 프로젝트가 이미지 카드 형태로 보이기 때문에 대표 이미지를 지정해 두면 전체 작업을 한눈에 파악하기 좋다. '속성 추가 → 파일 & 미디어'를 선택하고 속성 이름을 '대표 이미지'로 바꿔 저장하면 된다.

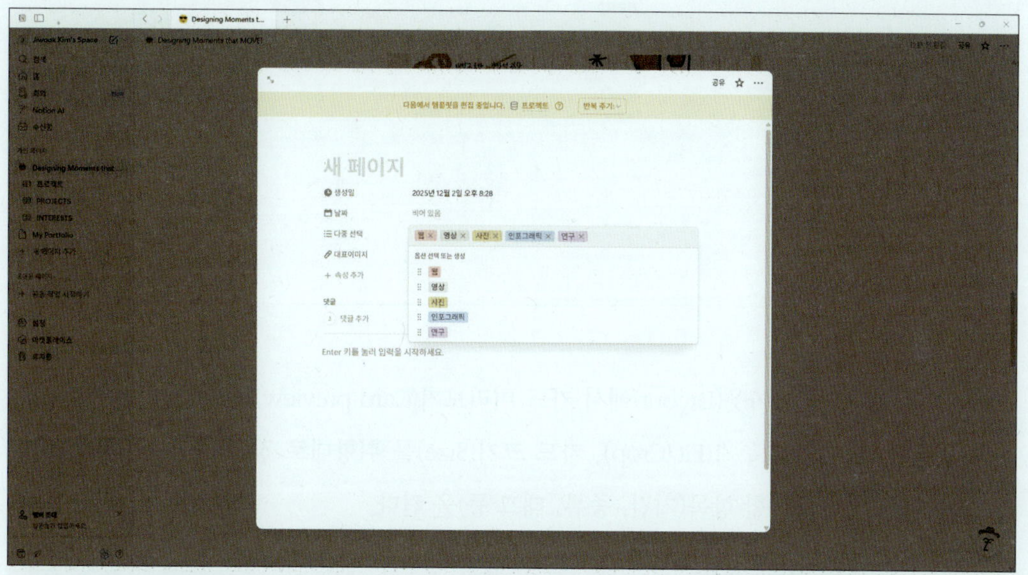

프로젝트의 성격을 분류하기 위해 다중 선택(Multi-select) 속성도 함께 만들어둔다. '속성 추가 → 다중 선택'을 선택하고 '웹', '영상', '인포그래픽', '연구'처럼 자주 사용하는 카테고리를 옵션으로 미리 입력한다. 필요하다면 태그(Tags), 역할(Role), 상태(Status) 등도 같은 방식으로 다중 선택 속성을 만들어 활용할 수 있다. 이렇게 기본 속성을 갖춘 템플릿을 만들어두면 이후 새로운 프로젝트를 추가할 때 훨씬 효율적으로 관리할 수 있다.

보기 탭 점(⋯) → 레이아웃(Layout)에서 카드 미리보기(Card preview)를 대표 이미지 속성으로 지정한다. 이미지 맞추기(Fit/Crop), 카드 크기(Size)를 취향대로 정한다. 표시 속성(Properties)에서 카드에 노출할 항목(기간, 종류, 태그 등)을 켠다.

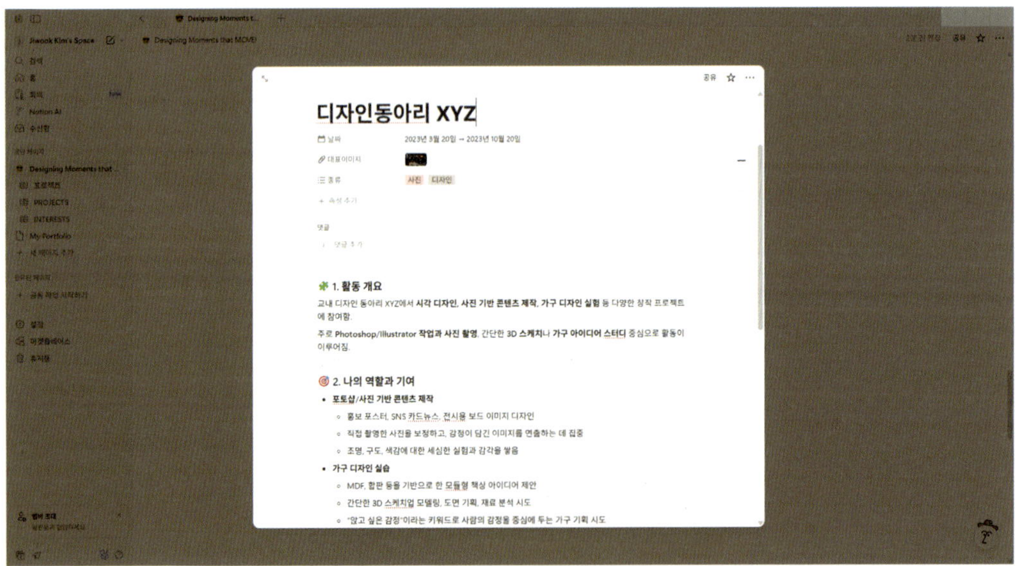

프로젝트 템플릿을 만들기 위해 먼저 새 페이지를 생성하고, 그 안에 자신의 프로젝트나 활

동 내용을 기록할 기본 틀을 만든다. 갤러리에서 "새로 만들기(New)"를 누르면 방금 만든 기본 템플릿이 자동으로 열린다. 대표 이미지 속성에 파일을 업로드하면 카드 썸네일에 바로 반영된다. 종류/태그/기간을 선택하고 본문 섹션을 채운다. 같은 형태가 더 필요하면 카드나 블록을 Alt + 드래그로 빠르게 복제한다.

★**TIP** 본문 섹션 권장 구조

- 개요 — 한 줄 설명, 목표, 역할
- 일정 — 기간(Date) 속성과 연동되는 설명
- 산출물 — 링크/파일, 대표이미지 삽입 위치
- 기술/도구 — 사용 툴, 버전
- 배운 점 — 인사이트 3줄

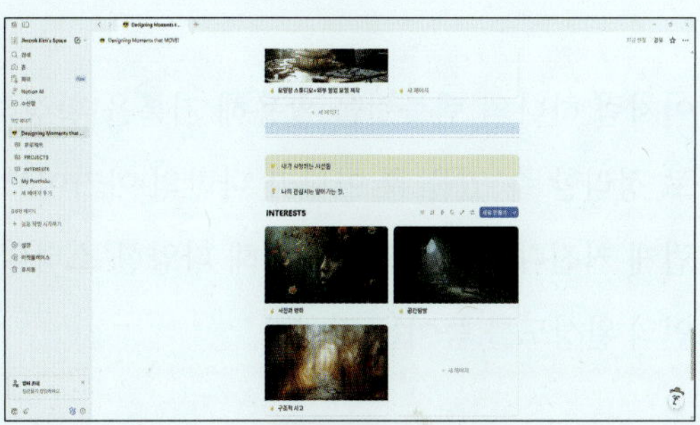

프로젝트를 만들 때 매번 처음부터 구성하기 번거롭다면, 기존에 만든 갤러리를 그대로 복제(Duplicate)해 사용하는 것이 효과적이다. 갤러리 블록 왼쪽의 점 세 개(::) 메뉴를 클릭해 '복제'를 선택하거나, 페이지 전체에서 우클릭 후 'Duplicate'를 누르면 같은 구조로 복사된다. 복제된 페이지에서는 제목과 대표 이미지, 내용만 바꿔 넣으면 되므로 훨씬 빠르게 작업을 이어갈 수 있다.

이처럼 하나의 템플릿을 활용해 기록을 확장하는 방식을 사용하면, 다양한 주제를 체계적으로 정리할 수 있을 뿐 아니라 나만의 아카이브가 점점 쌓이면서 포트폴리오의 깊이도 자연스럽게 커진다. 이 과정을 반복해 다양한 스타일의 이미지군(pool)을 구축하는 것이 최종 디자인의 완성도를 높이는 길이다.

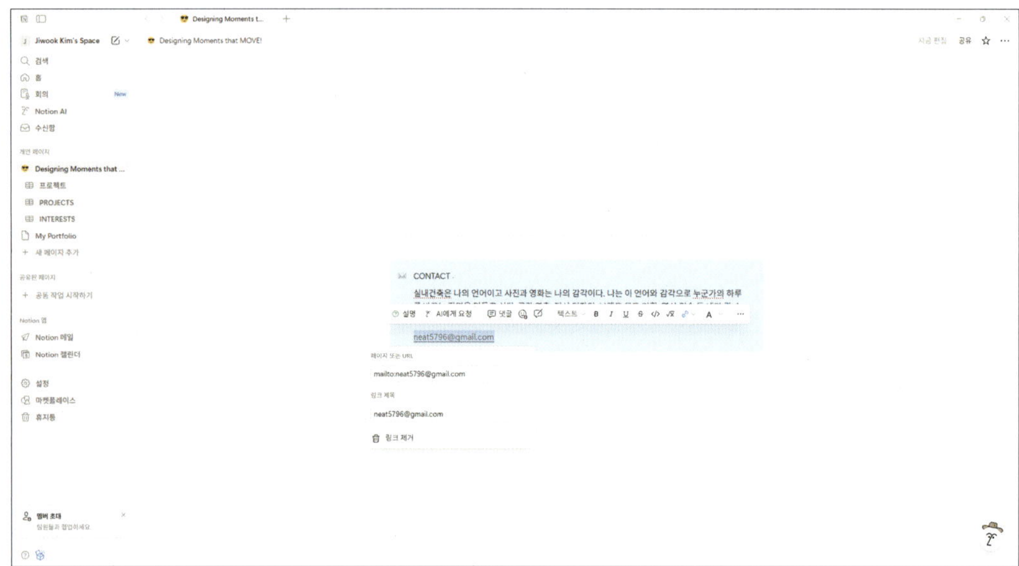

[연락처 작성하기]

콜아웃 제목을 “Contact” 또는 “연락처”로 바꾼다. 아이콘·색상도 필요하면 변경하고 이메일 링크를(mailto) 추가한다.
이메일 주소를 입력: myname@email.com
주소를 드래그 선택 → 링크 단축키(Ctrl/Cmd + K) →
링크 입력창에 mailto:myname@email.com을 넣고 엔터키를 누른다.

각 항목은 한 줄로 작성하고 중요 채널은 굵게(B) 또는 작은 배경색으로 강조한다. 2열 배치가 필요하면 블록 왼쪽 점(⋮⋮)을 오른쪽으로 드래그해 열을 나눈다. 모바일에서 줄 바꿈이 자연스러운지 미리보기로 확인한다.

[목차 링크 걸기]

링크 대상의 주소를 복사하고 연결하려는 섹션(페이지나 블록)으로 이동한다. 왼쪽 점(⋮⋮) 또는 페이지 상단 제목을 클릭 → Copy link to block / Copy link를 누른다. 목차 텍스트를 선택해 붙여 넣는다. 목차로 돌아와 연결할 단어를 드래그 선택한다. Ctrl/Cmd + V로 방금 복사한 링크를 붙여 넣는다. 클릭하면 해당 섹션으로 즉시 이동된다.

★**TIP** 항목 링크

목차 항목은 한 줄 = 한 링크로 단순하게 유지한다. 내부 이동만 할 거면 블록 링크, 다른 페이지로 이동할 거면 페이지 링크를 쓴다. 모바일 가독성을 위해 항목 사이 줄 간격을 넉넉히 주고, 중요 항목은 굵게(B)로 표시한다.

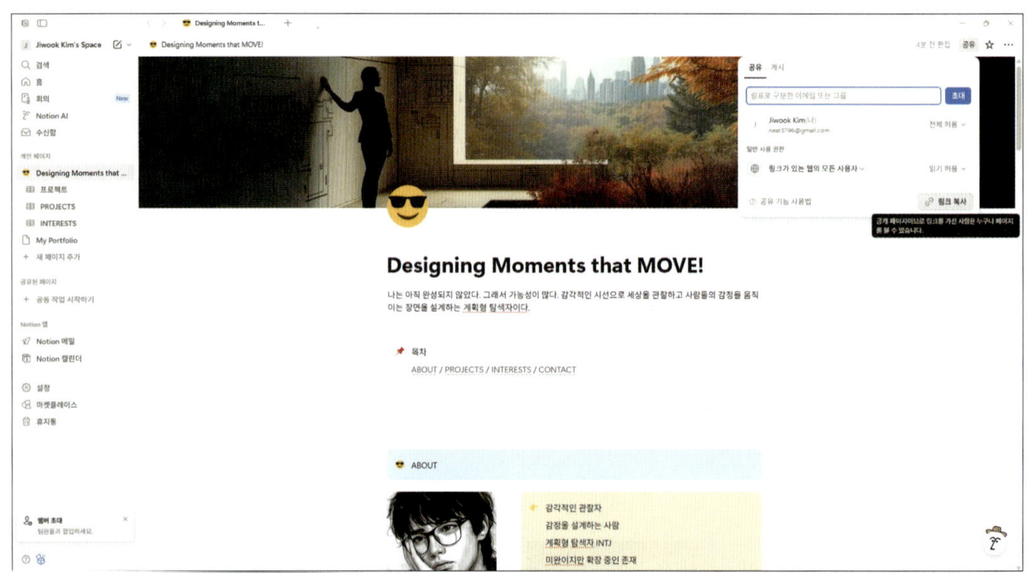

페이지 제작의 마침표는 세상과의 연결, 즉 '공유'다. 우측 상단의 [Share] 버튼을 눌러 [Share to web]을 활성화하면 나만의 브랜드 채널이 런칭되는데, 이때 '템플릿 복제 허용'이나 '편집 권한' 같은 부가 옵션은 끄고 깔끔하게 열람 전용으로 설정하는 것을 권장한다. [Copy web link]로 생성한 URL은 곧바로 배포하기보다 반드시 브라우저 시크릿 창과 모바일 환경에서 열어 줄 바꿈이나 이미지 로딩 상태를 확인해야 한다. 포스터는 강렬한 이미지로, 카드 뉴스는 논리적 흐름으로 각 채널에 맞게 최적화했듯, 노션 페이지 역시 방문자의 관점에서 섬세하게 다듬어야 하기 때문이다. 이 마지막 점검까지 마쳤다면 그 링크는 단순한 웹 주소가 아니다. 나의 대학 생활과 역량을 시각적으로 증명하는 명함이자, 미래의 기회를 스스로 만들어가는 가장 강력한 포트폴리오가 된다.

[오늘의 실습 과제]

제출 형식 안내

제출물: 노션 링크 페이지 공유

Ai, 창의력에 날개를 달다

초판 1쇄 발행 2026년 2월 25일

지은이 김지욱·박수희·추형석
펴낸이 김길준
펴낸곳 (학)신구학원신구문화사
디자인 은디자인

주 소 경기도 성남시 중원구 광명로 377 신구대학교 우촌학사 1층
전 화 031-741-3055~6
팩 스 031-741-3054
이메일 shingupub@naver.com
홈페이지 www.shingubook.com
출판등록 1968년 6월 10일

ISBN 978-89-7668-294-9 03000